王阳明的仕途“心经”

WANGYANGMING
DE SHITU XINJING

铁凡宛 著

线装书局

图书在版编目（CIP）数据

王阳明的仕途“心经”/ 铁凡宛著. —北京：线装书局，2015. 2

ISBN 978-7-5120-1747-4

Ⅰ. ①王… Ⅱ. ①铁… Ⅲ. ①王阳明（1472～1529）—传记 Ⅳ. ①B248. 21

中国版本图书馆 CIP 数据核字（2015）第 010580 号

王阳明的仕途“心经”

作　　者：铁凡宛
责任编辑：崔建伟　宁　静
装帧设计：玩瞳书衣
出版发行：线装書局
　　地　址：北京市西城区鼓楼西大街 41 号（100009）
　　电　话：010-64045283　64041012
　　网　址：www. xzhbc. com
经　　销：新华书店
印　　制：北京市玖仁伟业印刷有限公司
开　　本：787mm×1092mm　1/16
印　　张：17
字　　数：233 千字
版　　次：2015 年 2 月第 1 版第 1 次印刷
印　　数：0001—7000 册

定　　价：32. 00 元

目录
Contents

第三部分　重出江湖，一步一个脚印往前走 / 083

二次创业，步子虽然走得慢了很多，但迈出的每一步都是那样的坚实，脚印里有汗水，也盛满了思想。对于王阳明来说，这路是用心走出来的，心有多远，路就能走多远。

第四部分　破山中贼易 / 127

南赣汀漳边区，这片盗匪横行，民不聊生的土地，许多前任栽在这里，仕途也因此涂抹上不光彩的纪录。然而一介书生王阳明，却凭着心中的勇毅和智慧，将悍匪们分头击破，一网打尽。

第五部分　破心中贼难 / 171

山中贼与心中贼，哪个更可怕？山中贼，抢的是百姓的钱财，而心中贼，却想端走皇帝的奶酪。

第一部分

初入官场，缘何跌得这般狠

初入官场，王阳明年少气盛，信心满满，自认为世代为官，科班出身，凭着真才实学，一定能踏出一条金光大道。然而官海深不见底，仕途凶险莫测，第一次亮相就卷入了大是大非，跌进了无底深渊。

1. 初生牛犊伤不起

都说初生牛犊不怕虎，然而在官场里，吃亏的总是年轻人，年轻人率性而为，喜欢说真话，不善察言观色，不会明哲保身，更不愿脚踏两只船……所有这些真性情，在官场却全是“短板”，王阳明也不例外，表面上是遭人陷害，实际上是祸起于心。

暗无天日，前程渺茫。王阳明的心底一次次涌起这八个字。喜欢读书的他，似乎从自己初涉官场的短暂生涯中，读出了这八个字的注脚。

隆冬腊月，在这黑漆漆的石屋里，伸手不见五指，听不到屋角的滴水声，估计水滴早已冻成冰溜子了。倒是风声一阵紧似一阵，像催命的牛头马面发出怒吼一般。

数九寒天，滴水成冰。明天一早，牢里一定会抬出许多冻得硬邦邦的尸体，在用来放风的后院里排成长长的一溜，今天阎王下达的指标一定能超额完成，所以这两个小鬼如此这般兴奋。王阳明脑海里跳过一个个蒙太奇。自从进了锦衣卫的大牢，晚上比白天清醒得多。

胡思乱想了一阵，王阳明的思绪又回到了“暗无天日”这个意境中，并且为自己的“前程渺茫”担心起来……

如果我的心能像外面的月亮一样，看到外面的东西就好了。不，看到世上万物隐然的一切，更好，最好。王阳明感慨万千。

屈指算来，在这石屋里已经整整待了一百天。一百天前，自己还是石屋外面的一个看客，不，一个朝服威严的年轻干部。级别虽然不算高，只是六品，也不带“长”，但工作的单位都是万众仰止：兵部。若是放在今天，兵部——国防部大楼里走出来的年轻人，到地市一级军分区去转转，那些个兼任市委常委的司令员或政委，还不得亲自跑到大门口来迎接？

他的脑子快速转动起来，像一部电影放映机，以倒叙的方式，将无数彩色和黑白的镜头，源源不断地播映在心中那张辽阔无际的大银幕上——

时间：昨天。地点：锦衣卫行刑室。

今天是牢中所有犯人最难过的一关，王阳明也不例外。他即将遭受的刑罚，有一个让人毛骨悚然的名称：“廷杖”，数量是三十，听上去好像不多，但后果却十分严重。之前无数受刑者，几乎没有人不皮开肉绽。有人被打残，甚至被打死。所以，称之为鬼门关一点也不为过。

这个廷仗，刑具看上去极为普通，是一根毛竹，形状和大小跟扁担有几分相似。但就是这个玩意，却着实阴森可怖，能将人送到另一个世界。毛竹这玩意在江南十分普及，以前几乎家家户户都能有它的踪影，生活和工作用具中，处处都要用到它。江南一带，有一样东西，在许多人童年记忆中刻下过很深的印痕，名叫“竹丝帚”，功用是体罚顽童。其实很简单，也就是几根竹丝捆扎在一起，然而看上去轻飘飘的很不起眼，打在皮上，却能痛到骨里。竹子的硬度、韧性和耐磨性，似乎天生是用来做工具或者刑具的。

王阳明小时候也尝过这种竹丝帚的滋味。不过，今天的刑具，比竹丝帚厉害多了，它不是竹丝拼扎成的，而是一根竹扁担……这在南方农村，只有打架斗殴的时候才能派上用场。

廷仗是什么时候发明的，历史上没有明确的记载，反正到了明朝，到了王阳明那个时代，其使用已经炉火纯青，抵达了历史的巅峰。

廷杖在使用过程中很有讲究，称之为“艺术性”一点也不为过。如果用“巧力”，用这根“竹扁担”打一个纸包的假人，噼里啪啦，声音听上去很响，但打完几十下之后，那张纸还是完好如初，还是可以在上面泼墨挥毫；

如果用“狠力”，一阵闷响之后，那个用皮革包着砖头的假人，外面看上去也是完好如初，但解开包裹，里面的砖头却已经碎成了粉末。

至于在行刑过程中究竟是用“巧力”还是用“狠力”，这个不是那个拿“扁担”的行刑者说了算，而是“一切行动听指挥”。这个行使指挥权的，往往是那些皮肤白净，没有胡子，一口娘娘腔的“公公”。

王阳明清楚地记得，自己的屁股挨“竹扁担”之前，趴在地上，眼睛余光瞥见那个监刑的“公公”的两条短腿，他的两只脚呈现明显的内八字，这种十足的女人姿势，让王阳明差点笑出声来。

然而王阳明有所不知，正是这种可笑的太监姿势，救了他一条命，让他那“知行合一”的心学世代传承，远播海外。

在锦衣卫的行刑室里，无论是内八字和外八字，都是一种暗号。能够读懂暗号，或者说破译密码的，只有那些手持“竹扁担”的行刑者。

外八字的意思是，往狠里打，就是打出把砖头变成粉末的效果。内八字的意思呢，往轻里打，声势当然要大，皮肤上的毛细血管当然要破，流些血，乍一看，也是皮开肉绽的效果。但这种伤，养上一阵子就结痂痊愈了。

王阳明受刑的那天，监刑的“公公”摆足了内八字，所以他虽然受了一些皮肉之苦，但一点也没有伤到骨头和内脏。大半个月后，就恢复如初了。

生死攸关的时刻，是老爸亲自出手，救了儿子一命。

老爸名叫王华，当年如果王阳明大喊一声：“我爸是王华！”其效果一定不会比“我爸是李刚”差。

王华，时任礼部右侍郎。礼部，相当于现在的外交部 + 教育部，右侍郎，相当于排名第二的副部长。这个还不算最牛的，王华身上的最大亮点是：状元！在古代的读书人眼中，这才是真正值得骄傲的巅峰。

王阳明不知道王华是通过一条怎样的隐秘的渠道，买通了关节，反正靠了老爸，在关键时刻没有被“狠打”。

能考上状元，那一定是绝顶聪明之人，所以在护犊子的行动上，王华很注意把握分寸。他知道，一旦做过了头，对自己，对孩子，都不好，一切皆有度。所以尽管后来那个炙手可热的大太监刘瑾刘公公多次拉拢他，暗示他只要诚心悔过，做个表率，就一定放过他儿子。不光是既往不咎，而且还给父子两人都加官晋爵。王华不为所动，并非他真的清高过人，刚正不阿，而是目光很长远，预感很精准，凭着状元的脑瓜子，他认定，这个刘瑾，作恶多端，人神共愤，将来必遭报应。至于现在嘛，虽然如日中天，人们趋之若鹜，但不是不报，时候未到，时候一到，统统报销，包括他本人以及爪牙。所以他宁可现在让自己和儿子都苦点，眼光放长远点，将来就不会吃苦头。

这个为官做人的道理，换句话说叫作：叫吃小亏，赚大便宜。眼前尝点小苦，免得将来受大苦，甚至永远不得翻身。

果然，若干年后，刘瑾彻底报销，追随他的那些鸡犬，也一同落入了十八层地狱。而状元出身的王华及其儿子王阳明，却因为早先与其保持距离，划清界限，不但没有受到牵连，反而重新得到朝廷的重用，终其一生都享有不趋炎附势、不同流合污的官场美名。

何谓智者？智者，远见卓识，能看到十年后的事情！智者，运筹帷幄，能巧妙化风险为无形！

概言之，能看到十年后的是智者，能看到百年后的是伟人，能看到千年后的是圣人。

再看看股市上的广告语：长期投资吧！三年，五年，甚至十年，你一定会收获意外的惊喜！

王华，正是官场上一位聪明绝顶的投资者。逢低吸纳，人抛我买，然后耐心地等待着机会。为自己，更为他的宝贝儿子！

时间：一百天前。地点：兵部主事办公室。

一个年轻人趴在办公桌上奋笔疾书，天很热，屋里没有空调，再加穿着宽厚的官服，写着写着，他的后背被汗水洇湿了一大块。终于写完了，年轻人将笔一丢，站起身来伸了个懒腰，端起紫砂壶一通牛饮。这个窄面细目，身材修长的年轻人，因为下颌上那一副浓密的虬髯，看上去显得老成持重，与三十出头的实际年龄不太相符。

他，就是兵部主事王阳明。

这个“主事”，听上去还不错，品级也有六品。但在京城里，却算不上什么大官，在他待着的兵部——国防部里，说好听点是个处长，差了点说就相当于一个高级办事员。但是，对于考中进士不久的他来说，这可是个十分重要的岗位。有多少进士，现在还在七品甚至从七品的岗位上，而他已经高居六品，用“前途无量”四个字来形容他，一点都不过分。

其实在进士这一起跑线上，王阳明并没有占什么优势，比起当年高中状元的老爸，甚至可以说落后了一大截。看看王阳明的“成绩报告单”，28 岁那年，第三次进京赶考，终于榜上有名，“赐二甲进士出身第七人，观政工部。”一甲只有三名，分别是状元、榜眼、探花。二甲共七名，他是排在最末尾的。

“观政工部”，也就是在工部“观政”，其实是实习锻炼的意思。就在去年冬天，大明朝失去了一位重要的战将。长期驻守在陕甘宁边关地带的将领、咸宁伯（加封少保，兼太子太傅）王越病故，卒于甘州（今甘肃省张掖市）。等尸体运回老家安顿好，已经过了大半年。皇上下令要让这位将领风光大葬，尤其要把坟墓建好，于是，这年秋天，在工部当实习生的王阳明，被皇帝派去督造咸宁伯王越的坟墓。爱好军事的王阳明，尝试运用军事管理的方法督造工程，把工程建设管理得井井有条，保质保量地完成了这项重要的工程。

那个时候，王阳明开始崭露头角。这项工程任务很重，为了赶工期，更为了保质量，他没日没夜地苦，长期驻守在工地上，跟着干活的民工吃一样的饭，睡同一个草棚。但堪称神奇的是，在如此紧张的工作中，王阳明竟然还能挤出时间，在当地的基层中进行了全面深入的调研，掌握了许多鲜为人知的第一手材料，梳理归纳后，提出了自己的主张。当年，他给皇帝写了奏折，内容涵盖了西北边疆防备等八件大事，件件都是一针见血，受到皇上的器重。回来之后，被授予刑部云南清吏司主事。期间，曾被派往直隶、淮安等地审理决断一些疑难案件和大要案。

然而就在事业开始蒸蒸日上的时候，他的身体跟他玩起了躲猫猫：肺病突然发作了，一阵阵咳嗽，痰中还有血丝，整晚整晚地失眠，人瘦下去一大圈。幸好经多位名医诊断，一致认为不是痨病，但若是发展下去，很难保证不往这个绝症上演变。王阳明当机立断，暂停事业，休养生息。留得青山在，不怕没柴烧。身体是革命的本钱，决不能为了牟取暴利而蚀光老本。王阳明递交了回老家绍兴余姚（当时的余姚隶属于绍兴府）养病的请假报告，获得了批准。在老家，王阳明一边养边一边做学问，重新做起圣人梦。让人建了一建屋子，取名为“阳明洞天”，自称阳明子。在阳明洞里，他开始学习古人的“导引”养生术，并努力予以发展。《黄帝内经》中总结导引疗法的适应证有“痿、厥、寒、热”和“息积”，提到以烫药、导引配合治疗。东汉名医张仲景在《金匮要略》中强调以“导引、吐纳、针灸、膏摩”治疗四肢“重滞”症。在保留了华佗一些佚文的《中藏经》中也指出：“导引可逐客邪于关节”……王阳明觉得自己的肺病也是“息积”所致，所以要筑室导引。

静坐导引了两年，身体略有恢复。但并没有因此成圣，学问上也没有特别的长进。他对自己并不满意，于是摒弃不用。

33岁那年，基本康复的王阳明回到京城，被皇上派往山东做秋季山东乡式的主考官。到了九月，又改为兵部武选清吏司主事。

34岁那年，王阳明结识了39岁的哲学家湛若水。湛若水是广东增城人，刚刚考中进士，虽然出道比王阳明还晚，但这并不表明他学问差，相反，他的学问和人格，颇令王阳明敬佩。

湛若水早年丧父，从小由母亲带大。27岁中举，原本接着就要进京考进士。但是，29岁往江门就学于陈献章（号白沙），居然当场烧掉了进京赶考的“路引”（准考证）以表学习决心。从此潜心研究心性理学，数年间学业大进，创立了“随处体认天理”的学说。弘治十三年（1500 年）其师陈白沙去世，若水为之服丧 3 年。在当地官员和亲友的苦苦劝说下，他才北上考试。弘治十八年（1505 年）中进士，选翰林院庶吉士，不久担任翰林院编修。

湛若水步入仕途后，有机会在京城宣扬其自身的理学观点。当时与王阳明、吕柟、王崇等人经常在一起论道，跟随他们要求做弟子的人很多。

于是，王阳明和湛若水分别开门授徒。两人教的都是心学，但王阳明的心学是“心外无物，心外无理”，而湛若水的心学观点是“随处体认天理”，自称“阳明与吾言心不同，阳明所谓心，指方寸而言，吾之谓心者，体万物而不遗产也”。

因为两人在京城的名声越来越大，被称为“王湛之学”。

王阳明的心学是在陆九渊宋明理学基础上进一步发展而成的。陆主张“吾心即是宇宙”，又倡“心即理”说。断言“天理、人理、物理只在吾心之中。人同此心，心同此理。往古来今，概莫能外。”认为治学的方法，主要是“发明本心”，不必多读书外求，“学苟知本，六经皆我注脚”。王阳明则继承宋代陆九渊强调“心即是理”，由于心即理，因此人欲与天理，不再如朱熹所认为的那样对立。

当然，王阳明此时宣扬的心学，还属于初创阶段。随着他的人生一步步进入坎坷，他在不断地思考，不断地完善着自己对这个世界的认识

就在王阳明的人生逐渐走向辉煌之际，一片乌云他向的头顶飘来。

这年的五月，大明弘治皇帝朱祐樘去世，史称明孝宗。王阳明的父亲王华，曾是弘治皇帝的老师，时任礼部右侍郎，兼任日讲官（负责皇帝敷陈经史、回答皇帝咨询、兼记皇帝言行的官员）。在王华的教导以及王恕、刘大夏等重臣的辅佐下，明朝再度出现中兴盛世，史称“弘治中兴”。然因病早逝，享年 36 岁。

继位的正德皇帝（明武宗）是个非常奇怪的君主，他贪杯、好色、尚兵，所行之事多荒谬不经，为世人所诟病。最糟糕的是，他重用太监刘瑾，排挤忠直之臣，国事日下，颇受朝廷上下非议。

身为国师的状元父亲，也常在家里愤愤不平，大骂刘瑾祸国，给王阳明心头点燃了一把正义之火。

想想自己，作为京城里名声日著的心学大师，未来的圣人，怎能容忍刘瑾这样的太监在朝廷胡作非为呢？既然是大师，就要拿出大师的手段，依靠自己的文章，向皇上进言，请求皇上惩罚刘瑾，还朝廷一股凛然正气。

王阳明审视着自己刚刚一气呵成的文章，目光中有几分得意，几分自恋。这是一份奏折，顾名思义，其读者当然是君临天下的皇上。正是因为如此，王阳明在酝酿与写作的过程中，才会心潮澎湃，气血翻涌。一想到真龙天子即将阅读自己的文字，王阳明感觉自己心跳加速，那怦怦的声音回荡在耳边，回荡在整个房间里。为什么要写这篇文章，王阳明感觉连自己也说不明道不清，心中五味杂陈。其中，有一丝丝火药味。

是的，这篇文章，很可能是一颗炸弹，点燃引线之后，会炸出怎样的效果？他隐隐有些不安。

文章出炉之前，朝廷里其实已经乱成了一锅粥，甚至可以用无数颗“炸弹”爆炸之后，炸出满地的血肉碎片来形容。连空气中也飘满了血腥味。已经有二十多个大臣屁股上挨了廷杖，而且监刑太监的站姿都是像卓别林那种标准的“外八字”，不光用“狠力”，往死里打，而且还对这种沿袭了数百年的刑罚进行了一次全面革新，规定受刑人必须脱掉裤子，光着屁股挨揍。这可真让人吃不消，原先廷杖的时候，受刑人总是千方百计穿得厚实再厚实些，多套上几条裤子，屁股上还加塞几层布片皮革或者棉絮，起到减震缓冲的作用。现在不行了，“竹扁担”那张热脸直接贴在了一个劲哆嗦的冷屁股上。

这项改革是刘瑾一手创意策划的，他的目的是让那些不听话的大臣闭上嘴巴。短短几天时间，十多个被打残，好几个被打死，他们大多是领导干部，其中不乏副部级、正厅级。冤死者中，竟然还有两个是言官——被当场打死的叫戴铣，三天后死在狱中的叫蒋钦。本来，就他们的职业而言，理应享有豁免权，不应因为“出言不逊”而被罚廷杖。言官，就是高级参议，工作职责是向皇帝进谏，忠言逆耳，言官就算是说错了话，也是情有可原的。但当时的正德皇帝朱厚照，是个超有个性的昏君，以自由与玩乐为人生最大追求，根本不把江山社稷放在心上，朝中大事全都交给太监头子刘瑾打理。而这个刘瑾，更是前无古人的奸佞（“后无来者”倒算不上，严嵩、魏忠贤比他还要坏），卑鄙无耻，凶恶贪婪，这一君一臣，一主一仆这么一搭配，明王朝便一下子迎来了最黑暗的时代。

王阳明用心思考，拼命格物明理，也想不明白：一个太监，一个身体上少了一样至关重要的物件的家伙，为何会如此贪婪，他要那么多钱干什么？他这辈子不可能有儿孙，自己就算能活到道家吹嘘的“仙龄”，也花不了他家里那座“金山”的一个角吧。刘瑾最终被绳之以法，凌迟处死之后，从他家中抄出来的那座“金山”，让皇帝本人也目瞪口呆。据不完全统计，金银财宝的总价值竟达6375万两银子，折合成今天的人民币，大约是255亿元。这个数字有多大？可以拿出另一个数字作比较，正德帝朱厚照在世时，皇宫里一年的开销是400万两银子，也就是说，刘瑾家里的钱，不计算利息，也够他当上十五六年皇帝了。况且他是个已经去势，根本不需要三宫六妃，也不需要服侍女人的男人——太监。所以，开销要省得多，应该够他一辈子当“皇帝”用的。然而，一直到被活剐之前，刘瑾从未停止过搜刮。

刘瑾的贪婪到了怎样一种程度？举两个例子。王阳明有一个同事，叫周钥，职务是兵科给事中，从七品，相当于现在的副（县）处级。级别虽然不高，但因为是负责督察的，又在国防部工作，所以到基层去办事，下面的那些县长甚至市长一定会热情接待。然而，他奉命到淮安去办事，不料却死在了旅途上，死得有些蹊跷。不是出了车祸，也不是在饭桌上喝死，更不是路遇强盗因公殉职，死因是自杀！一个乐观开朗，颇有前途的年轻人，为何自寻短见？

周钥是乘船回京的，那天，天蒙蒙亮的时候，随行的一个仆人被尿憋醒。昨晚沾主子的光，在当地政府的告别宴上，喝了不少酒。睡眼蒙眬地往船舷边走去时，他脚下一软，被重重绊了一跤，跌倒在一样软绵绵的物件上，一摸，摸到一个毛茸茸的玩意，圆咕隆咚的，凭着手感判断，是一个脑袋瓜，不知哪个家伙也喝高了，竟然醉倒在了甲板上。这个仆人心地有些善良，推了一把那个醉鬼，想提醒他一声，还是回船舱去睡，不然会着凉的。推了几把，不见动静，一摸，那人手冰冰凉的。看来这江风果然厉害，一定得马上叫醒他！仆又推了那人几把，见还是没有反应，只好苦笑一声，翻身坐起，双手往那人身下抄去，想来一个"公主抱"，将那人运回船舱。然而在那人的身体和甲板接触的部位，他摸到了一把滑腻腻、水漉漉的玩意。猜想着这家伙有可能酒后大小便失禁，心里泛上一阵恶心，昨晚填塞在肚子里，尚未消化的那些鸡鸭鱼肉，便一个劲地往喉咙口涌。然而令他感到奇怪的是，并且闻到粪尿的恶臭，倒是有一种甜腻腻的腥味直往鼻腔里灌。也许是江上飘来的鱼腥味，他不经意地低头一瞥，却吓了一大跳，躺在地上的，竟然是自己的主子——周钥大人！

这还得了！这时天空闪过几道鲜红的曙色，那是旭日跃出江面前投向人间的光芒。仆人看到周大人身下那摊液体也是红色的，起初以为是旭日将它染红，然而细看，周大人苍白脖颈上，有一道长长的伤痕。那伤痕中，还有红色的"泉水"在汩汩流淌。

一声凄厉的惨叫惊醒了船上所有人的梦。声音当然是仆人发出的，因为周大人再也吐不出片言只语。此时，他的灵魂已经缓缓离开身体，向着空中飘去。虽然大家七手八脚进行抢救，让他苟延残喘了一会儿，但最终没能助他说出临终遗言。升天之前，周大人尚存一丝知觉，用手沾着自己的鲜血，在甲板上断断续续地写下五个歪歪扭扭的血字："赵知府误我"。

为什么是“误我”而非“害我”？这个赵知府，名叫赵俊，是周钥的好朋友。知府官级四品，相当于现在地级市的市长，相比周钥，要高出好几个级别，但一个是京官，一个是地方官，所以赵大哥还是很巴结周小弟的。每次赵市长进京办事，都请周阿办吃饭，不光吃饭，还送上礼品。每次周阿办到淮安出差，赵市长都隆重招待，不光吃香的喝辣的，晚上还有特殊安排。都说朝中无人莫做官，在赵大哥眼里，这个周小弟虽然暂时还派不上用场，但作为一条人脉储备着，说不定今后哪天发达了，就能帮帮上大忙。

然而在接风宴上，赵大哥感觉到，周小弟有点闷闷不乐，就连告诉他晚上去一个好地方玩，他也是随口哦了几声，一副心不在焉的样子。莫非是旅途太劳累？赵大哥正捉摸着要不要安排几个美女直接去宾馆上门服务，周小弟将嘴巴凑到他耳朵边，提出了一个小小的请求。

说是小小的要求，却让赵市长心底里十分为难。虽然为难，却又不便拒绝，只好敷衍着连说三个“好”字。

周小弟的请求是：借 1000 两银子。

索贿？可以说是，也可以说不是。严格的定义是：“转贿”。

这笔钱，即便是索贿成功，来自国防部的周阿办自己也落不到一分钱的好处，它将全部孝敬给当时官场的顶级人物——太监头子刘瑾。那个时候，刘瑾已经猖狂到了一手遮天的地步，称之为“代理皇帝”一点也不为过。朱厚照正在“豹房”里玩得不亦乐乎，把国家大事全权委托给了这个不男不女的家伙。

刘瑾当政，不为名，只图利。敛财的方式五花八门，别出心裁，窥一斑而见全豹。当时官场潜规则中有这么一条：中央部委局办的所有干部，无论级别高低，去基层考察调研，回来之后，除了汇报工作，还要向刘公公奉上一份厚礼。否则的话，哼哼，让你吃不了兜着走！

有实例有证。某部的两个阿办，奉命到基层调研民生问题。因为去的地方比较穷，实在是搜刮不到民脂民膏（好地方一般是领导亲自带队调研），费了九牛二虎之力，才搞了一些土特产，装在箩筐里，送到了刘公公府上。看到这样的土货，刘公公勃然大怒，认定这两个小屁孩是在糊弄自己，于是决定杀一儆百。刘公公的想法是，不在乎那点钱，但不能坏了规矩。第二天，那两个倒霉的阿办被抓进牢里，理由是调研报告数据掺假，上纲上线便是工作作风有问题。两人被处以枷刑。这种刑罚，在明代以前早已有之，只是到了刘公公手上，进行了改革创新，枷的重量从几十斤增加到一百五十斤。试想一下，一百五十斤的重物箍在脖子上，就算是武松再世，也走不到沧州。事实验证，那些犯了错误的国家干部，戴上之后，没有人熬过三天的。那时正是三伏时节，赤日炎炎似火烧，两个可怜的阿办当天就差点挂了，幸亏傍晚时分下了一场大雨，又有亲朋好友帮忙去刘公公府上补送了礼金，才逃过一劫，拣回了小命。从此之后，中央部委局办的干部下基层，没有人敢两袖清风地回来。

周钥，这个国防部的年轻人，当时向知府“大哥”赵俊借钱，为的就是回去好交账。

然而赵市长却没办法向他交账。不是“大哥”不顾兄弟情义，实在是市长的钱袋子捉襟见肘。淮安不算富但也不算穷，1000 两银子，相当于 40 万人民币，一个市长，总是有点办法的。但下基层调研的领导干部实在是太多了，时近年底，地皮被刮了一次又一次，刮到了骨头缝里，一点油水也没有了。这年头，地主家也没多少余粮啊！眼看着自己进京述职的日期越来越近，总得留个锅底吧。

赵市长迫不得已阳奉阴违，给自己留了点后手，却把自己的好兄弟送上了绝路。

那天晚上，酒醒之后，在回京的船上，周钥检查了一遍赵大哥送的礼物，发现除了一些淮安当地的土特产，并没有那笔救命的银子，顿时像遭了雷劈一般，浑身闪过强烈的电流，感觉自己已经体无完肤，一颗心更是裂成了无数碎片。没有银子，回去就是死。一想到等待着自己的是那面重达 150

斤的可怕大枷，一想到那种生不如死的感觉，周钥决定自我了断，来个爽快的。

黑暗中，他摸索到甲板上，耳边除了风声就是鼾声。一轮明月高悬在天际，然而这月亮，怎么看怎么像刘公公那张阴森森的脸。此时周钥已经万念俱灰，他抽出一把刀子，这是一把短短的弯刀，刀柄上镶嵌着红蓝宝石，因为在国防部工作，又是一个军品迷，周钥收藏了许多利器，这是其中最爱的一样，常常带在身边，一有空就拿出来把玩。这把弯刀是一个戍边的将军送给他的，原主人据说是一个蒙古贵族，在一次边境交锋中被明军斩杀后缴获。

回过头去再说说王阳明挥汗写就的这份奏折。在他逝世之后，他的弟子为他整理生前遗作时，奏折的底稿还在，龙飞凤舞的墨迹，精美绝伦的文字，弟子们叹为观止之后，发现因为是写给皇上的奏折，只有正文，没有题目，于是根据文章的中心思想，补了一个："乞宥言官去权奸以章圣德疏"。意思是：恳请皇上弘扬圣德，宽恕言官，罢黜奸臣。

不知是哪个弟子加的题目，根本是"题不对文"。王老师当年写这篇文章时，形势十分严峻，背景非常复杂，他费尽心机，绞尽脑汁，方方面面的凶险都考虑到了，各种避祸的招数都拿出来了，整篇文章中，根本没有"去权奸"这种敏感的，容易让人对号入座的词汇。当时刘瑾当政，宦官集团一手遮天，京城里朝中上下早已是万马齐喑，远在留都南京的言官们不甘屈服，自不量力地发动一轮自杀式进攻，然而最终以卵击石，全军覆没。领军人戴铣、蒋钦被刘公公"送"走了，让他们到另一个世界去慷慨陈词。言官之一的蒋钦死得最为悲壮。他一共被打了三次廷杖。第一次受刑之后，他在家里躺了两天，第三天挣扎着起身，倔强地甩开家人的搀扶，歪歪扭扭地站在书桌前，又开始给皇帝写信。信中语气激烈，指名道姓称刘公公为"阉人"、"奸佞"，还牛哄哄地跟皇帝耗上了："皇上您如果相信老臣，就把刘瑾宰了，如果不相信我，就赐我死吧。"

当然不会“赐死”。此时天下第一玩主朱厚照正在“豹房”里临幸异域美女，哪有闲心来对付来信来访？所有的事情全都委托给了刘公公。刘公公下达的指令是：“赐杖”。于是蒋钦那血肉模糊的屁股又挨了三十大棍，还被关进了锦衣卫那深不见底的大牢。这回他再也站不起来了。腿不能动但手还在动，心，一颗忠贞无比的心，更是没有停止过绎动。蒋钦在黑牢里继续写信，躺着写。他换了一种笔法，想要感动皇帝。他在信中说：“皇上啊，难道您到现在还没有看出谁忠谁奸吗？我蒋钦已经被打得皮开肉绽，筋断骨碎，估计这辈子再也不能走路了。我家里还有72岁的老父亲，我已经打定主意，忠孝不能两全，一定要把刘瑾扳倒，还人间一个清白!”

回答这封上访信的，依然是：廷杖。

三次廷杖，在明朝乃至中国历史上，蒋钦创造了一个记录，用他那不屈的生命。

蒋钦永垂不朽了，年轻的王阳明血脉贲张，决定接过先辈用鲜血染红的旗帜，向着邪恶发起进攻。不过，他的进攻是有理智的，是智取，而非强攻。他知道，面对刘瑾的碉堡和“机枪阵地”，手持大刀长矛的自己，决不能像蒋钦那样光着膀子嗷嗷叫着往前冲。

所以在写给皇帝的奏折中，他绝口不提什么“去权奸”，而是先批评了一通戴铣、蒋钦之流，说他们用词不当，触犯了皇上，然后笔锋一转，十分婉转地替他们说了几句公道话：他们是言官，就事论事地提出意见建议，为皇上您提供决策参考，这是他们的本职工作。如果他们沉默寡言，反倒是失职了。所以我觉得，如果他们说得不对，你听过就算了，不必往心里去。如果他们说得有点道理，您适当表扬一下，必定能提升他们的工作积极性。听说前段时间您派锦衣卫到南京去逮捕他们，还打他们屁股，我觉得这样不太好，把言官们都吓得噤若寒蝉，今后您到基层去调研，老百姓还敢说真话吗？

在信中，王阳明还要了一个小小的花招，意思是把南京的言官逮捕后押送到北京，千里迢迢，路上万一出点差错，有个闪失，怎样向他们的家属交代？表面上是考虑细节，目的是掩饰自己的真实意图，初入江湖的王阳明机关算尽，觉得这种大迂回的战术，即便不能感动皇帝，压制刘瑾，至少也能确保自己全身而退。

然而他想得太美，自我感觉太好，因为年轻，付出了惨重的代价。

刘公公是何许人也？在官场里混了几十年，在最高领导那里如鱼得水，说好听点，老江湖，说难听点，老甲鱼，说更难听点，老流氓。看到一个自作聪明的小年轻在那里蹦蹦跳跳，马上掉转枪口，一通扫射，将他打得浑身上下全是筛子眼。

小子，跟爷爷玩，你还嫩着呢！

这份飘着墨香，写得一笔龙飞凤舞好字的奏折，当天递交进宫，当天就落到了“代理皇帝”刘瑾手中。刘公公办事效率很高，当天就挥笔批示，将这个不知天高地厚的年轻人拿下。

锒铛入狱的时候，王阳明肠子都悔青了。回顾自己耍的那些小聪明，像极了孙悟空的筋斗云，再怎么折腾，也跳不出如来的掌心。唉！都说初生牛犊不怕虎，然而在官场里，吃亏的总是年轻人，年轻人率性而为，喜欢说真话，不善察言观色，不会明哲保身，更不愿脚踏两只船……所有这些真性情，在官场却全是“短板”，王阳明觉得，自己虽然小心翼翼，但还是吃了经验不足的亏。表面上是遭人陷害，实际上是祸起于心。写这份奏折的初衷，他从未告诉过别人，甚至是自己的父亲。事发之后，朝廷上下议论纷纷，不少人在嘴上虽然不敢支持这个年轻人，心里却是赞声一片。王阳明的行为，仿佛是黑暗中的一丝火光，虽然瞬间就被一阵狂风扑灭，但让人们感受到了正义和良知。

只有王阳明自己明白，这样做，并非完全出于公心，在正义与良知中，还掺杂着一点小小的私欲，准确地说，是一种虚荣心。放在今天，就好比是一个初出茅庐的年轻干部，总想有所作为，所有展示，在领导面前表现表现。皇帝是最高领导，那时的王阳明，从考中进士参加工作到写信给皇帝的那天，工龄还不到六年，一直待在中央部委局办的大机关里，从未得到过到基层任职、独当一面的机会。他一直在有意无意地寻找一条捷径，最好是获得最高领导的青睐，那样的话，一定会事半功倍……机会终于来了，写信的前一个晚上，他反复权衡利弊，精心设计方案，自以为万无一失，哪晓得第一次登台亮相，便惹出祸来，跌落深渊。

2. 姜当然是老的辣

和才学出众的王阳明相比，太监刘瑾似乎一文不值，他们之间的差别，远甚于教授和民工。然而在中国古代的官场里，刘瑾是成功的典范，能够超越他的，可谓凤毛麟角。他成功的秘籍是什么？答案只有一个：让领导开心。

作为一个涉世未深的年轻干部，虽然听说皇帝很懒，太监很坏，宫里很乱，但王阳明根本不可能想象到里面的懒、坏、乱会是怎样一种程度。新皇帝上任没几个月，朝廷就传出话来，说宫里出现了两个皇帝，一个是“坐皇帝”，指的是真龙天子朱厚照；还有一个“立皇帝”，指的是太监刘瑾。这样的说法一点也不夸张，实际情况就是这样的：自从将国事全权委托给刘公公后，朱厚照开始“逃课”，常常是日上三竿，那些大臣们站得腿酸，却不见皇帝的踪影。之后索性是罢朝，堂而皇之地宣布，今天朕不来上班了，明天、明天的明天……也不来了。尔等有什么事，跟刘公公说好了。核心人物——皇帝不上班，班子里的其他成员，内阁大学士、六部尚书等，有重要事项汇报，不得不跑进宫里去。说说是进了宫，但领导的私密工作室是不能随便闯进去的，只能在外面跪等。然而很少有机会等到“皇上驾到”，等来的，几乎每次都是那个阴阳怪气的刘公公。久而久之，人们便称他为“立皇帝”。这是背后叫叫的。当面有人敬称他为“刘宰相”。当然这得关系铁到一定程度的人才敢叫，而且不在公开场合，因为明朝的宰相制度，早在太祖皇帝朱元璋手里就给废了，当时那样做，是为了防止重臣大权独揽。现在倒好，一个公公，竟然成了一人之下，万人之上的九千九百岁。

这个“立皇帝”的说法，颇有些形象，因为刘瑾专权之后，每逢重臣有要事进宫禀报，刘公公总是推说皇上忙，叫他们在外面先等一等。并非真等，贪玩的朱厚照很少有空闲的时候，等一等，是要等到最佳时机。常常是皇上正在专注于做某一件非常快乐的事情，而且快要抵达快乐的巅峰时，比如正在撕扯美女身上最后那件衣服，比如下围棋的时候快要打劫成功，比如做木工的时候再敲一根钉子那家具就能“站”起来了……每逢这种凝神屏息的关键时刻，刘公公就屁颠屁颠地出现在眼皮子底下，向领导汇报工作，请求指示。这种时候，朱厚照必定是十分不耐烦地挥一手：“去去去！朕养着你们，是让你们吃闲饭的吗？还不快去办好！”刘公公点头哈腰地领命而去，表面上诚惶诚恐，心底里却乐开了花。

让领导不开心，只能偶尔为之，假公济私之后，就得全神贯注于如何让领导心花怒放，刘公公把这件事当成一个重大课题来研究。虽然文化程度不高，但因为全身心投入，而且穷其一生，所以成果颇为丰厚，从他家里抄出来的那座“金山”，就是一个很好的佐证。

刘瑾最早服务的领导，并非皇上，而是公公。这个刘瑾，其实是个苦命的孩子，出生在一个家徒四壁的穷人家，孩提时最深刻的记忆是饥饿，似乎从未吃过一顿饱饭。刚刚学会走路，就帮衬家里干活，八九岁时，父母双亡，流落街头。在饿得奄奄一息的时候，是一个好心人救了他，“救星”是一个太监，姓刘。于是他也跟着他姓刘，无所谓，自己原本姓什么，搞不清楚，也不重要，姓刘蛮好，只要能填饱肚子。但凡太监，传宗接代的意识比常人更强，这个刘太监，收了这个孤儿之后，日日好吃好穿待他，某种程度上，比亲生儿子还亲。每天黄昏时分，刘太监从宫里下班回家，手里提溜着几样好吃食，腋下夹着一瓶酒，这是刘瑾一天中最幸福的时光，在昏暗但十分温馨的烛光下，“父子”开怀畅饮，言笑晏晏。喝到六七分的时候，平时寡言少语的刘太监，仿佛换了一个人，变得口若悬河，滔滔不绝。说得最多的，当然是他引以为自豪的工作单位——皇宫后院。在他的描述下，红墙之内，端的是琼楼玉宇，仿佛神仙世界一般。吃的用的，玉食锦衣。刘瑾最喜欢听“老爸”讲吃的，听说皇帝一天要吃一百多道菜，每道菜最多尝一口，大部分菜没吃就给原封不动地端下去了。听到动心之时，神游天外，仿佛腾云驾雾，直飞入那仙境之中。

“父子”俩吃喝完毕，刘瑾动作麻利地收拾完碗盏，泡上一壶茶，便开始给老太监捶腿揉腰。按摩的轻重恰到好处，搞得老太监哼哼唧唧，享受至极。刘瑾发觉，最近这些日子，老太监消瘦得很厉害，皮肉越来越薄，骨头越来越硌手。而且精神头也差了很多，经常是按着按着，就打起了呼噜，流出一大摊口水，洇湿小半个枕头。

某天晚上，老太监回来后阴沉着脸，也不说话，刘瑾摆好菜，倒好酒后，他也不吃菜，顾自闷头喝酒。几杯下去，脸涨得通红，哇的一声，竟然“现场直播”了。刘瑾手忙脚乱地给“老爸”泡茶醒酒，打水洗脸，擦拭桌上地下的呕吐物。一通忙活之后，抬起头来，发现老太监正出神地凝视着自己，眼眶中蓄满了晶莹的泪花。

原来老太监到了退休年龄，马上就要告别宫廷生活了。在刘瑾心目中，“老爸”堪称伟人，不光上知天文，下知地理，还在深宫大院里服侍真龙天子，在他心目中，就是一座巍峨的大山。然而，揭开神秘的面纱，“老爸”其实是皇宫一名低级太监，干的是清扫搬运之类的粗活，而且活动场所受到严格限制，干了大半辈子，从未见过皇帝一次，连远远望见的机会都没有。至于他绘声绘色说给“儿子”听的“皇帝每顿饭吃一百多道菜”之类的情景，完全是听说并经过想象加工的。

老太监之所以伤心落泪，是为自己，也为“儿子”。那天，他宫墙边上扫地时，突然头晕目眩，昏倒在地。被救醒之后，领班太监正式通知他，明天可以退休回家了。其实领导早就想炒他的鱿鱼。最近一段时间，这个老头干活越来越不得力，并非他不用心，而是实在太老了，扫地扫很短一截路，就要扶着扫帚喘上一阵，搬运稍重一点的东西，根本就指望不上他。但碍于面子问题，有点下不了手，领班太监知道，他是他们这个“班”里资格最老的，自己的师傅的师傅跟他是同一批进来的。

好了，昏倒在工作岗位上，说明已经力不从心，可以让他回家了。

领导做出决定之后，老太监为自己伤心落泪，更为“儿子”忧心忡忡。儿子虽然已经长大成人，嘴角边冒出了细嫩的绒毛，但自从跟了自己以后，整日养尊处优，现在让他独自出外谋生，恐怕会冻死饿死的。

那是一个不眠之夜。在老太监沉闷的鼾声中，刘瑾听到自己心中那一阵阵叹息。

鸡叫头遍的时候，老太监就醒了过来。过去上班时，每天都抱怨睡不够，常常期盼拥有“自然醒”，如今退休享清福了，却醒得比任何时候都早。他瞌睡懵懂地盯着天花板，发了一阵子呆，鼻子里却闻到一股浓重的血腥味。抬起身子四处张望，目光停留在了睡在一边的“儿子”身上。借着淡淡的曙光，他发现“儿子”面色惨白，再往下看，腰上盖了一块白布，上面有红色的东西洇出，并且面积还在慢慢扩大。他一把撩开白布，吓得差点晕了过去，“儿子”身上那命根子，血肉模糊，已经变得跟自己一样！

原来，深夜时分，刘瑾做出了一个艰难的决定：让自己变得跟“老爸”一样。

想着从明天起就要过苦日子，想着再也听不到宫墙里那些有趣的故事，刘瑾觉得活着一点意思也没有。不如死了！脑子里冒出这么一个念头，连自己都吓了一大跳。但想想那些好吃的东西，想想那些自己只是听到过但从未亲眼见过的事情，又觉得死了不值。又一个念头冒了出来，这回不是吓一跳，而是吓得魂飞魄散。

但刘瑾很快镇定下来，呼吸变得平稳，心跳也恢复了常态。甚至依稀觉得，这是个不错的念头。

到后半夜的时候，他越来越觉得，这念头简直是太妙了！

这个念头是：走“老爸”走过的路！干“老爸”干过的事情，而且，比“老爸”干得更好！

他一个翻身蹿下床，一溜烟跑进厨房，拿出菜刀和磨刀石，一通忙活之后，菜刀的锋刃在夜色中闪烁寒光。手指摸上去，瞬间被割开了一个小口，流出血来，并不太疼。这让他勇气倍增。

不过两腿间的那玩意毕竟比手指要粗得多，一刀下去，刘瑾立马痛昏过去，连惨叫都来不及发出半声。醒来之后，他手忙脚乱地用事前备下的布片止血，不料血越流越多，他再一次昏了过去。

如果那天早上老太监睡到自然醒的话，刘瑾这条小命可能就此完结。

退休之后，有难事还得找单位。“老爸”背起“儿子”跑向皇宫。幸亏住得近，没几步路就到了，几个太监一通忙活，又找来了专业人士进行包扎，总算是保住了刘瑾一条小命。

刘瑾挥刀自宫的故事感动了公公们，再加上老太监苦苦哀求，领导研究后决定，将这个英勇的少年留了下来。只不过待养好之后，他还得吃第二遍苦头，因为刘瑾在“自宫”之时，因为系非法行医，“手术”很不成功，该切除的地方并未完全切除，所以，还得请专业人士补上一刀。

进宫之后，刘瑾如鱼得水，如虎添翼。想不到世界如此广阔。渐渐地，他将“老爸”抛在了脑后。起初，他每天回家，给“老爸”带好吃的，事事向“老爸”请教。过了一些日子，觉得“老爸”那里可学的东西越来越少，甚至有些轻视“老爸”，干了大半辈子，还不如自己才干几个月知晓得多。后来，回家的次数越来越少，隔三岔五，十天半月，再后来，“老爸”已经完全淡出记忆，一年半载才想起来去探望一次。直到有一天，有一个同事告诉他，“老爸”与世长辞之时，他只是漫不经心地“哦”了一声，脑子里继续想自己的事。

并非刘瑾薄情寡义，而是在他看来，这件事情至高无上，关系着自己的命运前程，容不得有任何闪失，实在是分心乏术啊！

这段日子，刘瑾正在竞争上岗，他竞争的岗位是：太子宫掌案，相当于太子的办公室主任。进宫之后，刘瑾的事业如旭日冉冉升起。最初他是因为“自宫”而感动了那些迫不得已走这条路的公公们，再加上“老爸”的老关系，被正式净身后留在了宫中，接过的是“老爸”握过的扫帚柄，干的还是“老爸”干过的扫除一切垃圾的活。然而刘瑾是一个聪颖的人，脑子活，机头灵，既善察言观色，又擅奉承拍马，处理人际关系游刃有余，跟领导搞好关系更是没得说。于是一年一升迁，从最底层的清扫班，一路往上走，一路过关斩将，一直到现在，向着十分关键的岗位：办公室主任冲刺。而且还不是一般的办公室主任，服务对象是太子——将来的皇上。所以对不起了，“老爸”，明年的今天再来给你烧香吧！刘瑾在心中默默念叨，同时祈求“老爸”的在天之灵保佑自己，助自己冲刺成功。到了那个时候，“儿子”不光为你烧香烧纸钱，还给你烧几个美女，让你在那边好好过一把在人间没有过过的瘾！

功夫不负有心人，刘瑾终于成功了。成功一是靠自身的能力和口碑，第二嘛，当然是靠金钱。在刘瑾心中，后者比前者更重要。为了搏这个位置，他倾囊而出，把进宫之后辛苦工作的所有积蓄都端了出去，孝敬了自己顶头上司的顶头上司，那个手握决定权的大领导。虽然知道这样做有一定的风险，万一那个大领导不吃这一套，而且为了显示清高，拒贿并将此事告知自己的直管领导，那自己绝对吃不了兜着走，彻底坏了江湖规矩，必定永无出头之日。太监的圈子跟官场也没多少区别，越级搞关系是十分犯忌的，如果没有十二分的把握，千万不能这么做，否则的话，你这个人一辈子就臭掉了。刘瑾虽然没有把握，但心中吃准了一点，这个领导的领导，十分贪财。这让他决定冒险当一回叮蛋“缝”的苍蝇。关键的节点上，就得赌一把。人生本是一场游戏一场梦，赢了，直飞入天；输了，大不了像“老爸”一样扫一辈子地。

刘瑾赢了。因为那个大太监头子果真是个见钱眼开的主。这件事情，让刘瑾一辈子死死认定：钱是万能的！有钱就有一切！

现在，刘瑾将目光牢牢锁定了自己的新领导，一个重量级人物上：太子朱厚照。那个时候，朱厚照刚刚九岁，放在现在，也就是一个两三年级的小学生。事实上，他上学念书书才念了一年有余，虽然时间短，但《三字经》这种启蒙读物早已滚瓜烂熟，再难一点的《百家姓》、《千字文》也不在话下。宫廷教师惊叹于太子的聪慧，一篇文章，只要读上两遍，就能背下来，第二天测试时，不用复习，照样一字不差。第一学期，皇宫里那无比烦琐的礼仪，小太子就全部学会并能熟练地运用了。一般的孩子，就算是学上三五年，也只能记个七八成。

太子将来一定会有大出息！宫廷里上上下下都这么认为。只有刘瑾，嗅到了一丝独特的气味。他再度发挥自己的特异功能，像苍蝇一样的往那气味源头追寻而去。

从此之后，朱厚照有了一个密友，彼此间心照不宣，相当长一段时间，秘密唯有他俩共享。渐渐地，专门为太子传道授业解惑的宫廷老师，陷入了深深的疑惑之中。这个悟性极高的学生，开始一点点走下坡路，变得迟钝起来，学习的自觉性也越来越差。常常在课堂上开小差不说，回家作业也是大打折扣，原先那种堪称神奇的记忆力，也在不断退化，到后来，甚至不如一个平常百姓家的一个普通顽童。这是怎么回事？莫非是明版的《伤仲永》让自己给撞上了？真是见了鬼了！老师忧心忡忡，每天晚上辗转难眠，在宫里当差虽然收入不错，地位也高，但压力实在太大，弄得不好，龙颜震怒，怪罪下来，那是要杀头的啊！况且现今的孝宗皇帝只有这么一个宝贝儿子，还是张皇后亲生，是大明王朝绝对正宗的接班人，这可如何是好？老师决定寻根溯源，探个究竟。上课的时候，他特别注意细枝末节，希望从学生的一举一动之中，窥见他真实的内心世界。

他发现，小太子确实是厌学，课堂上心不在焉，特别是在教《弈秋》这篇经典古文时，自己仿佛就是弈秋，而小太子，活脱脱那个“一心以为有鸿鹄将至”的学生再世。事实上，小太子心里确实有一只大雁飞过，正在浮想联翩地“思援弓缴而射之”。

某天放学，小太子和谁也不说话，只管闷头走路，似乎还沉浸书本之中。别人都以为太子读书好用功，放了学还在思考课本上那些知识，心中暗生敬佩之情，只有心细如发的刘公公看出了破绽。假装汇报工作，跟小太子稍一套近乎，他就很快搞明白了是怎么一回事，原来今天老师上的课中，讲到了大雁和弓箭的事，大雁不稀奇，每年秋天，总有那么几群，排成人字形的队伍，从皇宫肃穆的天空中飞过，但这个弓箭，却是从未看到过，弓箭是用来打仗的，书里说也能用它将天上的大雁射下来。真的是这样吗？如果真是这样，那一定十分好玩，中箭的大雁从天下笔直地掉下来，会不会摔死？大雁的羽毛究竟是何种颜色？在小太子畅想的时候，刘公公已经偷偷搞来了一副弓箭，还带着他悄悄溜进了御花园。虽然此时不是秋天，天上连半根雁毛也见不着，御花园里那些叽叽喳喳的小鸟又能太小太灵活，射了十几箭，箭箭落空，一无所获。但小太子还是过了一把瘾，感觉超爽。

刘公公发现，年少的太子虽然身体单薄，但力气并不小，胆量更大，用胆大包天来形容并不为过。他喜爱运动，非常尚武，对打打杀杀特感兴趣。于是刘公公决定顺着领导的兴趣爱好，继续挖掘下去，把服务工作做足做深。后来他带着太子去骑马，还让手下的太监模仿蒙古士兵，让手持刀剑的太子一路追杀。这些太监去势之后男性功能完全退化，见太子手中的宝剑寒光闪闪，早已吓得魂飞魄散，没命地四散奔逃，因为平日里养尊处优，缺乏锻炼，跑速很慢，样子更是可笑，张着手臂摇摇摆摆，两片肥大的屁股一扭一扭，活像一群被黄鼠狼追逐的母鸡。看到这番情景，太子的兴致涨到了极致，仰天长啸，仿佛自己真的变成了“取将军首级如探囊取物”的猛张飞。

贪玩其实是每个孩子的本性。朱厚照生长在高墙厚壁的皇宫里，礼仪烦琐，规矩繁多，再加是独养儿子，没有兄弟姐妹，更没有小伙伴一起玩耍，成天面对的是那些低眉顺眼的奴仆，十分的孤寂无趣，唯有这个新来的刘公公，经常变换花样，出些主意，逗自己开心。渐渐地，刘公公成了他的挚友，一日不见，如隔三秋。

刘瑾自小生长在皇宫边上的胡同里，放在今天，就是北京城的一环以内，十分的热闹，各种好玩好吃的，见得多了，熟门熟路地找来之后，悄悄带进宫里，孝敬给自己的领导。

朱厚照心里那个高兴啊，把跟刘公公在一起的日子视作人生最快乐的时光。孝宗皇帝英年早逝，朱厚照名正言顺地接班，君临天下之后，暴露出来的那些陋习，比如经常性地“罢朝”，比如在“豹房”里没日没夜地淫乐，比如自己给自己授衔威武大将军，领兵南征北战……其实跟他寂寞的童年密不可分。

3. 怎样让领导开心

让领导开心的方法很多，但让领导开心到极致，却不是那么容易做到的，不光要费尽心机，还要有独特的创意。因为领导不是群众，皇帝更非凡人，服务是否到位，从领导那里获得的权力，是唯一的检验标准。

朱厚照坐上龙椅的时候，还只是一个十五岁的少年。对于他来说，当皇帝，最开心的并非可以高高在上地指挥一切，而是可以放开来玩，不必像从前当太子时那样，束手束脚，藏着掖着，唯恐父皇怪罪，母后责罚。刘公公当然得带在身边，这是最重要的。不过，现在刘瑾一个人已经忙不过来了，从太子殿搬到乾清宫后，工作量猛增，于是他决定在找些助手，一找就找了七个，分别是：马永成、高凤、罗祥、魏彬、丘聚、谷大用、张永。这些人都是太监堆里的优秀人物，跟刘公公一样，善于察言观色，见风使舵。在物色人选时，排名倒数第一的那个叫张永的家伙，让刘瑾犹疑了好一阵子。这个人，论能力比其他六人都高出一大截，按理说应该排正数第一，但在刘瑾眼中，他有个明显的缺点：不够坏。某种程度上，甚至是有那么点正直。这怎么行，在宫廷里，做人不坏，皇帝不爱，刘瑾认为，不会使坏，不会钻营，不会踏着别人的肩膀往上爬，就只能像自己的“老爸”一样默默地扫一辈子地。但这人能力实在是强，交付他做的事情，一定不会出任何差错。刘公公盘算了好久，终于还是难以割舍。

这七个高徒，加上师傅刘瑾，后来被称之为“八虎”，横行霸道，为非作歹。只有那个张永，良知未泯，最终将师傅扳倒，还天下清白。

刘瑾带着小皇帝出宫玩去了。这是一次十分冒险的行动，按朝廷的规矩，皇帝是不能随便离宫的，除了体察民情，祭祀祖宗或者御驾亲征之类的。但真的要出去，光是准备工作就得十天半月，前呼后拥，开道护卫的队伍，起码排上个三五里地。在朱厚照看来，这样做就很乏味了，像是被绑架一般。还是刘公公善解人意，某个清风徐徐，花香扑鼻，月华如水的春夜，给陛下换上一套便装，让他看上去像煞一个少东家，自己打扮成一个管家，两人一前一后，从皇宫的一扇边门溜了出去。

外面的世界好大啊！人来人往，摩肩接踵。鳞次栉比的店铺，五光十色的货物，趣味盎然的杂耍，看得朱厚照目瞪口呆，唏嘘不已。这些东西，在宫里可是从未见到过的。也不是头一回出宫，但以前出宫，皇家卫队早已拉起警戒线，商店关门，行人止步，肃静回避，根本见不到这些热气腾腾的民间生活景象。

小皇帝一路恍恍惚惚，如在梦中。刘瑾先是带着他去品尝了一些美食，尽管都是街边的简陋小铺，有的甚至只是一个挑子，但朱厚照都大快朵颐，吃得额头直冒汗。有两种小吃最中他的意，一种是油煎灌肠，一口平底锅吱吱冒油，一片片切得薄薄的肠子摊在上面，香气诱得人直咽口水。煎到两面焦黄，放进嘴里直烫舌头，牙齿咬上去嘎嘣脆，那个爽啊！另一种是炸酱面，一个粗瓷大碗，冒尖地堆着一碗面，面前摆开一溜碗碟，碗里是面码，碟里是作料，想吃什么就加什么。围桌而坐的食客全是粗布衣服的平民，呼噜呼噜地往嘴里吸溜面条，一碗不够再来一碗。朱厚照看得好奇，也想学他们的豪爽样，只不过碗里还剩大半时，就再也扒拉不动了。皇帝和百姓怎么能比，肚子里油水实在是太厚了。

在天桥看了一阵子爬竿、舞叉和用砖头拍脑袋的气功表演，朱厚照的肚子还是胀鼓鼓的，两个眼珠却好像没有吃饱一样，在眼眶里滴溜溜乱转，瞄来瞄去，似乎还在追踪着美食。只有刘瑾知道领导此时垂涎的是什么。十六岁，胡子刚刚在唇边冒芽，开始对异性有了那么点朦胧的感觉，朱厚照的目光飘忽着，一个劲地洒向人群中那些婀娜多姿的妙龄女子。

刘瑾决定趁热打铁。他在前边带路，一路快走，离开闹市，七绕八拐，拐进了一条胡同。胡同里黑魆魆的，杳无人迹的样子，朱厚照觉得不好玩，步子慢了下来。刘瑾回过头来，冲着领导招招手，示意他往墙上的一个洞里张望。这一看不打紧，小皇帝的眼睛差不多粘在了墙上。洞里面有一些黯淡的光芒，光芒中隐约可见一些赤身裸体的女子在手舞足蹈。朱厚照一颗心怦怦直跳，呼吸变得越来越粗重。刘公公带他来一开眼界的这个地方，其实是个十分低级的淫乐场所，光顾这里的客人，绝大多数是穷得叮当响的嫖客，墙上的这个小洞，是供嫖客挑选妓女的瞭望孔。这里的妓女原本都是女乞丐，流落街头，乞讨为生，那些年轻一些又有点姿色的，就被黑社会盯上，引诱或者胁迫到此，强逼她们卖淫，从她们身上榨取钱财。客人如果光看不嫖，是要付观赏费的，不过十分便宜，也就是几文铜钱。这里的妓女，都是穷苦出身，没有文化，至于气质才艺，更是半点皆无。凡是正常男子，只要上过几天私塾，知道些礼义廉耻，绝不会来这种龌龊的地方。然而朱厚照正值青春萌动时期，最容易被引入歧途。这一“开眼”不打紧，之后小皇帝白天上课的时候，满脑子不再是“鸿鹄将至”，而是那些裸女凹凸的身体曲线。一到晚上，就缠着刘公公去外面玩。

刘瑾开始犯难，天天出去并不是件容易的事，迟早有一天会被发现的。况且小皇帝想的那个地方，隐在胡同深处，常有流民盗贼出没，存在严重安全隐患。如果哪天皇帝给盯上了，给绑票了，那自己也就玩完了。但领导的兴致绝对不能违逆，扫了领导的兴，自己这个办公室主任就会犯下不可饶恕的错误。想到这里，刘瑾灵机一动，决定实施一个新计划。

这个新计划依然是围绕“如何让领导开心”这个核心来实施的。透过墙洞看看裸女，流流哈喇子，过过干瘾，这是刘瑾这号完全丧失男性功能的人的癖好。小皇帝当然是不够的，刘瑾决定带领导去正儿八经的妓院过一把瘾。只是那种地方自己实在是陌生得紧，从未去过，不知怎么“点菜”，怎么买单。一问其他“七虎”，因为都是同一类人，这方面的经验也是一片空白。要服务好领导，必须熟悉业务。无奈之下，刘瑾决定自己先去试一下水。

一个月黑风高的夜晚，刘公公穿戴一新，镜子里一照，活脱脱一个京城老板。也不带随从，独自一人便踱进了一家看上去档次不错的青楼。浑身上下珠光宝气的老鸨热情地迎了上来，将这个看上去有些紧张的老板安排在角落头的一个包厢里。老鸨接待过的客人成百上千，早已练就了相面之术，只一眼就认定，这个老板，一定是从正经人家跑出来偷荤吃素的，而且，干这种事情，一定还是头一回！刘公公装出一副气定神闲的样子，却不料早已被人家看穿。老鸨心里乐开了花，凭她的经验，这种客人最好对付，待会完事之后，一定慌里慌张地逃离作案现场，结账的时候，得狠狠斩他一刀！香茶泡上来，果碟也摆了一桌，老鸨问，老板喜欢什么类型的姑娘，要不要带几个出来挑挑，或者直接到里面去选选？刘公公一挥手：随便！

到了房间里，小姐已经坐在床边含情脉脉地注视着他。刘瑾一颗心七上八下，一种莫名的惆怅如潮水般涌来。当小姐一把将他抱住，使出职场招数时，感觉到客人的身体很冷，客人的目光更是像冰一样。小姐吓了一跳，打了个冷战，刘公公借机挣开了她的拥抱，夺门而出，回到了前厅。在刚才他坐过的那个包厢里，老鸨正指挥龟公收拾东西，习惯性地呵斥着发出指令，小心轻放，还特意叮嘱，把果碟里那些点心全放回到瓶瓶罐罐里，因为客人刚才一个指头都没动。老鸨本意是节省成本，不料此举被客人撞见，所以有些尴尬，脸上的皮肉抽搐着，像笑又像哭。客人这么早就出来了，看样子是对“随便”给他安排的姑娘并不满意，老鸨正思忖着接下去该如何应付，不料客人却提出买单。老鸨小心翼翼地开了个价。刚才那个姑娘，在这里只是个末牌，但老鸨却开出了头牌的价。她想在生客上诈上一把，但心里有些虚，所以声音轻得像蚊子叫。不料客人也不还价，更没有勃然大怒，说是要去投诉什么的，而是取出一锭银子，一把拍在了桌子上，转身离去。老鸨掂了掂银子的分量，叫两个头牌都有得多！她心中一阵狂喜，心想真是天上掉馅饼了。这时那个末牌姑娘垂着脑袋塌着腰走了过来，向老鸨汇报，客人没有沾她的身子就走了。老鸨“哦”了一声，眉毛抖了几下，心想世上竟有这样的事，今天真是奇了怪了。因为心情超好，她当场兑付了提成，虽然按院里的规矩，若是接客未成，或是客人不满意，提成是要充公的。

令老鸨深感意外的是，过了几天，那个出手阔绰的老板又来了，还带着一位少年公子。老板已经够气派的了，这个公子哥更胜一筹，虽然看上去很文弱，但站在那里的架势，却仿佛有一股子气场，把所有人都镇住了。

“我要最好看的!”老板吩咐道。这是大多数客人的口头禅。老鸨应了一声，刚要去安排，老板又一把将她拉住，俯身在她耳边补了一句：“等等，给我找个文化高点的。”

这话刘瑾不是一时兴起，随口说说的。小时候没念过书的他，对文化一向很敬重，甚至可以说是崇拜。尽管进宫之后恶补了一阵，但终归是先天不足，日常工作生活中可以应付一下，若要是翻翻书本搞点研究，那就如同瞎子摸象一般。所以对于异性的审美，在刘公公眼中，美丽与智慧比翼双飞，容貌与文化同等重要。

一听这个要求，老鸨心领神会，满口答应。其实她领会过了头，刘瑾说的“文化”，是泛指，而在她耳朵里，却变成了特指，指向的是那个叫“清照”的小姐。“清照”是何许人也？怎么会跟宋代著名女词人同名？莫非也是个才女？确实是个才女，只不过因为家族不幸，被发配到了妓院中来。“清照”是她的艺名，原名是什么不得而知，也没有人感兴趣，反正出身官宦人家，如此年轻，可能是某个大官的小妾，也可能是女儿或者媳妇。这个大官，必定是犯了大错，连累了全家人遭受朝廷的严惩，大官被砍了脑袋，女眷被充作妓女。这样的事情，在明朝司空见惯，正是因为有了这些新鲜血液，妓院的生意才更为红火。很多贩夫走卒，不惜掏空一年的积攒，也要到里面去过一把瘾，尝尝官太太官小姐的滋味。出来后一点也不后悔，常常还沾沾自喜地说：不一样就是不一样。至于文人墨客，更是唯独钟情这一类型，红袖添香，吟诗作赋，恍若天上人间，精神与肉体都获得至尊享受。

“清照”果然是一位气质非同寻常的青楼女子，为了展示才艺，博得客人欢心，在老鸨的指令下，当即泼墨挥毫，写下了一首《点绛唇》，并且羞答答地向客人介绍，这是奴家现场原创的。刘公公频频颔首，装出一副十分欣赏的样子，但词的内容究竟是什么，却一点也看不懂。倒是一旁的朱厚照看出了一点名堂，觉得写是写得还可以，但跟真版李清照的“寂寞深闺，柔肠一寸愁千缕……”相比，文采与意境实在是相距太远。

“好吧，就这位。”老板发话，生意成交，老鸨喜上眉梢，但老板接下去的一句吩咐，却让她木呆呆站在原地，一下子愣了神。老板是这样说的：“陪这位小爷进去，给我服侍好了！”

什么……意思？老鸨一头雾水，从老板进门的那一刻起，她就理所当然地认定，他身边的这个少年，是他带来的一个家僮，虽然这个少年气度不凡，一般的家僮根本无法比拟。这样的情景并不稀奇，到这里来的客人，但凡身份高贵的，可以分成两类人，一类是当官的，大多有下属陪同，有时还不止一个；一类是做生意的，有的独来独往，有的带个把家僮。但主人给仆人搞服务，今天属于破天荒头一回，主次颠倒，这是怎么回事？

尽管云里雾里，但老鸨毕竟是江湖老手，马上醒过神来，屁颠屁颠地跑去安排了。就这样，朱厚照提前享受了人生两大快事之一的“洞房花烛夜”。其实对他来说这是人生的唯一快事，因为作为皇帝，“金榜题名时”并不存在，倒是状元要他亲自用御笔钦点。

从此之后，小皇帝与刘公公之间的个人感情，又迈上了一个新台阶。站在这个台阶上，刘公公有一种“一览众山小”的感觉。确实如此，皇帝一旦“坐”下，在一边“站”着的自己，就真的是“山高人为峰”了。

日月如梭，一晃眼朱厚照从一个单薄的少年长成了强健的青年，俊朗的面容，蓬勃的朝气，坐在龙椅上，有那么几分龙威了，虽然他真正上朝的时候并不多，大臣们想见到他并不容易，绝大多数时候，要通过刘公公传递信息，获取指示。此时的朱厚照已是一个有妇之夫，皇后夏氏，出身名门，父亲是一位世袭将军。然而他们的婚姻生活并不美满，皇帝和皇后一直不来电，在同一张床上睡了没几天，朱厚照就把刘公公叫到跟前，诉出一肚皮苦水。说到最后，直截了当地提出，要到外面去玩。有好些日子没出去了，前些日子准备大婚，最近手头又忙，数不清的国家大事等着他处理。尽管刘公公十分尽职，给领导物色了好几位嫔妃，个个都是绝色佳人，但领导“品尝”之后觉得味道都差不多，好像是同一个厨师炒出来的菜。也难怪，能有幸被选入宫中的嫔妃，不是大家闺秀，至少也是小家碧玉，都经过严格的培训，一个个知书达礼。然而正因为如此，与那些风尘女子相比，显得拘谨呆板，在朱厚照眼里，一个个像木头一样，实在是无趣得紧。

领导有要求，自己又不能去实施，这让刘瑾很犯难。老是出去总归不太好。左思右想，绞尽脑汁，还召集另外“七虎”开了研讨会、务虚会，总算是创意出一个新计划：建一座新豹房。

老豹房就在宫中，顾名思义，里面养着豹子。不光豹子，还有别的猛兽，老虎、黑熊以及异国进贡的大象、狮子什么的。不过朱厚照最喜欢豹子。这处动物有虎一样的威势，更有比虎还要敏捷的身姿。老虎不能上树，豹子却可以，所以朱厚照认为，猫是老虎师傅这一说法并不正确。他是一个爱否定传统的皇帝，他的一生都在标新立异，刘瑾早已识透领导的本性，所以做任何事情，都会博得领导的赞赏。这回他来了个旧瓶装新酒，新建的豹房里，不光养豹子，还养人。建豹房总共花了 24 万两银子，折合成人民币，相当于 9600 万元，接近一个亿。在今天，也就是一座十几层高大楼的造价，还不包括内部装修费。但花在“养人”上的钱，却比造楼还要多。因为养着的人三教九流，覆盖各个行业，简直可以构建一个特色社会。

这些人里，有乐师、歌手，有杂技大师、武林高手；有披着袈裟的高僧、居住在深山的隐士；他们来自五湖四海，不少人不会说汉语，属于少数民族，甚至是外国人。那些女的，虽然年龄跨度较大，从十几岁到三十几岁都有，但个个美丽妖娆，风情万种，而且有着一个共同的特点：野性十足。这是刘公公严格规定的选人用人标准，因为他十分清楚，皇上最讨厌那些扭扭捏捏的斯文女子。

新豹房只有三四头豹子，那纯粹是装装样子的。准确地说，这个“豹房”，其实是中国最早的影视基地，只可惜那时没有摄影机之类的装备，所以里面那些精彩演出，未能保存下来，以飨后世。制片人是刘公公，朱厚照顾是当仁不让的总导演。

经典巨片：《远征大漠》。

男一号：威武大将军（总导演朱厚照亲自客串）。

群众演员数目不详，分别扮演明军将士、蒙古兵，以及边疆百姓。

场景 1：

身着皮裘的蒙古士兵率先上场，在边境烧杀掠夺，无恶不作。百姓扶老携幼，背井离乡，一路哭声震天，好不凄惨。头戴大檐帽的明军士兵上场了，然而甫一接战，便败下阵来，丢盔弃甲，抱头鼠窜，十分狼狈。

场景2：

威武大将军出场了。横刀立马，大喝一声，杀入敌阵，纵横驰骋，如入无人之境。两军酣战，短兵相接，肉搏角力，最终那些剽悍的蒙古兵终于扛不住了，落荒而逃。威武大将军引兵掩杀，匹马单骑，绝尘而去。

场景3：

砍翻敌方最后一个溃兵后，威武大将军发觉身边已经没有一个随从，原因是冲锋在前，将所有人都甩在了身后。他下马歇息，发觉路边的绿树丛中掩映着一座土楼。楼中隐隐传来琴声，如泣如诉，宛若天籁。信马由缰，马儿似乎也被琴声吸引，朝着土楼缓缓走去。一扇红漆剥落的木门虚掩着，威武大将军轻轻一推，门吱呀一声开了，屋内唯有一床，床上粉帐低垂，依稀可见帐内有一女子正俯首弄弦，十分专注，对于不速之客的闯入，似乎浑然不觉。威武大将军用手中的宝剑挑开粉帐，轻轻咳嗽一声，女子抬起头来，面若桃花，眼似秋波，黛眉含笑，竟是一个绝色佳人。佳人向将军叩了个头，云鬓后那一片凝脂让将军怦然心动。佳人代表边疆的百姓感激将军驱逐鞑虏，保境安民。说到动情之处，开始宽衣解带，要为将军献出处子之身。将军百般推托，三番五次想抽身而走，无奈人佳人心意已决，只好遂了民意，在床上翻云覆雨，播撒龙种，来一个军民鱼水欢。

这场经典大戏在豹房里反复上演，无数次重新拍摄，新版有N个，不过前面两个场景基本雷同，场景之三，每次都有所创新，地点不光是室内，还经常向露天旷野发展，有时有河边，有时在草地上，有时在树林里，威武大将军是朱厚照的专利，至于“女一号”么，每次都换新人，胖的瘦的，高的矮的，中国人外国人都有，有一回甚至还让一个怀胎数月的孕妇出演。

某次拍摄过程中，因为道具使用不当，现场突发火灾。火刚上来时，朱厚照捋起袖子，亲自带领大家救火，不料火越烧越旺，见势不妙，威武大将军脚底抹油，率先当起逃兵，于是众人纷纷仿效。逃到远处之后，望见拍摄基地烧成一片，朱厚照不但没有惊恐恼怒，更没有责怪工作人员，反而兴奋得手舞足蹈，一队消防兵闻讯赶来，拉开架势准备救火，威武大却将军传下令去：不准救！让它烧！正当大家面面相觑，茫然不知所措时，威武大将军的一句话，雷倒了现场所有人："好大一蓬烟火！太好看了！"

自从迷上"拍电影"之后，朱厚照更加没有心思去理朝政，他越来越信任刘公公，不光封他为司礼监掌印，还让他分管东厂、西厂。司礼监，太监管理机构中最重要的一个；掌印，相当于一把手。东厂和西厂，是特务机构，直接归皇帝指挥调动，可以随便抓人，比官府厉害得多，平民百姓不在话下，王公贵族若有嫌疑，也可随便抓进去严刑拷打，打死打残了还用不着赔。

也就是从这个时候，刘公公开始一铲一铲挖土运石，在自己家里平地起了一座金山，致富的诀窍靠的就是博得领导开心。司礼监负责上情下达，下情上达，好比皇帝和百官之间的一座桥梁。百官向皇帝上书，汇报情况，请求指示，先要将文书送达内阁，内阁"票拟"，也就是提出参考意见，再交皇帝"批红"，也就是领导拍板定夺。拍板之前审阅文件和开会讨论是两道必不可少的程序，面对文山会海，朱厚照哪有什么心思，于是当即拍板："批红"由刘公公代为执行。从此之后，刘瑾名义上是太监头子，实际上已经转型升级为皇帝，起初，面对那些为了升迁走捷径的官员们送上来"见面礼"，照单全收，后来，开始权力寻租，如果不送，就让你好看。地方官进京述职，必须送上一笔重金，白银少则千两多至数万，送得少的，原地不动，送的多的，平地升官。若敢不送，哼哼！周钥就是先例，想少吃苦头，就自行了断吧！有一个叫刘宇的巡抚，很有经济头脑，搜刮民脂民膏之后，不惜拿出大头孝敬刘公公，所以在官场上他一路升迁，好像坐了直升飞机一般。每到一个新位置，油水更多，出手也更豪阔。直到最后一次，用一笔重金博得刘公公“龙颜大悦”之后，从国防部调到了组织部，本以为换了个油水更足的单位，不料一年下来，收到的贿赂大大缩水，原来组织部管的是文官，国防部管的是武官，武官敛财的渠道更多更广，可以吃空饷，可以将缴获的物资据为己有，所以……

有那么一阵子，刘公公竟然拒贿，让人匪夷所思，以为太阳从西边出来了。有一个一心想往上爬的贪官不相信，进京述职的时候，还是照以往那样将一大包银子送进刘府。不料刚回到馆驿，两个面色阴沉的特务就在门口等着他。被押进不知是东厂还是西厂的审讯室，见到满地的血污，满壁的刑具，贪官吓得双腿一软，跪在地上一个劲求饶。只是脑子里依然一片糊涂，不知缘何得罪了刘公公。自己这次送的银子，比上次多了不止三倍，而且送之前打听过行情，自己这个级别的，其他人以前送的，都不到自己的十分之一。

他有所不知的是，这段时间，刘公公也在算账，而且越算越气，所以决定廉洁一回，来者必拒。

是一个亲信建言献策，提议刘公公好好算一下账的。亲信经过一番深入调研之后，将一个惊人的数据呈送给领导：那些官员孝敬刘公公的见面礼，是他们在任上实际捞到的“油水”的十分之一。

在调研报告中，触目惊心的分析是：如今之所以民生凋敝，政令不畅，根源在于官员贪腐。更为可怕的是，他们只从赃款中拿出十分之一，用来孝敬公公，而贪腐的罪名，却全部加在了公公身上。

这调研报告纯粹是下面人为了取悦刘公公，但刘公公看了之后，怒从心底起，恶向胆边生，为了证明自己的清白，竟然开始拒贿。但过不多久，他就扛不住了，家里的“金山”还等着添砖加瓦呢。于是刘公公变本加厉，抬高了“见面礼”的价码，这下了苦煞了文武百官，至于平民百姓，更是跌到了水深火热之中。

刘公公的所作所为，激怒了一批正直的官员。第一个站出来，视死如归地抱着炸药包往上冲，发誓要跟“碉堡”同归于尽的，是戴铣，南京户科的给事中，给事中是言官，负责督察，专门挑刺，但在南京当给事中的这些人，大多是从北京调过去的，原因只有一个：挑刺太认真，有种鸡蛋里挑骨头的执着，而且不近情理，不买面子，油盐不进，老是给领导添乱，所以嘛……按理说戴铣远在留都，千里之遥，北京城里那些事儿，不在自己的职责范围，就算是心中不平，也完全可以装聋作哑，但他义愤填膺，深感不能袖手旁观，决定“该出手时就出手”。言官的“出手”，其实就是给皇帝写举报信，实名举报。信中罗列了刘瑾的种种罪状，有实例有数据，触目惊心。起草完举报信之后，戴铣斟字酌句，反复修改，但还是觉得心中无底。毕竟是要给天子看的，绝不能有任何差池。正当心中纠结的时候，忽然想起一个朋友，王华，礼部右侍郎，他是先皇的老师，一身正气，状元出身，文字功底超强，何不请他把把关？

到了京城，戴铣便拿着举报信匆匆赶去。王华正在吃晚饭，家里还有一个客人，是蒋钦。蒋钦也是言官，在另一个部门工作，跟戴铣也是老熟人。所以戴铣也不避嫌，当着他的面，将举报信交到王华手中。

王华看完信，正在沉思的时候，蒋钦将手中的酒杯啪的一声往桌上一礅，大喊一声：“写得好！”猛地站起身来，挥舞着双手嚷道：“加我一个！快快拿笔来！”

王华来不及劝阻，蒋钦已经从仆人手中取过笔墨，在举报信的末尾，戴铣的名字后面，一挥而就，浓浓地写上了自己的大名。

当晚，两个言官在王部长家里喝得酩酊大醉，相携着走出门去。天上一轮明月高悬，王华的心却被一片乌云笼罩得严严实实。倒不是因为刚才被两位言官朋友奚落嘲讽了一通，酒后吐真言，真言难听。这些他都不会往心里去，在内心世界中，他倒是真的佩服这两位老兄，刚正不阿，仗义执言，然而，他们的前景，却是一片黯然，心中涌上一种不祥的感觉。这封信寄出去之后，这两位老兄弟，恐怕难过生死之关，来年这天上的明月，或许再也照不见他们的身影……

不光替朋友担心，更让他忧心忡忡的是，自己那个宝贝儿子，会不会做出什么出格的事？王华认为，在奸佞当道的严酷环境中，发起正义的冲锋，无异于以卵击石，自寻死路。儿子虽然比戴铣、蒋钦之流聪明不止十倍，但年少气盛，有时难免一时冲动，唉！不得不防啊！他决定及早行动，梳理人脉，找些关系，以备不时之需。

第二部分

噩梦醒来，方知做官要比读书难

往往要到遭遇挫折之后，年轻干部才会发出源自内心的喟叹：在单位里想要混得好，想要往上爬，竟然比读书时考满分还要难。这个时候，他才幡然醒悟：如果照书本上所说的那样去做事，在官场里，只会处处碰壁，时时撞头。

1. 心中之“理”

从军事迷到读书狂，王阳明的青春期像起伏的浪涛，拍打着人生的堤岸。洞房花烛夜，他跑到道观“格”竹子，“格”出了一片新天地。

走出狱门的那一瞬间，王阳明被强烈的光线刺激得眯缝起眼睛。在黑暗中待的时间太长，已经很不习惯光明了。虽然外面阳光明媚，但他的心中却依然是漆黑一片。他刚刚被告知，组织上已经下发了任免文件，他被免去兵部主事一职，新的职务是贵州龙场驿站驿丞。驿站，是设在官道的中继站，地点往往选在那些人迹罕至的地方，前不着村后不着店，不是荒山僻岭就是大漠旷野，马跑累了人颠散架了，就在这里歇口气；赈灾物品或者军需物资，常在这里周转或者暂存，其功能差不多相当于邮局兼招待所。他不知道龙场在哪个旮旯，但一听前缀“贵州”两字，便知道绝对不会是什么好地方。更让他揪心的是，这个“驿丞”的新职务，根本就没什么级别。

驿丞是主管驿站的官吏，在明代，县属驿丞仅有八个省设置，共三十七人。特别是像贵州龙场这样边远地区的贫困驿站，大家都知道，通常是政府流放“罪犯”的场所。驿丞的级别，叫作“未入流”，也就是在九品十八级之外。如果一定要定个级，那就定个“十品”吧。明代的从九品官年薪是五六十石米，他这个不入流的“十品”官，大概也就三四十石米的俸禄吧。

想一想，自己在进牢之前，虽然只是国防部的办事员，但毕竟级别是正六品。现在，连降了岂止是三级？简直就是自由落体，一落到地。

但活着总是好的。想到已经魂归九天的蒋钦，王阳明觉得胸口那块石头略微松动了一下。不管怎么说，这个驿丞，总还在公务员序列之内，总比“双开”要好，比起发配充军，那更是好到天上去了。想想也是，如果没有父亲在暗中帮忙，自己的下场又会是怎样？

一想到父亲王华，他的胸口淌过一股暖流，决定去看看父亲。可是家里人早就向他哭诉了，说他父亲王华也因他受牵连和排挤，被派到南京去做吏部尚书了。

南京是明朝的留都。朱元璋建立大明后定都南京，燕王朱棣夺取其侄建文帝皇位后，定都老巢北京，但为了体现对父亲朱元璋的尊重，仍把南京定为留都。而且很特别的是，在理论上，明朝的南北两京有着相同的地位。虽然远离权力中枢，南京却保留着一整套中央机构，包括六部、六科、都察院、大理寺、国子监等等，甚至连太医院都有。尽管南京的中央机构与北京是相对应的，级别也相同，但毕竟皇帝与内阁都在北京，南京各机构的职权大大小于北京相应机构。其权限一般仅限于南京和南直隶（包括今天的江苏安徽两省与上海市），当然言官除外。所以南京各部的清闲职位常常成为打发不受欢迎官员的地方。

身为状元公的王华，曾是弘治皇帝时期的大红人。作为皇帝的恩师，已官迁礼部右侍郎。可以想象，当时皇上只有36岁，只要他多活几年，王华想干个尚书，甚至少傅太傅什么的，是件轻而易举的事。

无奈弘治命薄，待武宗即位，刘瑾专权，朝中大臣纷纷争抢着去走这个太监的后门。只有极少数人不肯拜倒在太监脚下，王华就是其中之一。其实，刘瑾也一向仰慕王华的才学和人品。要想把持朝廷大权，刘瑾也需要得力的人帮助才行。于是，他两次派人对王华说，他想推荐王华，只希望王华主动投靠。可是，王华操持坚定，不肯趋附。正在这个时候，王华的长子王阳明居然跟着那些书呆子一起起哄，存心与刘公公作对。于是，刘公公恼羞成怒，贬王阳明作驿丞，并调王华为南京吏部尚书。听起来，吏部尚书比礼部侍郎强多了，事实上，是明升暗降，这只是刘瑾的惯用的伎俩——公报私仇罢了。

到了第二年，刘公公又找了个牵强的理由，说王华年老了，要他致仕（退休）。王华倒并不吃惊，反而处之坦然，认为“从此可以免祸矣”。当然，这是后话。

既然父亲去了南京，那就去南京看父亲吧，反正贵州在南方，往南京绕一下也还算顺路。

从来没有像今天这样想念父亲。

和所有男生一样，和父亲，总是有那么一层隔阂。虽然已经三十出头，但王阳明一直把自己当成一个男生，有人说男生要到自己当上爸爸之后，才会体会到父爱如山，可惜王阳明一直没有“升级”的机会，不知怎么搞的，老婆诸氏一直未能怀上孩子。对于传宗接代的事情，王阳明一直不太热衷，所以对老婆也从不埋怨，至于遇到这种情况的常规做法：纳妾，他更是十分不屑。从小到大，王阳明一直是个特立独行的人，最讨厌随大流，所以尽管对通过媒妁之言、父母之命，门当户对地娶过来的诸氏从未动过真情，但也从来没有想过借此机会另觅新欢。

确实是门当户对。王阳明的丈人是诸介庵，江西布政司参议，相当于省民政厅巡视员，是王华的好朋友，从小看着王阳明长大，早就在心底里把这个聪明异常但又桀骜不驯的孩子当成了自己的女婿。说聪明真是聪明。八九岁的时候，王阳明就已经是象棋高手了，左邻右舍的成年人都败在了他手下，后来整座余姚城里都很难找到对手了。起初是找人下棋，后来是关在屋子里捉摸棋谱。这让他老爸很不高兴，那段时间，王华正在拼命复习备考，他已经过了秀才和举人关，接下去的目标是进京考殿试，唯有考取进士，才能正儿八经地踏上仕途。这段时间埋头苦学，秉烛夜读，常常是通宵达旦，听到鸡叫头遍时才伏案小睡一会。一天早上，人实在太困，在洗脸的时候差点睡着，被凉水激醒后，在水中照见自己两只熊猫眼，想着读书辛苦，考运莫测，有点自怜自伤，早饭胃口半点全无，背着手踱出书房，走进花园，想让自己清醒一下，却看见儿子蹲坐在一棵大树之下，地上摊着一盘棋，正对着残局苦思冥想。王华心中呼地燃起一蓬火，心想自己辛苦读书，儿子却沉迷于游戏之中，这小子实在是太会享受了！被一种莫名的情绪驱使着，他猛冲上去，一脚将棋盘踢飞，圆而扁的棋子骨碌碌到处乱滚，有几颗滚进了不远处的一个小池塘里。

然而令老爸大感意外的是，儿子没有吵也没有闹，更没有哭哭啼啼满地打滚耍赖皮，而是盯着池塘发了一阵子呆，然后一声不吭地走出了花园，丢给他一个坚毅的背影。

第二天，王华在儿子的房间里发现一张草稿纸，随意涂抹着的一些文字中，端端正正夹杂着一首诗：

象棋终日乐悠悠，苦被严亲一旦丢。
兵卒坠河皆不救，将军溺水一齐休。
马行千里随波去，象入三川逐浪游。
炮声一响天地震，忽然惊起卧龙愁。

虽然心底里暗暗惊讶儿子小小年纪展露的文采，但表面上老爸还是装出一副不屑的样子，指出了此诗在语法和意境上的诸多不足，并在饭桌上给儿子上起了诗词辅导课。可惜儿子根本不把老爸当老师看，拼命往嘴里扒饭，菜也顾不上吃一口，一碗白饭下肚，就逃也似的离开餐厅，把老师尴尬地晾在讲台边。

倒是爷爷王天叙十分宝贝这个古怪精灵的孙子，每次走亲访友都带在身边，让他现场创作，即兴赋诗，展示才艺。虽然没有曹植七步成诗的工夫，但随机命题，出口成章不难做到，这爷孙俩走到哪里哪里赞声一片。老爸依然不屑，认为如果爷爷再这么宠下去，再这么炫耀下去，很可能会把王阳明演绎成明版的《伤仲永》。不过也管不了这么多了，那段时间，王华已经进入考试的最后冲刺阶段，进京的行囊已经准备好了，把最后这点时间看得比黄金还宝贵，熊猫眼没有一天消退过，根本没有心思对付儿子。

天道酬勤，王华不光考中进士，还考了个第一名，一举摘得状元桂冠。这可真是光祖耀宗，泽被后世啊。王华被分配到翰林院工作，这不光是一个高层次的学术研究机构，更是一个国家栋梁之材的孵化器，许多优秀年轻干部就是从这里出去，走向重要岗位。

王家举家北迁。然而老爸的成功并没有激发王阳明读书的劲头。他还是贪玩，还是不走正道。进京之后，他从棋迷转型为军事迷，这跟北京城里驻军多不无关系。这里离边境不远，已经被赶回草原的蒙古人复国之心不死，时不时回来骚扰一下，梦想着重振大元雄风。目睹军人金戈铁马的铿锵雄姿，王阳明热血沸腾，想象着自己插翅飞出长城之外，让夹杂着粗粝沙子的风撞击自己的胸膛。每天都要跟左邻右舍的那些半大孩子玩打仗的游戏。在游戏中，一副典型南方人瘦弱身材的王阳明，却总是牢牢霸占“将军”的位置，指挥那些膀大腰圆的北方少年进攻、进攻、再进攻！

“玩这个有意思吗?”一天，老爸王华实在忍不住了，把王阳明叫到跟前，决定跟他好好谈谈。

“有意思！太有意思了！”王阳明坚定地说。

“为什么不好好读书?”王华拼命压抑着胸中的怒火。面对嘴角边已经冒出软软胡茬的儿子，他决定不来硬的，而是春风化雨。因为之前每次硬碰硬，都是两败俱伤，不欢而散。

“读书有什么意思。”王阳明一副不屑的样子。

“读书是正道，当今管理天下的，哪个不是读书人出身?”王华继续春风化雨，但心里已经是暴风骤雨了。

“若是没有将军，明太祖能打下天下吗?”王阳明的话让王华一时无言以对。

“哪个朝代是靠状元打下天下的？”王阳明不依不饶的进攻终于让老爸恼了，冲上前去对儿子拳打脚踢，将状元的范儿彻底丢在一边。

虽然挨了一顿揍，但王阳明感觉自己打了一场大胜仗。为了奖励自己，第二天，他搞了一匹马，又一个人偷偷溜出京城，跑到了长城外面。

其实，他已经来这里好几次了。来这里的目的，就是考察边关军事，就是为了实现他儿时燃起的诸葛梦。

塞外凛冽的寒风让王阳明的头脑清醒了不少，夕阳西下，四周一片肃杀的景象，他不由自主拉住了缰绳。越是担心什么往往就越会发生什么，地平线上出现一缕烟尘，片刻之后两人两骑跃入视野。从他们的装束来看，并非同类，而是他梦中与之厮杀过无数回的蒙古人。不过现在不是梦里，以一对二，就算是一对一公平对决，王阳明觉得自己也毫无胜算。怎么办？调转马头开溜？自己胯下这匹驽马已经跑了一天，跟自己又不熟，才不会为自己卖命。据说蒙古人箭术很精，弯弓能射下天上的大雕，瞄准自己的脊梁应该是不费吹灰之力。脑子里一团糨糊，而蒙古人已经越来越近，他们也发现了他，在不远处停了下来，相互在商量着什么。再不行动就没有机会了。危急关头，王阳明反而镇静下来，挽弓在手，大喝一声，纵马朝着那两人冲去。

蒙古人愣了一下，随即慌张起来，怀疑自己中了圈套，他们不相信一个没有胡子的汉人少年敢于发起挑战，其中一定有诈！说不定旁边就埋伏着许多明军。蒙古人跟汉人打了这么多年仗，知道汉人诡计多端，一对一汉人肯定不是对手，就怕跟他们打群架。成吉思汗的后代都被他们算计了，自己还是悠着点吧。蒙古人起初还是半信半疑，但见这少年越追越凶，一副肆无忌惮的样子，就完全相信了自己的判断。这个少年，马都骑得歪歪扭扭，手里那弓，更像是玩具一般，却敢不顾性命往上扑，一定是想引诱自己停下来。老子才没这么傻呢！

蒙古人一阵风似地消失的时候，王阳明的喉咙喊哑了，最后一丝力气也用尽了，趴在马背上，信马由缰地走了一阵，心里开始思念起家里温暖的被窝，还情不自禁地想起了老爸关于读书的那些话。“万般皆下品，唯有读书高。”这是老爸教育自己时的口头禅，以前一听到这句话就烦，现在经历了这一场惊险，回想起来，这话似乎也不无道理。

王华发现，儿子最近学习用功起来了，什么时候开始的？好像是那次到长城外去逛了一圈之后吧。这也怪了，这家伙像头犟牛一样，不管是用打还是拉都不回头，现在怎么一下子变乖了？莫非是撞了南墙，吃了苦头之后，幡然醒悟过来了？儿子爱读书，老爸当然高兴，希望子承父业，为王氏家族再搏一个状元出来。然而儿子的考试成绩却让他无比失望，甚至是倍感羞耻，王阳明参加会试，竟然两度名落孙山，不光没能再续状元辉煌，而且连普通的进士也没考上。

失败激起了王阳明的羞耻心。一向不把学习放在眼里的他，变得严肃认真起来，谁说我读书不行？偏要读出个名堂来！

当时读书人的偶像——南宋理学家朱熹的经典理论是：格物致知。意思是研究事物原理以获取知识。有相当长一段时间，王阳明对朱熹崇拜得五体投地，对“格物”更是十分痴迷。热衷于军事和体育的那段时间，他经常面对一张弓，一把剑，一副棋“格”上大半天。过年过节走亲访友，在饭桌上，别人端着酒杯敬来敬去的时候，他旁若无人地在桌上演练两军对阵图，材料是信手拈来的，一根肉骨头，一副鱼架子，一个螃蟹盖，就能摆出山川地形，一堆虾壳，一把花生米，就是千军万马。然而某天一个从部队复员的亲戚冷冷地丢过来的一句话，却让王阳明“格”了好久。这句话是：你知道赵括是谁吗？

凭王阳明这样的文化水平，不可能不知道赵括，这个亲戚分明是在讥讽他。然而王阳明并没有反唇相讥，针尖对麦芒地跟复员军人干上一场，而是陷入了深思之中。纸上谈兵？也不是没有道理。真的去打仗，光靠“格物”行吗？那次关外的历险，更让他对朱熹的“格物致知”产生了深深的怀疑，如果不是自己在危急关头心生一计，随机应变，后来哪还有机会去考什么进士，就算不被蒙古人当场一刀宰了，也必定被抓进蒙古包里去打酥油做奶茶了。

接下去发生的一件事情，让王阳明心中那尊供奉已久的偶像轰然倒塌。

那是洞房花烛夜的时候，王阳明尚未金榜题名，格物“格”得太多，以至于变得有些木头木脑，对即将到来的人生喜事，对凡是正常男子都会心向往之的那一刻，他心中没有一丝一毫的兴奋与紧张，家人正在紧锣密鼓地张罗婚庆大典，他却像一个局外人一样无所事事。嫌家里太吵，于是袖着手踱出门外，一走便走到了山边。山边有个道观，一个道士正闲得无聊，见来了一个少年，两人就开始谈天说地。说着说着，就说到了“格物”上。一心想炼出长生不老丹的道士，对“格物”有着独到的见解，他认为，一切事物都有着不为人知的隐秘一面，如果能够破解，那么就能寻找到登天之路。对此观点王阳明也颇为认同，两人一见如故，惺惺相惜。道士压低声音，悄悄告诉他，这段日子，他正在“格”一样东西，差不多快要“格”出来了。

“什么东西？快快道来！”王阳明的胃口立马被吊了起来。

“就是那个！”道士用手指了指一竿竹子。

“这是一竿普通的毛竹。”王阳明上上下下看了个遍，看不出有什么特别的名堂。

“你听说过紫竹林吗？”道士说。

这个王阳明当然知道，但让他感到疑惑的是，紫竹林的主人是观世音菩萨，跟道士不是同一个系统，为何要扯在一起。

“天上的神仙能下凡，天上的竹子能不能？”道士的提问难倒了王阳明。于是他站在那里一动不动，开始格起了这竿毛竹。太阳下山，众鸟归巢，渐渐的四周暗了下来，渐渐的伸手不见五指。漆黑一团中闪闪发亮的，是王阳明的两只眼睛。道士已经洗洗睡了。

罩着红盖头的新娘本来也可以洗洗睡了，但新郎的失踪，让她陷入了十分尴尬的境地。全家人都发动起来了，打着火把，四处找人。然而谁也不会想到，新郎官此时正站在道观里，独自对着一竿竹子痴痴发呆。

天院露出鱼肚白时，王阳明还是没“格”明白这地上的毛竹跟天上的紫竹有着什么关系。道士睡到自然醒，打着呵欠伸着懒腰踱出卧室，见院子里直挺挺站着一个人，后背被露水打湿，吓了一大跳，过了好久才想起来，就是昨天傍晚来此闲逛的那个年轻人。

“喂！你这么早来干什么?”道士冲着他的背景吼了一嗓子，“我还要烧早饭呢，现在没空!”

“我没有‘格’出来。”年轻人缓缓转过身来，一脸的迷茫，还想再说什么，却鼻子一皱，一连打出三五个大喷嚏。在露天里站了一夜，他感冒了。可怜洞房里苦苦等候，忐忑不安的新娘，还要再纠结一段日子，才能等到令她既向往又害怕的那一刻。

“格”完毛竹之后，王阳明又“格”了不少东西，结果都是不了了之。没有一样东西能“格”个彻底，“格”个明白，“格”个水落石出。他越来越觉得，那个所谓的理学大儒“朱熹”，其实是个泥塑的偶像，于是在心里伸出一根手指，轻轻一推，偶像果然轰然倒塌，化作一阵烟尘。从此之后，王阳明丢下一切，专注于书本。

万事就怕“认真”两字，第三次冲关，王阳明终于收获胜利果实，虽然这果实和老爸当年摘得的那枚相比，要逊色不少，不是状元，连榜眼、探花都不是，只进入了二甲，不过好歹是进入了正道，人生仕途拉开了帷幕。这一年，王阳明已经二十八岁，虽然在考上进士的人群里也不算小，但让他感到欣慰的是，比老爸要早上七年。在官场里，七年可不是个小数字，虽然老爸的职务前面早已带“长”，但王阳明相信，只要自己奋起直追，就一定能超越老爸！也就是在考进士的这几年里，他一次次想起陆九渊的话：心即理。

那是金榜题名消息传来的那一刻，他的脑海中又跳出三个字：心即理。他愣了一下，之后兴奋得手舞足蹈。对，“理”就在心中，一切的一切，都是源于本心，当初自己想下棋，不是“格”出棋来了吗？后来自己迷恋军事，不是“格”出箭术来了吗？再后来，自己为跟老爸争一口气，潜心书本，不是“格”出一个进士的头衔来了吗？

一切都在我心，心想事成，心是最好的“格物”之器。王阳明心花怒放，老爸王华在一边不屑地想，小子也太浅薄，考了个二甲就兴奋成这样，当年老子考上状元，人前也不过是淡淡一笑。

2. 如何对付小人阴谋

从北京到杭州，锦衣卫一路追踪，随时想要实施暗杀，然而某天晚上，锦衣卫惊喜地发现，王阳明正在自寻短见，他打开一包砒霜……人生本不需要太多计谋。可是为了生存，为了对付小人阴谋，哪怕更阴的阴谋，也会涌上心头。

离开锦衣卫大牢后，王阳明一路向南，恨不得插上翅膀，一日之内飞到南京。如此急不可待，不仅仅是思念老爸王华。虽然经历这次炼狱之后，心中跟老爸的隔阂减少了几分，但想念，还没有到一日不见如隔三秋的程度。主要是他隐隐觉察到了潜伏着的危险，身后，有两双狼眼正紧盯着自己，随时渴盼将自己变成他们的爪下之肉。

“狼”，是着了便装的锦衣卫，他们后腰上插着利刃，袖口里笼着钢镖，夺人之命如同拍死一只蚊子。他们是刘瑾派来的，要在路上“做”掉王阳明。对于反对自己的人，刘公公一向的做法是：让他们去阴曹地府报到。尽管看在时任南京吏部尚书王华的面子上，刘瑾饶了王阳明一命，但心里总是有个疙瘩，怀疑自己会不会放虎归山。左思右想，决定搞一次暗杀。这种手段屡试不爽，在别的那些反对派身上从来没有失误过。然而悟性很高，又爱好军事的王阳明，却在启程之后，马上发现了蛛丝马迹，并且开始跟两位跟踪者玩起了游戏。

这个游戏时间的长度、内容的广度，还取决于一个重要前提：不久前刘公公刚刚派出过两名锦衣卫去干类似的活，因为下手太急太快，引起舆论的关注，朝廷上下颇有微议。刘公公非常生气，当场就叫人灭掉了这两个笨蛋。这次，刘公公临行前再三交代，务必静悄悄地下手，不留下任何痕迹。毕竟在朝廷里，支持状元公父子的势力，还不容小觑。

刘公公的交代，等同于给他们戴上了一副“紧箍咒”，导致此后的跟踪行动变得束手束脚，一身武功难以施展。这真是个摧毁锦衣卫意志的游戏。

把这个游戏称之为躲猫猫比较贴切。白天，王阳明总是要日上三竿才起身出发，还专挑人多的地方走，一路上总是跟陌生的驴友搭讪，结伴同行，请客吃饭，主动买单，从不落单。那两个锦衣卫恨得牙痒，但苦于人多眼杂，无处下手。白天不行，那就晚上吧。然而王阳明还是不给他们机会。太阳还没有下山，他就找旅店投宿，从不开单人间，常常在旅店的大堂里一壶小酒，几碟小菜，跟驴友们海阔天空地聊。一聊就聊到深更半夜。那两个锦衣卫呵欠连天，却又不敢先去睡，第二天还得早起，怕一不留神让猎物溜了。没过几天，就熬出了熊猫眼。

更让他们纳闷的是，这个王阳明，也不知在搞什么鬼，走走停停，弯弯绕绕，实在看不懂究竟要往哪里去。事前他们得到的情报是，猎物的目的地是南京。北京到南京，应该一路向南，如今王阳明一会儿往东一会儿往西，一会儿朝南走上三五里，一会儿又折返到北边，有一次，在一个相同的旅店里，他们竟然先后住了三次。锦衣卫从纳闷变成了郁闷，这样下去，何时是个头啊！眼看着一路向南，已经与南京城擦肩而过，依然搞不明白王阳明究竟要去哪里。腰包一天天瘪下去，只好节衣缩食，肉好久没吃了，差不多已经忘了是什么味道，可气的是这个王阳明还要故意刺激他们，点菜吃饭的时候，每次都要来上一碗红烧肉，闻到隔桌飘来的肉香，喝着稀粥嚼着咸菜，心里那个气啊！这回出差算是亏大了，原来还指望着能从丰厚的出差费里省下一笔钱来，沿途采购些新鲜便宜货，回去之后孝敬长辈，讨好妻儿，现在看来是没有半点指望了。不光将出差费耗个一干二净，还得搭上自己的私房钱。跟领导去补要那是绝对不可能的，从北京到南京，执行这么个常规任务，一向都是这么个出差标准，领导才不会在他们身上坏了规矩。

另一个棘手的因素是，王阳明是状元公的儿子，自己被贬前也是个六品京官。像这样的富贵身份，根本就不可能一人一骑出行。他老王家的两名随从，长得人高马大的，一路护行，寸步不离，这更增加了锦衣卫下手的难度。

就这么一路走一路跟，一走走到了杭州城。锦衣卫甲沉不住气了，竟然想在光天化日之下动手。若不是锦衣卫乙关键时刻一把拦住，他袖中的钢镖已经随着胸中的怒火一齐飞出，直插王阳明的后背。虽然也是一介武夫，但锦衣卫乙多了一颗文人般精细的心。这些天来，他观察到，王阳明身体越来越消瘦，时常咳嗽，午后面色潮红，好几次，吐在地上的痰里带着血丝。他家里祖上是开药店的，凭着小时候从爷爷那里学来的医药知识，他认定，王阳明得了一种可怕的疾病——肺痨。在当时，这是一种绝症，根本无法根治。何况，他心中还有一份顾忌，因为出发之前，上级再三叮嘱，一定要快到南京时才能动手，制造一次抢劫杀人的假现场，这是刘公公的意思，为的是不露马脚。

他将自己的判断耳语给了锦衣卫甲，意思是不妨再等一等，若是王阳明倒下了，也就不必他们在光天化日之下费神费劲冒风险了。因为他知道，这种病来势凶猛，只要病人一旦卧床不起，那么离黄泉路也就不远了。

王阳明果然倒下了。一进杭州城，走路越来越慢，咳嗽越来越厉害，常常是走上一小截，就扶着墙壁喘上了一阵。在旅店里住了不到两天，店老板就将他赶了出来。开店的最怕肺痨，这种病很容易传染，店里若是住这么一个客人，就算只是一个疑似患者，店里的生意也会受影响。所以王阳明跟店老板闹了一场，又是哀求又是谩骂，软的硬的都用上了，还是无济于事。去别的旅店投宿，同样是吃闭门羹。

王阳明的肺确实是出了问题，只不过没有严重到肺痨罢了。痰里的血丝是他咬破舌头制造的假象，至于消瘦，那是因为一路颠簸，再加提心吊胆的结果。午后脸上的潮红，是他偷偷往嘴巴里灌酒伪装出来的。他腰悬的那个充作水壶的葫芦，里面盛着的不是水，而是酒。

肺一向是王阳明身体的薄弱环节，肺炎时重时轻，尽管从小到大看过无数医生，吃过无数中药，却一直未能彻底治愈。在锦衣卫的阴暗潮湿的监狱里待了几个月，再加从北到南奔波劳苦，肺炎终于发作了。

咳得头晕目眩，昏天黑地的时候，王阳明心中忽然一亮，闪过一个念头：何不假戏真做，来一个金蝉脱壳？演戏一向是他的长项，少年时期与同伴们玩军事游戏，演得还不够多吗？

于是王阳明让自己扮演成一个肺痨患者。他觉得，这个时候，以这个角色的登台亮相，正是恰如其时，因为肺痨有极强的传染性，那两个紧跟了自己一路，如今越跟越近的锦衣卫，不得不跟自己拉开一定的距离。之前，他隐隐感觉到，这两人中的一个，已经沉不住气了，似乎随时要对自己下手。

因为旅店投宿无门，王阳明只好找了一座庙住了下来。这座庙叫胜果寺，在杭城郊外的凤凰山边上。我佛慈悲，对于一个肺痨患者，寺庙没有将他拒之门外。锦衣卫却闷闷不乐。住到庙里，就意味着要天天吃素，先前虽然吃不起红烧肉，但还能闻一闻肉香，解一解馋虫。还有，到了杭州城，就能跟组织上取得联系了，在京城里，像他们这样级别的，只有干活的份，没人会待见他们，如今下到基层，情况就完全同了，只要亮出身份，当地政府部门一定热情接待，久违的红烧肉绝对没有问题，搞不好饭后还会有特殊安排，搞几个江南小妞过一把瘾。如今住进庙里，所有的念想都断了！

锦衣卫甲再也按捺不住，决定独自行动，结束这了无尽头的等待。半夜时分，听到隔床同僚的鼾声一阵紧似一阵，他悄然起身，蹑手蹑脚朝着王阳明住的那间厢房踅去。板壁的缝隙露出亮光，这么晚了，这家伙还没睡，怎么回事？锦衣卫甲凝神屏气，眯起眼睛贴近缝隙，里面的情景尽收眼底。王阳明正在独酌，下酒菜是一盘螺蛳，酒是红色的，从罐中倾倒到碗里时，还伴着几颗已经被泡得发白的杨梅。这种酒在京城里不多见，饶是锦衣卫甲走南闯北，见多识广，若是换了别人，或许会把这酒当成是药。

抿一口杨梅酒嘬一粒螺蛳，王阳明好不滋润，看得锦衣卫甲一个劲咽口水。然而过不多久，王阳明就开始剧烈咳嗽，咳得震天动地，接下去是呕吐，吃进去的红的黑的全出来了。黑的是螺蛳肉，红的，不知是杨梅酒还是血水。看到这番情景，锦衣卫甲赶紧捂住口鼻转身便逃，他怕给传染了。这一夜，他是在舒舒服服裹在被窝里值班的，不必像以前那样时不时披衣坐起，侧耳倾听，甚至是跑到外面去看看，猎物是否偷偷溜走。这一夜王阳明的咳嗽声随风飘来，像一首催眠曲，慢慢将他带进了梦乡。

第二天早上锦衣卫甲被一只手摇醒，不用睁眼也知道，是同伴锦衣卫乙。他翻了个身，还想继续睡，锦衣卫乙却不依不饶地继续摇，还压低声音说：“快起快起！有情况！”语速很快，带着焦虑，似乎发生了什么大事。

有情况？锦衣卫甲浑身一激灵，职业素养使他立马翻身而起，一把寒光闪闪的匕首已然出鞘，牢牢地握在了手中。不过两秒钟之后，那匕首又被他插回鞘中，想起昨晚那一阵紧似一阵的咳嗽，再听听现在周遭的一片静谧，他松了一口气，心想，一定是那家伙挂了！太好了，这样，他们的任务也算是完成了，可以回家了。

然而锦衣卫乙告诉他的信息，却让他大吃一惊，猎物并没有挂，而是去了一趟药店。

去药店也很正常啊，这一路上他隔三岔五要去一趟药店，让那些坐堂的白胡子医生把把脉，看一下舌头，再配上几副中药。这有什么好奇怪的？锦衣卫甲身子往后一仰，再度倒在了床上，想再睡个回笼觉。根据他们彼此的约定，如果猎物原地不动，晚上值班者可以睡到日期上三竿。

然而今天锦衣卫乙实在是不识相，再度用“猪手”将同伴摇醒，锦衣卫甲小宇宙差不多就要爆发时，锦衣卫乙的一句话如当一瓢冷水，将他彻底激醒，那句话是：王阳明买了砒霜！

砒霜是一种药，但因为属于剧毒物品，药店里控制极严，就怕别有用心之人买了去干坏事，让药店惹上官司。所以必须有官府审核批准的方子才能买，而且一次只能购买一点点。王阳明买砒霜干吗？一定是想要夺人之命！夺谁的命？

顺着这个思路往下想，锦衣卫甲和乙大眼对小眼，异口同声地叫道：想毒死咱俩?！

整整一天，两人都没有在旅店里吃一口饭，喝一口水，饥肠辘辘，唇焦舌燥的时候，就轮番到街上别的店铺胡乱吃喝一点，随便对付一下肚子。确实也没有心思吃喝，他们终于下定决心，要趁早把猎物除掉。决不能再拖了，再拖下去，指不定自己就变成猎物了。

终于盼到了太阳落山。这回两人一起行动，朝着王阳明住的厢房摸去。隔着门板的缝隙，望见他正在那里低头凝神思考，喘气声很浊重，伴着一阵阵的咳嗽。在烛光的映照下，王阳明的脸色比白天更显蜡黄。过了一会，他抖抖嗖嗖地从枕头底下翻出一个红色的纸包。看到这个纸包，锦衣卫乙倒抽一口冷气，差点叫出声来，这不是正早上王阳明从药店里取来的吗？里面装着的，就是那夺命砒霜！

接下去的一幕更加惊心动魄，王阳明一边喃喃自语，一边伸出舌头去舔砒霜，一下，二下，三下……

舔完砒霜，王阳明倒在了床上，像块石头一样纹丝不动，连咳嗽声也消失了。

锦衣卫乙这时才发觉，自己已经出了一身冷汗，见锦衣卫甲还愣在那里，一脸茫然的样子，就做了个“撤”的手势。回去之后，将情况一解释，锦衣卫甲也松了口气，这样最好，省得动手，这个肺痨鬼实在是太缠人了，这趟差事，总算是了结了。不过他还是有些不放心，再一次跑到门外，竖起耳朵仔细听了一阵，万籁俱寂，看来猎物真的挂了。好吧，今晚可以睡一个安生觉了，明天一早，只要见到有人来收尸，他们就可以回京交账了。

两人商量了一下，决定去吃点消夜。好几天食不果腹了，在杭城已经待了一阵子，却连正儿八经的龙井虾仁、钱江肉丝都没尝到过，就这么回去，岂不是亏了？然而走在街上，闻着煎炒烹炸诸类美食混合在一起的香味，却只有咽口水的份，实在是囊中羞涩，没办法一饱口福。就这么漫无目的地走着，被一家小店里传出来的吵架声吸引住了。一张桌子前，两个年轻人正争得面红耳赤，听口音是字正腔圆的京腔，这两个老北京，千里迢迢到江南来吵架干什么？

吵架的内容也挺有意思，一个说烧酒度数高，一个说杨梅度数更高。

烧酒？杨梅？锦衣卫甲伸长脖颈往里一张，见他们碗里盛的是红红的酒液，酒液中还浸泡着圆圆的杨梅。这不是王阳明喝过的那种酒吗？

见门外有人看热闹，年轻人甲招招手：“两位大哥，请进来评评理，你说这鸟毛酒算是烧酒吗？”

锦衣卫甲一脚跨进店里，端起酒碗闻了一下，皱着眉头说：“嘁！这玩意儿能跟二锅头比？”

“哟，大哥，您原来也是北京人哪！那敢情好啊！来来来，您上座，咱一块喝个痛快！”年轻人甲十分热情，一副老乡见老乡，两眼泪汪汪的样子。

锦衣卫乙一向比较谨慎，对于老乡的盛情邀请，本来有点犹疑，但看到桌上那满碗满盏的东坡肉、叫花鸡、麻油鸭，像是被孙悟空施了定身法一般，再也挪不开脚步，舌底的口水如泉涌一般。

两人落座吃喝了一气之后，才明白年轻的老乡刚才为何要争吵。这个杨梅酒，酒味并不浓，倒是那不起眼的杨梅，吃在嘴里，比二锅头还辣。“江南的……玩意儿……就是怪！”锦衣卫乙吃了十来颗杨梅后，觉得酒已经上头，舌头也开始不听使唤了，含着一块肥肥的东坡肉，含含糊糊地说："这个肉……好像也是酒里泡过的。"他的味觉神经尚未麻木，东坡肉里确实有酒，那是一道必不可少的佐料：绍兴黄酒。

推杯换盏再加吹牛，一晃月上中天。锦衣卫大哥谢过了两个同乡小弟，相互搀扶着，高一脚低一脚地往庙里走。睡下之后，锦衣卫甲很快打起了呼噜，锦衣卫乙酒后一向脑子清醒，不太睡得着觉，睁着一双大眼数窗外的星星。一颗扫把星划过天空，在他心中掠起一阵波澜。他这个人从小迷信，看到扫把星意味着不吉，莫非有什么情况？愣了片刻，他决定到外面去看看。要看的，当然是猎物所在的那间厢房。

厢房的烛光还亮着。然而从板缝里往里偷窥，把他胃里的残酒全部吓成了冷汗。床上空空如也，那个服砒霜自杀的家伙，已经不见了踪影！

当然不可能是得道升天了。就算是得道升天，肉身也会留在凡间。这点常识锦衣卫乙还是有的，所以他一溜小跑跑回房间，将锦衣卫甲猛地摇醒。

不愧是职业特工，酒虽未醒透，但很快进入了工作状态，稍一盘查，就搞清楚了情况：王阳明溜了，是往钱塘江边上溜的。

然而他们没有搞清楚的是，王阳明究竟是怎样金蝉脱壳的。最近这些日子发生的这一切，就像是一部精彩的大戏，总导演是王阳明，男一号，也是王阳明。

情节亦真亦幻，难辨真伪。喝杨梅烧，嘬炒螺蛳是真。王阳明老家是余姚，余姚最著名的特产是杨梅，烧酒浸杨梅，滋阴润肺，从小肺不好的王阳明，医生建议他多喝杨梅酒。生在江南长在江南，江南美食酱爆螺蛳是他的最爱。"清明螺，抵只鹅"，"笃螺蛳过老酒，强盗来了也不走"。面对比强盗还凶恶的锦衣卫，王阳明着实过了一把螺蛳瘾。砒霜也是真。这是一个老中医开给他的一个秘方，早在京城的时候，他就屡试不爽。每当肺炎发作，只要稍稍服一些砒霜，就能止咳化痰，不过剂量是严格控制的。至于锦衣卫在门板缝里瞧见的另外一些情景：喝了杨梅烧后吐得死去活来，吃了砒霜后立马翻倒在床上等等，那都是假的。还有，街上偶遇并盛情邀请他们共饮的老乡，也是假的，扮演者是王阳明的妹夫徐爱和好友沈玉殷。

一路狂追，下气不接下气，此时天已经蒙蒙亮。赶到江边的时候，码头有一艘船刚刚启航。一问之下，这艘船是驰往余姚的，船上满载着旅客和货物。余姚？那不是王阳明的老家吗？好啊，可给逮着了，这家伙一定在船上！锦衣卫甲决定去追，江边有的是小船，雇上一艘，用不了多久，就能追上大船，船上搜查相当于关门打狗，况且那是客船，只要亮明身份，他们马上就能获得船长的协助。锦衣卫乙却有些犹豫。不是不想追，而是心里有一点私念在作祟。他是西北人，家乡缺水，最怕坐船。只要一上船，哪怕是条小舢板，漂在一条小河沟里，也会晕船，吐得死去活来。他那两只圆溜溜的眼睛骨碌骨碌乱转，好像是在张望敌情，观察动静，其实脑子里一个劲盘算着，找个什么借口，可以推托不用上船。突然，眼角的余光瞥见了远处地上的一样东西，定睛一看，是一只鞋子。他飞奔过去拣起鞋子，仔细一瞧，那不正是王阳明穿的鞋吗。怎么回事？怎么是一只？他下意识地将目光投向江面，江上，远远漂着一样东西，此时旭日已经映红了江水，江上漂着的，不是鱼，而是鞋，也是一只，跟岸上这只一模一样。对于他们来说，这鞋子实在是太熟悉了，黑面白底，上面绣着一对鸳鸯，从北京到杭州，一路风尘仆仆，王阳明时常穿着它，而且十分珍惜，每逢下雨飘雪，就收起来藏在行囊中，登山爬坡，也要脱下来换上另外一双。所以这双鞋十分经穿，一路走来，别的鞋子不知换了多少双，唯有这双鞋子还没有磨穿底。到后来，这双鞋子变成了锦衣卫盯梢的工具，在熙熙攘攘的街市，就算是猎物隐入了人群，只要盯着这鞋面上的鸳鸯，猎物就不会遁出视野。这鞋子是王阳明的夫人诸氏亲手缝制的，特别是那两只美丽的鸳鸯，她在灯下一针一线锈了无数个夜晚。那时，王阳明正在锦衣卫的黑牢里，生死未卜，前程莫测。孤灯冷衾，诸氏靠的是这个支撑着自己的意志，打发着漫漫无际的难眠之夜。

两个锦衣卫一合计，再加上先前亲眼所见王阳明吞下砒霜，一致认为，这家伙一定是跳到江里寻死去了。锦衣卫乙以前干过用砒霜下毒的事，那是刘公公交付的一项秘密任务，目标是一个言官。那家伙动不动向皇帝上疏，说刘公公的不是。某天锦衣卫乙在他的茶壶里放了砒霜，亲眼见到那人七窍流血而亡。锦衣卫乙根据自己的作案经验推测，王阳明一定是吃了砒霜之后，忍受不了腹如刀绞的痛苦，才跑到钱塘江边自杀的。就是这么回事，绝对错不了！因为他现在还能清晰地忆及，那个言官，喝了毒茶之后，捧着肚子在地上打了无数个滚，双手不住抓挖地皮，把十个手指头上的指甲都抓落了，血淋淋的好恐怖。昨晚他们在饭店里跟老乡喝着杨梅酒，啃着叫花鸡的时候，王阳明一定是痛苦万状，痛不欲生。

锦衣卫甲本来还想等一会，看看江面上会不会漂起浮尸，锦衣卫乙却将那只绣花鞋一把塞进怀里，拉着他往回走，一边走还一接批评他：你这个呆子，这又不是你老家那种小河汊，这可是钱塘江，通海的，晚上一涨潮，那家伙早就给冲到海里去了！锦衣卫乙是个爱学习的特工，但学习还没不够刻苦，以至于将涨潮的方向搞错了，以为钱江潮是倒着涨的。

他们不知道自己又一次中计，此时，王阳明正在船甲板上欣赏江景，旭日东升，江鸥蹁跹，身后没有了那两双绿幽幽的狼眼，才真正感觉到自由的幸福。从北京城里出来的时候，只是身体离开了牢笼，而此时此刻，他感觉到自己的一颗心，已经化为了江鸥的一双翅膀。

逃亡路上生死攸关的时刻，虽然舍不得那双绣花鞋，但为了迷惑那两个锦衣卫，王阳明还是将鞋子脱下来，一只摆在岸上，一只丢在水里。他是光是脚走上客船的。江岸渐渐变成了一条线，岸上的风景融化在水天之间。

是啊，人生本不需要太多计谋。可是为了生存，为了对付小人阴谋，哪怕更阴的阴谋，也会涌上心头。

直到这个时候，王阳明那颗悬着的心，才落到了肚子里。悬得也太久了，从北京到杭州，千里迢迢，没有一刻轻松过，就算是夜半梦中，耳朵也是竖着，稍有风吹草动，立马醒转，冷汗涟涟。现在，可以睡一个安稳觉了。在船舱深处找了一个旮旯，往地上一滚，眼睛一闭，睡神就将他一把带走了。安谧的黑暗无边无际，柔软而又舒适，仿佛还带着花草的清香。没有梦，大脑已经停止了运转，一切都可以放下，心如止水。

然而突如其来的一阵喧嚣，打破了他心中的寂静。那是风声和涛声，船晃得厉害，不断有人发出剧烈的呕吐声，酸腐气味在逼仄的船舱里飘荡，越来越浓烈。

“船要翻了!”凄厉的喊叫此起彼伏，伴以鬼哭狼嚎般的求救声。然而王阳明依然熟睡着，他将听到的这一切，当成了往昔每晚都会遭遇的梦魇……

3. 书外之“道”

龙场悟道，王阳明悟出的是书外之“道”，离开官场，静心思考，他才真正明白“不识庐山真面目，只缘身在此山中”的真谛。

直到船舱开始进水，王阳明才被激醒过来。冰凉的水流漫过他的身体，让他飘浮起来。又一个巨浪袭来，船被抛向空中，落下来的时候，整个翻覆过来，也许是冥冥中苍天照应，在翻船那一瞬间，王阳明被一股强力甩出了船舱，而绝大多数船客，却没有他这般的幸运，被倒扣里面，和船体一起缓缓下沉，最后停滞在水底，变成了一座永远不会有人来祭扫的坟墓。

幸亏生长在江南水乡，学会游泳比认识字还早，再加青春年少时迷恋军事，一度立志长大后当个水军头领，除了练习射箭，还深入钻研泳技，将水浒英雄浪里白条当成偶像，所以危急关头捞到了救命稻草。昨天晚上，在他睡得像头死猪的时候，他乘坐的客船在海面上突遇风暴，帆被吹破了，桅给吹断了，船在浪尖上颠簸，眼见着快要接近海岸线，逃生有望之时，一个猛浪拍来，船翻了，除了少数几个勇敢者提前跳入水中，除了像王阳明这样个别幸运者被甩出舱外，数百船客成为风暴的殉葬者。那些侥幸逃脱的，最后能够战胜风浪的，更是寥寥无几。

当双脚触到坚实的海滩时，王阳明绷着的一口气泄了出来，踉跄了几步，便扑倒在地，连动一下手指头的力气都没有了。

此时，千里之外的杭州城里，王阳明投江自杀的消息已经不胫而走。消息是两个锦衣卫放出来的，大功告成之后，他们找到了当地的府衙，亮明了身份，受到了隆重的接待。这两人级别虽然不高，但毕竟来自京城，所属部门又很特殊，地方官十分巴结他们，好吃好喝不说，还如他们所愿，安排了酒后娱乐项目。至于回去的盘缠，在酒桌上婉转一提，立马就解决了。杭州果然是个富庶的地方，官方出手豪阔，银子给得真多。心随境迁，心情一好，话就多了，两个锦衣卫在酒桌上一通吹嘘，把自己掌握的那些机密全抖了出来。反正人也死了，而且是自寻短见的，所以嘛，严格意义上也算不上什么机密，何不拿出来用作茶余饭后的谈资？

果然是很好的谈资。两个锦衣卫有所不知，这个王阳明，在杭城的知名度，远远大于京城。在北京皇城根下，王侯将相到处都是，虽然才高八斗，毕竟官职太低，比他牛的人太多。遮云蔽日，他的光芒显得如此黯淡。而在杭城却完全不同，王阳明是浙江人，少年时就是个名人，他的老爸王华是状元，堪称浙江骄傲。王阳明在京城讲课授徒的消息，早就传遍家乡浙江各地。不少人对王阳明崇拜有加，包括他的妹夫徐爱。徐爱是一个出类拔萃的读书人，后来也考中了进士，他干脆拜大舅子为师。所以到了杭州之后，王阳明如鱼得水，在妹夫和好友的鼎力相助之下，终于在钱塘江边摆脱了一路尾随的锦衣卫。

王阳明之“死”在杭州城里成为一大新闻热点。街谈巷议，人们无不摇头叹息。

天公似乎也为之悲伤，下起了雨，一下就是三五天。

等天又晴了的时候，一个振奋人心的消息传来：王老师没有死！毫发未伤，活得好好的。

消息有鼻子有眼，说是老师那天投江后，被一艘渔船发现并救起。随后跟船到了福建。下船的地方是神仙出没的武夷山。上得山后，王老师没有遇上神仙，反倒是撞上了老虎。

那天，山路走得累了，见路边有一废弃的小庙，便跑进去歇息。本想坐下来喘口气的，坐下之后想起“好吃莫过饺子，舒服莫过躺着”，便真的四仰八岔躺了下来。这一躺，就躺进了梦乡。醒来之后，发觉太阳已经西沉，天光渐渐黯淡。心想这个鬼地方前不着村后不着店，晚上又赶不得路，方才下船的时候，好心的船老大一再叮嘱，山里头多野兽，一定得小心留神，既然如此，索性一觉睡到天亮算了。反正也没什么事情等着他去办，慢慢来好了，包袱里还有几张大饼，暂时还饿不死人。这么一想，翻了个身，换了个姿势，王老师再度进入甜美的梦乡。梦里闻到家乡杨梅酒的醇香，一盘热气腾腾，酱香四溢的油爆螺蛳，就端端正正摆在自己眼皮子底下。用筷子去搛，不料搛一个掉一个，怎么也送不进嘴里，恼羞成怒，撇了筷子，干脆用手去抓，螺蛳很烫，烫得他嘴巴里发出咝咝的声音，怀疑舌头起了泡，用手一摸，却摸到了毛茸茸的一把胡子，胡子很长很硬，好像不是自己的……

眼睛眯开一条缝，心脏差点停止跳动，一只猫，离自己咫尺之遥。不，不是猫，猫的脑袋哪有这么大，而且，猫的额头上没有“王”字。王阳明凝神屏息，饶是一向胆大包天，这回也着实吓得不轻，差点把尿给吓出来了。然而山中之王围着他转了一圈，东闻西嗅，最后竟然转身离去了。良久之后，王阳明才哆哆嗦嗦地从地上爬起，却发觉自己两腿发软，若不是扶着墙壁，连站也站不稳。不过浑身上下摸了个遍，总算是松了口气，因为没有一个地方少一块肉。

对王阳明的虎口脱险，杭州城里议论纷纷。有的人不相信，认为王阳明在跳江的那一刻就已经挂了，武夷山中奇遇，只是传说而已。直到有一天，一封寄自福建的信，让那些争议平息了下去。是一封平安信，一看就是王阳明的字迹，信中附带了一首诗，其中两句点到了自己化险为夷的经历："海上曾为沧水使，山中又遇武夷君。"

消息传到京城的时候，两个锦衣卫也刚刚回到北京，向刘公公复命。

"做掉了？"刘公公躺在卧榻上，三个美女正在伺候他，一个负责摇扇，一个负责擦汗，还有一个，也是最漂亮的那个，负责按摩。边上站着一个小太监，捧着一把紫砂茶壶。

"没有做掉。"锦衣卫甲说。

"嗯？"刘公公闭着的眼睛睁开了一只。

"不过任务已经完成！"锦衣卫甲连忙补充。

"哦？"这回两只眼睛都睁开了，闪着冷冷的光，刺得锦衣卫甲心怦怦乱跳，他连忙低下头去，躲开这比剑还要锐利的锋芒，颤抖着回答："他投江自杀了。"

"好啊，这下你们就省心了。"刘公公眉毛一抖，小太监就将茶壶恭恭敬敬地端到他眼面前，将弯弯的壶嘴准确而又轻柔地放进他的嘴里。

等刘公公呼噜呼噜吸了几口之后，锦衣卫乙在地上膝行几步，又重重地叩了个头，才开始汇报："卑职一路上不敢有丝毫松懈，本来是想早点动手的，无奈人多眼杂，一直没有下手的机会。"

"哦？连你们两个练家子也找不到机会？如此说来，那家伙雇了保镖一路相随？"刘公公在按摩女身上摸了一下，将手凑到鼻子边上，一脸陶醉的样子，仿佛闻着花香一般。

"没有，他只带了两个随从，看上去很魁梧，其实不会武功……"锦衣卫乙嗫嚅着。

未等他把话说完，刘公公不耐烦地一挥手，喝道："好了，别说了！那么，后来情况怎样？"

"他死了！"锦衣卫甲乙异口同声地说。

“真的！千真万确！”锦衣卫乙边说边从怀里取出一样东西，是一只鞋，白底黑面，绣着一只鸳鸯。

“拉下去砍了。”说完这句，刘公公打了个呵欠，身子往后一仰，重又闭上了眼睛。他说话的口气如此轻描淡写，以至于让两个锦衣卫以为自己的耳朵出了问题。

等到他们回过神来，惨叫着发出哀求时，已经被绳索绑定，被几个壮汉拖着往外走。无论他们的声音怎样的高亢或凄厉，也无法勾起刘公公的怜悯之心了，他就是这么一个心狠手辣之人，对下属，不管你以前立过多少功劳，只要犯一次错误，只要他认为这错误是不可饶恕的，那么，你就得去死。两个锦衣卫人头落地的一刹那，脑子还是一团糨糊，不明白自己犯了什么错误，为何要被判处死刑立即执行。

其实王阳明并没有投江自尽，更没有虎口脱险。在武夷山里玩了几天，连虎毛都没见到一根。所有这些传闻，都是他一手炮制的，通过学生之口传播出去。最终的目的，是要制造舆论，让自己真正虎口脱险，如果把刘瑾比作老虎的话。

一个人，如果跳进河里淹不死，遇见老虎没有被吃掉，那么，唯一的解释只有一个：老天保佑。老天不想让他死，如果想方设法要谋害他，那就有违天意了。这种事情做不得，得罪谁都不要紧，得罪了老天，是要遭报应的。所以刘公公决定：暂且寄下王阳明项上脑袋。反正他已经被贬到贵州去了，谅他也翻不起什么浪花了。

在武夷山的那些天，起初王阳明打算就躲在这里算了，不去龙场了，从此隐姓埋名，省得刘公公老是记挂。一天，他闲得无聊，决定去山中随便走走。走着走着，远远看到崖顶上有一座道观，样子十分古旧，好像是很多朝代以前建造的。顺着一条羊肠小道，他来到了观前，门楼已经倾圮，观内的一个小院子里长满了半人高的杂草，似乎香火中断已久，有点像狐仙出没的地方，王阳明一向胆大，不怕蛇虫，也不惧鬼怪，一抬腿便往里走，边走边想，自己如今也是一个落魄书生，正寂寞得紧，若是遇到狐仙变的佳人，倒也是妙事一桩。不过道观里没有佳人，道士倒是有一个，背对着大门，正在一个脏兮兮的大蒲团上打坐，在这一片空旷冷寂中，王阳明的脚步声听上去很响，但他浑然不觉，仿佛一块磐石。过了好久，王阳明已经很不耐烦，差不多就想就此离开时，道士转过身来。刚才在背后望过去时，王阳明猜测道士年纪不小了，因为从他帽子露出来的头发白多黑少，现在，面对着这张脸，却是大吃一惊，那脸上，没有一丝皱纹，用“鹤发童颜”四字来形容，可以说最贴切不过。老道行了个礼，微微一笑，王阳明脑海中电光一闪，觉得这张脸似曾相识，究竟在哪见过，却一时想不起来，觉得有些尴尬。

老道似乎读出了王阳明的心思，又笑了一下，说：“施主，我们彼此才见过一面，这么多年了，你还有印象，那就很难得了！”

王阳明摸了一下后脑勺，讪笑着请老道提醒一下。老道缓缓说出两个字：紫竹。

紫竹？竹子！王阳明的记忆之门瞬间打开了，那还是十多年前，那天，是他的新婚之夜，在一个道观里，他面对一篷竹子苦思冥想，想要“格”出它跟天上的紫竹究竟有什么不同。对了，那晚，因为“格”竹子，他让诸氏在洞房里空等了一个晚上……

世界上真有如此的巧遇，仿佛是上天的安排。再细看眼前这个道士，和十多年前相比，似乎完全换了一个人，身上少了烟火气，添了些许仙风道骨。王阳明正苦闷于寂寞孤独，无人倾诉，现在遇到了故旧，便竹筒倒豆子一般，将自己的情况和盘托出。老道听得很专注，在王阳明漫长的叙述过程中，几乎没有插一句话。末了，当对方说得喉咙发干了，他递过去一杯水，才开始发表自己的见解。老道直言不讳地表示，“隐姓埋名”这种做法十分不妥。

“你想想看好了，你能够有今天，主要是靠你老爸，真话难听，如果没有老爸给你罩着，你早死在锦衣卫的大牢里了！”老道的这番话虽然有些刺耳，但细细捉摸，王阳明觉得道理确实如此。

“如果你真的逃到别处去，刘瑾可能会做出对你父亲和家人不利的事情，比如捏造罪名，说你里通外国，逃到国外去了。相反，如果你老老实实去贵州龙场，忍一忍，说不定还能挺住。只要好好活下来，将来或许出有好日子。”老道娓娓道来。

那天晚上，借宿在道观里，听着山野中时高时低，时急时缓的风声，王阳明想起自己多年前“格”竹子时的情景，觉得有些好笑。当时，老道还很年轻，也很好笑，比自己还好笑，说出来话幼稚得一塌糊涂，如今，他却完全变了一副模样，仿佛脱胎换骨一般，对于人生的思考，是那样的富有哲理，对于世事的洞测，又是那样的精准独到，看来，无论是做人做事，要想有所成就，必须持之以恒，不能像自己这样，一会儿想着冲锋陷阵，一会儿又想着退缩逃避。后半夜，听到森林中隐隐传来的虎啸狼嚎声，王阳明心中豁然开朗，想出了一计：假装在山中遇虎，把自己还活着的信息，加工制作后，传递到杭州去、传递到北京去！

从武夷山上下来时，王阳明心中充满了安全感，再也不必提心吊胆，再也不必防备锦衣卫的跟踪与暗杀，现在，自己可以安心去龙场做驿丞了。果然，一路走来，没有遇到任何麻烦。到达江西鄱阳湖时，他甚至突发奇想，走了一段回头路，到南京去看望了老爸王华，之后又回到家乡余姚，跟爷爷奶奶见了一面。就这样，前后折腾了大半年，才正正式式踏上了远赴贵州之路。幸好是一个小小的驿丞，在九品之外，组织部门根本没放在心里，迟到多久上任都无所谓，王阳明先是水旱兼程到了湖南长沙，然后经湘江下洞庭，沿洞庭南侧转舵湘西，由溯沅江入舞水到偏桥，至此才开始进入贵州。入黔后没有水路可走，千山万岭完全是徒步跋涉，一路人烟稀少，历尽了日复一日的坎坷劳顿，共花了将近三个月的时间。

总算走到了目的地：龙场。王阳明雇来的两个仆人，放下担子，拿了工钱，转身就走，连一分钟也不想停留。王阳明本来打算留他们休息一会儿，吃个饭，喝杯茶再走，但一看自己的新单位，再也客套不起来。龙场驿站，听上去虽然不咋地，但作为政府招待所，发挥其基本功能，招待一下客人总还行吧？然而扫视四周，所见情景触目惊心。这哪是什么招待所，分明是一片废墟！断垣残壁中走出一个白发老头，背上一个打满补丁的行囊，走近到王阳明边上，上上下下将他打量一番，吐出一句："这么年轻啊！"从他满眼的诧异，王阳明读出了老人藏在肚子里的后半句话："年纪轻轻，听说还是个进士，怎么落魄到来这种地方上班？"

"总算有人来接班了，不然的话，我要葬在这个鬼地方了！"这是老人说的第二句，也是最后一句话。说完这话，他就上路了，丢给王阳明一个义无反顾的背影，直到目送着他消失在茫茫林海中时，王阳明才想起，他们之间，还没有办过交接。

"不用办什么交接了"，断垣残壁中又冒出两个人，衣不蔽体，满面菜色，杭州城里的叫花子也比他们体面得多。

"家当全在这里了，请所长大人检点"，高点的那个晃了下手中一个麻袋，矮点的那个捧着一个托盘。

这两个人是招待现有的工作人员，麻袋里装着的是谷子，一半已经因为发霉而变绿。托盘上盛着的是一本明显是被雨淋过的账册，上面的字迹已经模糊，略略翻了一下，王阳明发现，最迟接待过的那批客人，是一年前从贵阳过来的。

"此地离贵阳有多远？"王所长问。

"一百多里地。"高个所员说。

"哦，挺近的。"王阳明有点欣喜，"那我们明天去一趟，跟上级部门沟通联络一下，争取让领导来视察视察，到时再提点要求，一定会获得批准的。"王阳明畅想着的时候，那两个所员的脸上一副见怪不怪的表情。他们在这里已经干了十多年，同事不是病故了就是溜号了，领导换了一批又一批，新来的领导都想烧上三把火，干出一番业绩，但没有一个能够心想事成。刚刚走的那个老领导，别看他满头白发，满脸皱褶，其实年纪并不大，来了也没几年，山里头的苦日子，活生生将他熬成了一个老头子。

“路是不远，但得走上十来天，我们这点粮食，可能不够吃。”高个所员说。

“啊？不可能吧！”王阳明一头雾水，“一百里地要走十来天？”

“那还算快的，如果天气不好的话……”矮个所员火上浇油。

“好吧，那我们暂时不去”，见两位下属如此状态，王阳明决定调动一下他们的工作积极性。他吩咐他们，立即动手，把他带来的行李安顿好。两人果然来了劲头，几个包裹一打开，顿时眉飞色舞，“哇，还有火腿啊！半年没吃上正经肉了嘢！”“嚯，这是酱油还是醋？让咱先尝一口！天天吃水煮野菜，嘴巴里都淡出鸟来了！”

王阳明后脑门沁出一滴巨大的汗珠，上天啊，这是什么鬼地方，是地狱还是妖境，抑或是盘古开天辟地之前的那一片混沌？

反正不是人住的地方。一个小小的窝棚，东歪西倒，看上去一脚就能踹翻，王阳明觉得，自己老家余姚的那个狗窝，也比它强上十倍。

“为什么不修一下房子？”新任招待所所长板起面孔，问责下属。

“没有建材。”下属回答。

“何不废物利用一下？”王阳明指着那些断壁残垣说。

下属报告，完整的砖头都被那些苗民抢走了，剩下的那些，雨淋风吹，酥得跟糕饼差不多。“不信您看！”高个所员拎起一块断砖，两手轻轻一拗，断砖变成了两截。

“难道上级部门一直都是这样，没有……支持一下我们工作？”王阳明心有不甘，又把话题绕了回去。

“除了一年两次补充给养，他们从不过问我们的工作。”矮个所员说。

在窝棚里睡的头一个晚上，睁着眼睛看了一夜星星月亮，王阳明思绪万千，清晨起来的时候，发现身上全是蚊子咬起的包包。奇怪的是，昨晚竟然一点也没有知觉，想来是心有旁骛，神游他乡，看来一切烦恼，都由心生，只要心似明镜，不染一尘，又何必在乎住在什么地方？豪宅还是窝棚，都是心外之物，其实并没有本质区别。想到这里，王阳明精神为之一振，起床伸了个懒腰，再环顾一遍四周，觉得这个地方其实不错，青山环抱，绿树成荫，无市井之喧嚣，岂不是一个读书的圣地？他兴致勃勃地找了一本书，一路小跑来到树下，读了几页，正凝神思考时，听到头顶有唰唰的轻响，仰头一望，吓出一身冷汗：一条碗口粗的蟒蛇，正在枝叶间游走。

王阳明决定换一个地方读书。走了一段，隐隐听到潺潺的流水声，翻过一道小山梁，见谷底一条小溪蜿蜒而过，溪水澄澈见底。走下去，找了一块大石坐下，脱了鞋子，将脚泡进水中，很凉很舒服，不禁让他想起《楚辞》中的名句："沧浪之水清兮，可以濯吾缨；沧浪之水浊兮，可以濯吾足"。心想自己身处贵州，也算是当年楚国的腹地，不过比起《楚辞》的作者屈原，自己的命运要好得多，至少可以在清水里洗脚，这可比屈原奢侈多了。然而"濯"了没几下，却听到远处传来扑通扑通的声音，放眼望去，顿时让他目瞪口呆，在溪流的拐角处，一群赤身裸体的人正在往水里跳，而且，其中不少是女的，有几个身材窈窕，分明是妙龄少女。咦哩哇啦的交谈声传来，这群男女，一个个抬胳膊跷腿撅屁股，竟然在水里搓起了澡。有伤风化啊！王阳明情不自禁闭上眼睛，心想盘古开天辟地之前，野蛮人可能就是这样生活的。

这时耳边嗖的一声，一股劲风刮过，四周一片静默，王阳明睁眼一看，那群光屁股的野人还在，不过已经停止了搓澡，眼睛直愣愣地朝着他的方向瞪过来。我有什么好看的？还不是跟你们一样，脖子上顶颗脑袋，只不过身上多件衣服罢了，他十分不解地环顾四周，当看到身旁的一株树上插着一支箭，那箭上的羽毛还在不住颤动时，才倒吸一口冷气，原来刚才那股劲风，是这支朝自己射来的箭带来的。再看看那箭，箭头已深深没入树干，据此判断，那是一把强弓。王阳明浑身的肌肉和神经瞬间绷紧，顺手往地上一摸，将一块卵石抓在手心，随时准备反击。此情此景，让他回忆起年少时玩过的军事游戏，不过，这回可是真的。

过了一会，一个腰里围了一圈树叶的野人躬着身向他这边走来，走走停停，眼中满是警觉。走近了，王阳明发现，他的腰上悬着一个箭壶，手中握着一把弓。昨晚跟下属谈工作时，他已经了解到，龙场这个地方，周围除了飞禽走兽，就是少数民族——苗民。他们对汉人既敬畏又敌视，保持着很强的警惕性。招待所是政府办的，所以双方一直相处还可以，你不犯我，我不犯你。至于那些过路的旅客，但凡是汉人，就没有那样幸运了，轻则财物被洗劫一空，重则连命都保不住。

现在敌众我寡，王阳明决定用和平的方式解决问题。也只能这样了，因为他眼角的余光已经瞥见，远远近近的几棵大树上，埋伏着好几个弓箭手，自己若是轻举妄动，下场是立马被箭雨浇成刺猬。

王阳明缓缓站起身来，款款向来者走去，一副闲庭信步的样子，尽管一颗心怦怦乱跳。也许是被他那镇定自若的样子“镇”住了，苗民没有下手。他们觉得奇怪，以往汉人遇到这种情景，不是狼狈逃窜，就是呆若木鸡，而眼前这个人，却仿佛一个手握重兵的大将军一般。一想起大将军，苗民们气不打一处来，神色再度变得凶恶，祖祖辈辈，吃过多少汉兵的苦，一次又一次，被汉兵追杀，往深山里赶，美丽的家园遭毁弃，肥沃的土地被掠夺……

正在这危急关头，溪边的山头上出现了两个人影，一高一矮，大喊大叫地冲了过来，不是别人，正是王阳明的两个下属。他们跟苗民很熟，也会番语，咦哩哇啦一通讲之后，苗民们放松下来，明白眼前这个人，不是过路旅客，而是新来的招待所所长。

王阳明也明白了是怎么回事。原来这伙苗民正在举行一个隆重的祭祀仪式，按他们的族规，在祭祀开始之前，无论男女老幼，都必须先到小溪里洗个澡，净一下身。这让王阳明想起一句话：“吴越之俗，男女同川而浴。”这是《尚书》中写到的春秋时期吴国和越国的民间风俗，男男女女在同一条河里洗澡。两千年后的今天，易地贵州，怎么也会见到如此情景？不过凭着他进士的脑袋瓜子，稍稍转了两转，便找到了事情的来龙去脉，吴越争霸，勾践卧薪尝胆，以弱胜强，灭掉吴国，当上了春秋最后一个霸主。之后勾践野心膨胀，迁都琅琊，想在中原有一番作为。但小国毕竟是小国，经不起折腾，梦想没有实现，反倒是被虎视眈眈的楚国抄了后路。越国灭亡后，越族向南迁移，化为百越，苗民，当属其中一支。王阳明是浙江人，老家是余姚，隶属于绍兴府，相当于当年越国的核心区位，所以对越文化颇感兴趣，颇有研究，想不到今天在遥远的贵州派上了用场。

双方握言欢之后，王阳明受邀参加了苗民的祭祀仪式，亲眼所见，印证了自己刚才的推测。这伙苗民，以大鸟为图腾，和越地的原始崇拜十分相似。还有，他们赤着脚，这不正是典籍上记载的“跣足”吗？他们把一条活的大蛇架在火上生烤，烤熟了每人分食一块，“食髯蛇”？对！哪部史书上写到过的？王阳明饱读诗书，再加记忆力超常，在脑海里稍一搜索，就搜出了《淮南子》中的一段话：“越人得髯蛇以为上肴，中国得而弃之无用。”这里的“中国”是指中原地区，不包括贵州。享受完了蛇肉，围着火堆跳舞时，他们不再光着身子，但身上的衣服怪怪的，说白了，就是在一块布上剪一个洞，往头上一套，腰上再系根草绳，衣服裤子全在了。在《吴越春秋》中，称之为“服犊鼻”，越地土话叫“穿贯头衣”。越王勾践给吴王夫差当马夫时，穿的就是这种衣服。

王阳明还注意到了苗人的那些坛坛罐罐，刻在上面的文字，弯弯扭扭的，好像一群蚯蚓在爬，“鸟语虫书”四个字立马从脑海中跳了出来，这些蚯蚓分明就是越国当年的“虫书”，只可惜自己不会说鸟语，不然的话，现在就可以跟他们好好交流交流……

他的两位下属倒是懂一些“鸟语”，王阳明让他们转告苗民头领，自己有一样东西要请他们欣赏。

这个东西，是他千里迢迢从北京城里带来的，不！是从老家余姚带到北京，再从北京带到贵州，何止千里。是一面铜牌，青铜制成的，边角上已经有些残缺。上面刻着一只展翅欲飞的大鸟，有鹰的弯喙和利爪，有鹤的羽毛，还有孔雀那美丽的凤冠，天空和大地上，洒满了弯弯的“蚯蚓”。这是王阳明小时候从一个盗墓人那里买来的，用爷爷给的零花钱。很小的时候，他就对这种稀奇古怪的东西感兴趣。老爸考上状元，举家迁入京城后，他一直将这面铜牌带在身边，也算是对家乡的一种念想。

想不到今天派上了用场，而且是大用场。看到王阳明出示的铜牌时，苗民首头领激动万分，一把将王阳明紧紧抱住，用力之大，让他喘不过气来。拥抱完毕，头领从贯头衣底下掏出一样东西，也是一面铜牌，虽然大小形状略有不同，但上面刻着的也是一只大鸟，而且十分相似。

那是一个神奇的夜晚，铜牌抹去了他们之间的距离。苗民头领认定，王阳明跟他们同祖同宗，王阳明的家乡，就是他们失去的故都。

王阳明也是这么认为的。围着篝火，啃着蛇肉，一场精彩的“夜学讲坛”拉开了帷幕，主讲者是王老师，听众是龙场的苗民，翻译是政府招待所的两位工作人员。主讲的内容是：越文化与苗文化。一讲就是数十天，天气晴好之时，就在露天，刮风下雨，就搬到旁边一个山洞。

为了把这个山洞区别于当年家乡的那个阳明洞，他幽默地称之为阳明小洞天。在这里，他讲到越王勾践卧薪尝胆时，苗民们一个个凝神屏息，陶醉于祖先的壮怀激烈；讲到美女西施肩负重任，为国献身时，苗民们唏嘘不已，泪光点点；讲到十年生聚，十年教训之后，三千越甲终吞吴时，山洞里欢声雷动，苗民们热血沸腾，畅想着有朝一日杀出山去，重振雄风。

不光是讲历史，还传播知识，弘扬文明。“夜学讲坛”听众越来越多，龙场仿佛变成了一个大湖，所有的溪流都向着这里奔涌。不光是苗族，散布在千山万壑的土家族、布依族、侗族、彝族都来了，山洞里坐不下，就坐在露天里。

受到广大听众求知欲的激发，王阳明开始深入思考自己讲课的内容，钻研自己对心学的理解。

“心即理”，“宇宙即是吾心，吾心即是宇宙”，这是陆九渊所提倡的观点，也是对程朱理学的一种对抗性解释。王阳明在京城担任兵部主事期间，就带徒授课，发展了陆九渊的这些思想，并进一步提出了“心外无物、心外无事、心外无理”的观点。他所说的“心”，指最高的本体，如说“心即道，道即天”；也指个人的道德意识，如说“心一而已，以其全体恻怛而言谓之仁，以其得宜而言谓之义，以其条理而言谓之理”。这比陆九渊所说的个人本心意义广泛。

到了贵州以后，每天躲在这个阳明小洞天里，王阳明想得更多。“心即道，道即天，”这几年的坎坷经历，更加坚定了他的心学思想。

一个人，如何面对坎坷？如何保证自己不在逆境中消沉下去？如何在污泥中保持自己的一身高洁？

格物，要格世间的物，守住自己内心的道，守住内心的这片天！

王阳明是个能够在逆境中保持良好心态的人。良好的心态，根本上源于良好的道理，因为心即道，他要用自己的顽强不屈，守住心里的道，心里的善，以此排解人间的万难千险。

还在京城的监狱里的时候，他依然坚持思考人生，钻研学问。在狱中，光是诗就写了十四首，其中一首《读易》：“囚居亦何事，省愆惧安饱。瞑尘玩羲易，洗心见微奥”。在囚居之时，他害怕“安饱”自足，对不起大好光阴，便于枯坐之间默读《易经》，从中潜心玩味那隐微深奥的人生哲理。出狱时的写的《别友狱中》一诗：“行藏未可期，明当与君别”，“累累囹圄间，讲诵未能辍。桎梏敢忘罪，至道良足悦”。可以想象，在狱中他与难友们不停地在一起引经据典“讲诵”，探讨人间“至道”，用心中的“道”来祛除灾难带给他的痛苦，获得心灵的快慰，这是何等高雅的境界！

刚到龙场时，日子过得非常艰难，可以说无时不在与死亡抗争，但是，他度过了人生的又一次“炼狱”。有一天，他看到乡民在打制石棺，便索性花钱请他们帮助他打一具。那里因为石材取用方便，乡民们都有很早就为自己准备好石棺的风俗，以防自己哪天去世了，无处安身。

到龙场的第二年，从京城被贬贵州经过龙场附近的一位吏目死在山坡下，不久，随行的儿子及仆人也倒毙。王阳明带着仆人埋葬了这三人，并写下一篇著名的散文《瘗旅文》。祭文的感情却写得相当深切，其关键是作者被贬龙场驿，其景况略如客死之人，悲客死之人也是作者借以抒发自己被贬异域的凄苦哀伤之情。在叙述了死者状况后，王阳明写道："自吾去父母乡国而来此，三年矣，历瘴毒而苟能自全，以吾未尝一日之戚戚也。今悲伤若此，是吾为尔者重，而自为者轻也。吾不宜复为尔悲矣。吾为尔歌，尔听之。歌曰：……"

意思是说：我这三年能够活下来，没有一天会过度悲伤。今天这么悲伤主要是为了你。现在我不悲伤了，我要为你唱首歌。

唱罢一首，他"又歌以慰之曰：与尔皆乡土之离兮，蛮之人言语不相知兮。性命不可期，吾苟死于兹兮，率尔子仆，来从予兮。……吾苟获生归兮，尔子尔仆，尚尔随兮，无以无侣为悲兮！……"

意思是——再唱一首歌安慰他：你我都是离乡背井的人，性命前途难以预测。假如有一天我也死在这里，请你带着儿子和仆人与我玩耍。……假如我有幸生还故乡，你也还有儿子和仆人，不要以为没伴就过于悲伤。

从这篇文章可以看出，王阳明是个不愿意耽于痛苦中的人。即便在逆境中，仍然能够"达观随寓"，能够自宽自解，调整好心态。这也正是许多同样被贬的人客死贵州，而他却能够活着返乡，等到真正施展抱负才华的一天。

某天晚上，他又躺在山洞里与自己探讨神秘深奥的心学哲理，他喃喃细语地诉说着朝廷官场中的倾轧斗争，人世间的尔虞我诈，官吏士绅里一个个满口仁义道德、孔孟程朱，但大多说一套做一套，言行不一。有的人尽管心地善良，也知道应该怎么做，却并没有按自己所说所想的去做。比如，当今朝廷，这些大臣虽然也爱搞学问，爱谈理学，搞什么“格物致知”，但即“知”也不愿“行”，心里知道善，却没有为善这个目标展开行动，不敢与黑恶势力做斗争。这完全是学术的衰颓，也是世道的没落。就是因为大臣们不敢坚持正义，不敢拿出行动来与奸臣斗争，任由刘瑾专权，把国家搞得一塌糊涂。于是他又进一步想到，这“知”与“行”本来就是“合一”的，本来就是一体，“知是行之始，行是知之成”，这本是一个事情的两个方面，原是人们为了便于研究，便于认识，才将起其分开来的，现在把它“一分为二”后，就忘了将其还原“合二而一”了……想到这里，他从石床上一跃而起，大叫“知行合一！知行合一！”把身边的小仆人都吓醒了。

他当即决心一定要把这个浅显的道理告诉世人。就这样萌生了他后来发展为博大而朴素的哲理的原始胚胎，这就是后人广为传颂的“龙场悟道”。

他在这段时期写了“训龙场诸生”。他自己于七年后对这次略带传奇色彩的悟道叙述说：“守仁早岁业举，溺志辞章之习，既乃稍知从事正学，而苦于众说之纷扰疲苶，茫无可入，因求诸老、释，欣然有会于心，以为圣人之学在此矣！然于孔子之教，间相出入，而措之日用，往往缺漏无归；依违往返，且信且疑。其后谪官龙场，居夷处困，动心忍性之余，恍若有悟，体验探求，再更寒暑，证诸五经、四子，沛然若决江河而放诸海也。然后叹圣人之道坦如大路。”

“知行合一”的观点，使他的心学更为丰富和深刻。

“心学”让他成为一个名人，即便是在这荒山野岭。讲课虽然热闹，生活却依旧很清苦。王阳明收的这些土著学生，不光没有文化，也没有什么财产，有的只是一副热心肠。他们在山中打到了猎，总会将最好部位的肉割下来，送给老师。见老师住的窝棚实在糟糕，外面下大雨，里面下小雨，就砍了一些树来，帮他搭了几间小木屋，总算是住进了真正的房子。然而这些新砍下的树，沾染着林中重重的瘴气，住进去没几天，王阳明的两个下属就病倒了。发高烧、说胡话，上吐下泻。王老师变身为保姆，领导为群众服务，每天熬粥、煮汤，再去林子里搞些草药。也亏得王老师博学多识，小时候兴趣爱好广泛，不光读《孙子兵法》，也看过几本医药方面的书，再加自己肺一直不好，时常捉摸一些草药制剂，久病成医，现在到是派上了用场。这些日子，库存的米已经不多，中了瘴气的病人必须忌荤腥，为了节省粮食，王阳明自己只好天天吃肉，肉倒是不缺，学生送来的各种珍禽异兽之肉，简直可以开一个野生动物宴席，可惜没有什么调料，盐也十分稀缺，大多数时候，只能用清水煮着吃。王阳明从小生长在江南，长大后又去了北京，这两个地方，对吃特别讲究，可谓百味俱全，现在，齿颊间只剩下两种味道：膻、骚。

尽量做到心静如水。因为他明白，唯有如此，才能打发这了无尽头的岁月。然而有人却不让他心静。这个人，是思州太守，也就是思州市的市长。王阳明所在的龙场招待所，位于思州下属的修文县，按理说，市长大人是不会对一个小小的招待所所长感兴趣的。这个招待地处荒郊野外，不是农家乐，没有招牌菜，尚未研发出特色娱乐项目，更没有养眼的美女，怎么会引起市长大人的关注？原因很简单，王老师太抢眼了。他在深山里开辟课堂，吸引野蛮人的消息，像长了翅膀一样，飞了出去，飞到了修水县、思州市，甚至在省城贵阳也传开了。

这让一个人很不爽，他就是思州市长。这是个老资格的市长，在思州已经干了整整十年。他的那些同科新秀们，早就离开了“市长”这个岗位，有的当上了省级领导，有的进京陪太子读书去了。只有他，十年磨一剑，原地踏步走。官场失意的主要原因是，治理少数民族上鲜有政绩。不光没有政绩，还闯了不少祸，给省里和中央添了不少麻烦。思州这个地方，原住民十有八九是土著，这些人冥顽剽悍，很难管理。这位市长上任后，起初是来硬的，派出警察和军队到山里头去，谁不听话就揍谁。这一招很快碰了壁，那些土著，最不怕的就是打仗，他们窝在山里头，成天就是拿着刀，擎着弓，跟豺狼虎豹抢肉吃，跟别的部族抢地盘，还怕汉人不成？见硬的不行，就来软的，派出由秀才组成的讲师团，进山去宣讲先进文化，想用文化惠民政策，来开化这些野蛮人。然而这些只会“之乎者也”的酸秀才，根本没有春风化雨的能力，他们讲的课，连普通汉人都听得一头雾水，土著们当然不会领情，不光不领情，还以为他们在对自己施巫术，于是将秀才们一个个抓起来，浑身剥个精光，赶出山去。见此情景，市长大人勃然大怒，于是再祭出老办法：来硬的！

在软软硬硬的循环中，十年的时光，如流水一般逝去，唯一不变的，是他头上那顶已经戴得褪了色的乌纱。听说龙场那边有一个小小的招待所所长，一个没有品级的芝麻官，创造了奇迹，跟当地的土著关系搞得十分融洽，不光教他们学文化，还教他们如何跟汉人和睦相处，而且居然成功动员他们向地方政府主动纳税，这让市长大人百思不得其解，心中唯有羡慕嫉妒恨。

如果换成一个有头脑有胸怀的领导，听到这个消息，百感交集之后，一定会招贤纳士，把王老师请过来，甚至自己三顾茅庐，虚心请教。拥有这样一个成功人士，必能破解掉困扰了自己十年的难题，仕途必将迎来“行到水穷处，坐看云起时”的境界。然而，蠢人就是蠢人，思州太守不但不用他，还打算害他，铁了心要给王老师吃点苦头。

那是一个暮春的晚上，月朗星稀，和风扑面，土著们早早来到了阳明小洞天。为了抢个好位置，有的人还将晚饭带来，准备边听边吃。王阳明刚刚啃掉半只野鸡，吞了两个木薯，因为饭菜里盐放得少，吃完之后，嘴里寡淡，腹中饱胀，原本打算到外面去饭后百步走，但看到学生们早早聚集，只得提前开课。

今晚这堂课的主题是：人与野兽。选这个课题事出有因。上次讲课结束，学生向老师提问时，有一个年轻人问：山中野兽如此之多，如何将它们彻底斩草除根？王老师微笑着反问道：以前你是怎么跟野兽战斗的？那个年轻人如数家珍：挖陷阱、下网套，用箭射，用矛掷，还有下毒药……办法海了去了，可山里的野兽太多，杀也杀不尽。

“为什么要把它们赶尽杀绝？”王老师又问。

“它们跟我们抢东西吃。”年轻人回答。他还振振有词地列举了野兽的种种坏处：吃肉的野兽跟人抢肉吃，老虎吃掉了鹿和羊，人就少了一份肉食；不吃肉的野兽也跟人抢东西吃，山里头那些果子，每次刚刚成熟，就是被猴子吃掉不少。甚至那些天上飞的鸟儿，也很可恶，被它们啄食的果子，比猴子吃掉的要多得多。

王老师当然不会被这样的问题难倒，他告诉年轻人，人类与野兽应该和平共处。不要老想着野兽的坏，也要想着它们的好。正因为它们的存在，森林里生机勃勃。他举了几个例子：如果没有老虎，鹿和羊就会泛滥成灾，草地就会被啃得光秃秃的，树也活不下去，因为它们啃完地上的草和苗之后，会去啃树皮，谁都知道，树没了皮准死。如果没有鸟，那些果子里的种子，不可能播撒四方，过了今年，明年可能谁也吃不上果子。

举完例子，王阳明开始传播“心学”：人的一颗心，不能只往一个方向用力。就像部族里的尊长，不能只偏心于某一个他喜欢的人，不然他处事必失公正。

听到这里，学生们豁然开朗，有的点头称是，有的沉思默想。就在王老师正准备摇响下课铃时，几个人从坐在地上的人丛中站起身来，冲着讲台大喊大叫。他们讲的是苗家话，现在，不用翻译，王阳明也能听个大概，只是他有点奇怪，这几个人，苗语讲得并不地道，隐隐有些汉家口音。

他们的意思是：今晚请王老师住到树上去，既然王老师心里对野兽好，认为野兽是人类的朋友，应该善待他们，那就得拿出实际行动来。

这几个人身形剽悍，目光凶狠，一看就不是好惹的主。

住到树上去？在龙场这种深山老林，等于是玩命。即便是最矫健的猎人，也不敢那样做。一到晚上，树就是蛇的领地，有时，豹和其他一些猛兽也会埋伏在那里。

“怎么啦？王老师说得比唱得好听，可惜就是做不到？”那伙人中最高大的那个用汉家话开讲，他以为王阳明听不懂他们先前说的。

此语一出，人群中一片哗然。这伙人穿着打扮跟土著无异，刚才混在人群中听讲，谁也没看出破绽。

为首的那人亮出了身份：思州市执法局行动大队队长，今天到这里是来，是奉市长大人之命执行任务的。他宣布：王阳明在没有教育局授权的情况下开班讲课，属于非法行为，严重扰乱了社会秩序，现正式宣布：取缔这一非法窝点，没收所有非法用品。……

然而话还没讲完，这个大队长就被一把揪住，那是旁边伸过来的许多双手，将他按倒在地，痛打一顿，包括他的那些同僚。这些执法者虽然膀大腰圆，身怀武功，但他们太自以为是，太低估了群众的力量，这里毕竟不是思州街头，他们的对手，也不是那些见了官兵就像见了活阎王的小商小贩，这是在龙场的山里头，嘿，看清楚了，究竟是谁执谁的法？

如果不是王老师拼命劝阻，这几个城管晚上一定会住在树上。在两位下属的帮助下，好说歹说，王老师总算说服了那些愤愤不平的学生。城管们一个个鼻青脸肿，衣服被撕破，帽子被扯落，灰溜溜地逃了回去。

这下思州太守发飙了，好啊，你一个小小的招待所所长，平时不来登门拜访，不来孝敬老子，那也算了，大人不计小人过，现在倒好，老子的人你也敢打，简直是吃了豹子胆了！

市长决定让招待所长吃不了兜着走。他本想亲自批示，派警察去把这个违法乱纪者抓了来，关到牢里去，但他手下一个幕僚给他出了一个主意：与其自己批示去抓，不如告到省里去，让省上处理。原因嘛，这个幕僚在市长耳朵边嘀咕了几句，市长听后愣了一下，马上点头赞许，并好好表扬了他几句。这个幕僚，是个绍兴师父，古怪机灵，因为考场失意，屡试不第，所以才跟他的那些同乡一样，到官府里做幕僚，俗称师爷。他提醒自己的领导：这个王阳明，不是一般人物，现在虽然落魄，但背景和靠山还在，他是进士出身，曾经当过六品京官，更重要的是，王家世代为官，他的老爸还是个状元爷，在朝廷里颇有人缘。对付这样的人，还是小心为妙。

事实上，就在王阳明被贬到贵州龙场的时候，在南京干吏部尚书还不到一年的父亲，便被刘瑾再次找了个理由，让他办理退休手续，回家养老了。他已经失去了家里的这个"大靠山"。

俗话说，瘦死的骆驼比马大。状元王华虽已退休，但他毕竟曾是先皇的老师，朝廷里很多官员都是他的朋友和弟子。他的人脉关系，的确还在发挥作用。

其实这个师爷不仅仅纯粹为领导着想，而是留着一点小小的私心，他和王阳明是老乡。所谓天下师爷出绍兴，绍兴师爷一家人。全国衙门里的绍兴师爷，无不抱团取暖，互相帮助，互通有无。他知道，王阳明因为得罪朝廷重臣而被贬，像这样的状元公儿子、进士出身的才子，将来很可能会东山再起。如果在这个最困难的时候帮他一把，岂不是恩同再造？人家岂不感激他一辈子？

思州太守是个愚木脑瓜，当然不会明白师爷的小算盘，觉得师爷提醒得不错，于是派他到省城贵阳去一趟，向省政府报告：龙场驿丞王阳明未经批准，私自开设培训班，非法牟取暴利，还唆使土著打伤政府执法人员。

师爷领命而去，将这封信送到了贵州按察司，也就是省检察院。不过他使了点小手腕，将信直接送到了按察副使，也就是省检察院副院长毛科那里。按理说，下面市县送达的信件，应该交给办公室，由办公室统一登记在册，分发处理。师爷这么做，是有目的的，这个毛副院长，也是绍兴人，而且跟王阳明一样，老家也在余姚。平日里师爷到省城去办事，总要到老乡那里坐坐，送上点土特产，聊上几句，热络热感情，遇到什么难事，也好请领导关照帮忙。师爷把这事前因后果一汇报，毛副院长立即被感动了，他当即拍板决定，帮老乡一把。早在家乡念书的时候，他就听说过王阳明的父亲王华，虽然无缘结识，但状元的大名如雷贯耳。在官场混久了的毛副院长知道，这种时候，帮人家一把，对自己绝对是有益的。

毛副院长先是跟思州市长打了声招呼，意思是龙场招待所那个姓王的所长，是自己的老乡，他年纪轻，历练少，不太懂规矩，有些事情确实做得不好，但看在老弟我和他那当过组织部长的老爸的份上，就请市长大人网开一面，饶他一次，下不为例。与此同时，毛副院长叫师爷回去私下里转告王阳明，这段时间悠着点，培训班暂时停一停，避避风头，而且，立即向市长道歉。这个歉，务必道得真诚！

道歉？向一个白痴？放在从前，心高气傲的王阳明绝对不会去做这等低三下四之事，然而官场上遭遇的挫折，锦衣卫黑牢的洗礼，生生死死的磨难，原始森林中的心灵顿悟，已经让他从内到外有了彻底的改变，说从蛹到蝶的蜕变也好，说凤凰涅槃也好，反正，他已经不再是从前的他。

王阳明给思州太守写了一封长长的信，信中态度很好，让市长大人看了很感动。

帮人帮到底，毛副院长动用了自己的人脉关系，将王阳明推荐给了自己的官场好友席书——贵州提学副使，也就是贵州省教育厅副厅长。推荐的理由是：我省地处偏远，人民愚钝，文化落后，王阳明虽然是一个被贬之人，但毕竟是正宗的科班出身，曾经在中央部委机关工作过，而且在学术研究上颇有造诣，是一个典型的知识型干部，现在他在我省工作，应该人尽其才，让他在教育工作中发挥优势。

席副厅长也是个老江湖，早就听说王阳明被贬贵州，本想去龙场探望一下这个有背景颇深的官二代，无奈找不到合适的理由，堂堂一个厅长，主动去登门拜访一个小小的招待所所长，总不太好吧？心里一直纠结着，想不到机遇找上门来。现在好了，有了省检察院高官同僚的推荐信，出行就有理由了，就算是下基层考察吧。

在两位热心领导的帮助下，王阳明终于重新浮出水面。这个时候，他在龙场已经整整待了两年，天天吃野味吃得舌头都起腻了，接到邀请书的那一天，眼泪如断线的珍珠扑簌簌往下掉。苍天不负有心人啊！这一刻，他深深感悟到，人生仿佛大海中起伏的波涛，跌入波谷时，只要坚持不放弃，坚持在心中呵护一片光明，下一次，一定能重回浪尖。

这是一份邀请函，是省教育厅正式发来的，邀请王老师到省城的贵阳书院去讲学。王阳明感慨万千，在龙场，在远离官场的大山深处，回想往事，恍若隔世。关系、背景、机遇、能力、知名度、顺势而为……这些官场热词在他脑海中徘徊。思维从未像现在这般清晰，如此富有理性，好多天没有读书了，被他装在行囊中一起来到龙场的那几经典读物，早已被他翻烂，因为潮湿，上面的字迹已然模糊，然而映在他心中的字迹，却是无比清晰……

正德四年（1509 年），时年 38 岁的王阳明，受邀请来到省城贵阳，受提学副使席书聘请主讲文明书院，从此，开始竭力宣扬“知行合一”的心学观点。所谓“知行合一”，不是一般的认识和实践的关系。“知”，主要指人的道德意识和思想意念。“行”，主要指人的道德践履和实际行动。因此，知行关系，也就是指的道德意识和道德践履的关系，也包括一些思想意念和实际行动的关系。王守仁的“知行合一”思想主要是：“知中有行，行中有知。”王守仁认为“知”和“行”是一回事，不能分为“两截”。“知行原是两个字，说一个工夫”。道德认识和道德意识必然表现为道德行为，如果不去行动，不能算是真知。

显然，王阳明的龙场悟道，在居于正统地位的朱子学之外，开启了声势颇为浩大的阳明学潮流，开辟了一条崭新的既立己也立人的思想道路。

第三部分

重出江湖，一步一个脚印往前走

二次创业，步子虽然走得慢了很多，但迈出的每一步都是那样的坚实，脚印里有汗水，也盛满了思想。对于王阳明来说，这路是用心走出来的，心有多远，路就能走多远。

1. 父母官是怎样炼成的

在基层干活，亮点很重要，干出“亮点”，才能吸引上层注意，才能在芸芸众生中脱颖而出。在远离政治中心的江西小城，王阳明一面埋头苦干，一面标新立异。

庐陵，江西小城，边上有一条很有名的江：赣江，还有一座日后会更有名的山：井冈山。王阳明停住了脚步，放下肩上的行囊，行囊虽然不重，只有几本书和几件换洗衣服，但一路走来，却也让他感觉到了一种负担。如果徒手而行，一定会更轻松。联想到自己头顶的官帽，最高的时候也不过是个六品，但一直压得自己脖子酸，就算是被贬龙场后跌到了不入流的驿丞，自己的心中还是惦记着它的分量。如今，这顶官帽又重了起来，因为离开贵阳之前，他接到了朝廷的最新任命：庐陵知县。县长是正七品，比招待所所长高了不少，听闻消息后，城里不少人跑到书院来祝贺，然而王阳明心里却像是翻倒了五味瓶，各种滋味混杂在一起。

在文明书院讲了“知行合一”不到一年，一片祥云又飞到王阳明头顶。

正德五年（1510 年）三月，时年 39 岁的王阳明被朝廷任命为江西庐陵知县。难道在贵州龙场苦熬了两年，原来一心想置他于死地的太监刘瑾，觉得他在基层锻炼得不错？不再派人追杀他，反而还升他的官？

后来反复打听，王阳明才明白：原来，太监刘瑾已经开始失势。朝廷内部争权夺利，正德皇帝其实也并非像外界传说的那样什么事都不管，任由刘瑾胡来。特别是当外界传说刘瑾是“立皇帝”时，他开始渐渐警觉起来，并且开始了拿掉他的准备工作。

也正是在这个大氛围下，父亲王华的朋友在皇帝面前竭力保举王阳明，正德皇帝为了平衡各派力量，决定给对方以面子。虽没有让王阳明官复原职（六品），但总算给了他一个重要的岗位——庐陵知县。

王阳明望着渐渐西斜的太阳，拎起轻飘飘的行囊，继续往前走。在天黑之前，在城门关闭之前，他必须踏上自己的工作岗位，不是因为履新心切，而是囊中所带的干粮已经吃完，盘缠也已用尽。从贵州到江西，王阳明是独自前往赴任的，没有带任何随同人员。其实想带也没这个能力，招待所所长的工资十分菲薄，可以说入不敷出，靠讲课攒的那点积蓄，这一路上已经全部耗尽。

还算幸运，在城门即将关闭的那一刻，王县长挤进了庐陵县。县城不大，转过几条街，问了几个路人，就找到了县衙。政府机关已经下班，门口有一个值守的老杂役，头发花白，脸上沟壑纵横，正就着一碟炒豆喝酒，一闻味道便知，是那种低劣的番薯烧。王阳明往里走，老杂役翻了他一个白眼，骂了一句：“站住！你眼睛瞎了啊！”

王阳明也不恼，和颜悦色地问：“这么早下班啦？”

“滚吧滚吧，有事情明早再来。”老杂役将一粒炒豆丢进嘴里，嘎巴嘎巴地脆嚼着，一脸不屑的样子。王阳明心想，一个管传达室的都如此骄横，看来上任后要做的第一件事，是整顿机关工作作风。

然而第二天花了小半个上午，初步了解了庐陵县的基本情况后，他立马打消了这个主意。并非是官府骄横，而是这里的老百姓实在是太难管理了，说他们是“刁民”一点也不为过。庐陵民间有个传统：爱告状，芝麻绿豆大一点事情，就拿到官府来，请知县大人了断。说说是告状，其实是刁难。王阳明接待的第一个上访百姓，是个老太婆，哭天喊地的，以为是出了什么大事，一问才知，是家里走失一只鸡，怀疑是给邻居偷走了，但又没有证据，最后提出政府赔偿。这不仅是刁难，简直是讹诈。

王阳明第一天上班，椅子还没坐热，外面就涌来了一拨拨告状的老百姓，不一会儿状纸就堆了满满一桌子，县吏报上来统计数据让他大吃一惊：一千零六个案子。就算是不吃不喝不睡，一天下来，他也断不了十分之一啊!

立即召开县长办公会议，找来相关局办了解情况，商量对策。大家七嘴八舌，不少人唉声叹气，说此地民风一向不好，原因是庐陵虽然是个小县，却是位于四省之间的交通枢纽，商贾往来，流民潮涌，人们见多识广，变得十分刁蛮，不服管束，根本不把政府放在眼里。见多识广 = 刁蛮？王阳明心里不敢苟同，但还是决定继续听下去。

财税局局长的最大苦经是：收税难。他报告说，今年以来，自己手下已经有数十个税务干部在征税过程中遭到不法之徒的殴打，有七位至今还在医院里治疗。他强烈要求公安部门加强配合，对不法之徒严惩不贷，以儆效尤。

公安局长也有自己的苦衷，他说自己手下人手严重不足，不光财税局找他，城管局、工商局、水利局甚至文化局也都找他，其实这些局都有自己的监察支队，完全可以独立执行公务。

信访局局长情绪尤为激动，他说自己天天被老百姓围攻，有时老百姓甚至跑到他家里，堵着门不走，甚至坐下来吃饭，实在是受不了了，自己身体和精神都接近崩溃，强烈要求换一个部门工作。

政策研究室主任是一位师爷，操着重重的绍兴口音，让王阳明听上去倍感亲切，他说：从历史的经验教训来看，跟老百姓来硬的不行，他举了一个例子，王阳明的前任之一，一个叫许聪的县长，当时他也是面临这样的状况，每天处理近千个案子，从太阳升起到落下，忙得差点吐血，也没忙出什么结果。后来他决定来硬的，把寻衅滋事的刁民中那几个为首分子抓了起来，不料抓走几个又冒出几个，一茬又一茬，此情此景，仿佛东汉末年历史重现："发如韭，剪复生；头如鸡，割复鸣。吏不必可畏，小民不可轻！"到后来，县里的监狱人满为患，许县长焦头烂额，本想息事宁人，把这些人无罪释放算了，怎料这些头目一个比一个狠，竟然赖在监狱里不走，摆出一副誓将牢底坐穿的架势。这个许县长本是个书呆子，寒窗苦读三十余载，四十出头才考上进士当上知县，本想在仕途上走出一条金光大道，不料却陷在了庐陵这块烂泥地里。许县长是一个执着之人，从考进士上可以看出一点端倪，执着过头就是执拗，他牙关一咬，决定拼了，给上级领导写了一封信，信的内容是请求支持，里面有一句经典的话："请予卑职便宜行事"。

"便宜行事"，别看这简单通俗的四个字，里面可是大有文章。这四字的出典要上溯到大唐时期，是在非常时期采取非常手段，说白了，就是对老百姓实施高压政策，有点类似于"严打"。对于下级提交的请求支持的报告，上级领导最怕的是要钱要物的，见许县长提出的是这么个要求，上级当然一口应允。

拿到了领导批示，许县长信心满满，调动所有执法力量，向那些刁民猛烈开火。不料却点燃了炸药包。刁民们并不跟他正面对抗，而是转身开溜，踏上了上访之路。市里、省里甚至中央，都能见到他们的身影。群体上访事件的后果是十分严重的，很快，一纸免职文件下发，许县长灰溜溜地离开了庐陵。

"照你这么说，只好实施仁政了？"财税局长十分不屑地说。其他各部门局办的领导也纷纷表示，这条路肯定走不通。

王阳明倒不认为这是死路一条。在他看来，上任第一天遇到的这些情况，好比是海面上的那些浪花，要真正看清楚海底的情况，必须一个猛子扎下去。一个人，只要真心感受到别人对自己的好，那他也一定会对别人好的。刁民也是人，他们也有一颗肉长的心。

开完会议，王阳明单独找那位绍兴师爷聊了一阵子。先是说说家乡的事。跟王县长一样，这位师爷老家也在四明山麓，说起家乡的风物，他的眼眶湿润了。趁着这个机会，王阳明问了一些情况。这些情况，在会上是听不到的，这个时候，师爷无所顾忌，娓娓而谈，如实相告。

原来，民愤源于苛捐杂税，而导火索，是那款特殊的税项：葛布税。顾名思义，葛布税，是在民间生产或交易的葛布上征收的税项，就像粮税、盐税、矿税一般，然而庐陵这个地方，根本不产葛布，不光是不出产，市面上也没有买卖，因为老百姓根本不穿葛布做的衣服，原因是什么很难剖析，也许只是一种习惯。然而省里摊派下来的林林总总的税目里，却有着这么特殊的一项。令县政府的官员们牙疼，令老百姓心痛。葛布税？这算是哪门子事啊！面对税收人员，老百姓义愤填膺，扯着自己身上的衣服质问：你们是瞎子还是傻子？税收人员双手一摊：这是上边定的！我们有啥办法？

那你们不会跟上面去反映反映？老百姓不依不饶。一个开杂货铺的老头最近生意不好，心中正憋闷着，挤进人群，当众将自己脱得只剩一条裤衩，拍着瘦骨嶙峋的胸脯喊道："睁大狗眼给我看好了，哪里有葛布？葛布在哪里？"

当众羞辱并且气走了税务人员后，老百姓七嘴八舌商议了大半天，最终统一了思想，做出了一个艰难的决定：派出代表，向上边反映情况。既然县衙里哪些饭桶解决不了问题，他们只好自己赤膊上阵了。勇于在大庭广众之下裸身战斗的杂货铺的老头，被公推为头目。

大家凑了些钱，几个勇敢者踏上了赴省城的上访之路。几天之后，消息传了回来，那几个民意代表，全被抓了起来，关进了牢里，罪名是蛊惑人心，扰乱治安。县政府的态度十分暧昧，没有任何帮助澄清事实的举措，营救更是不必指望。夏去秋来，消息传了回来，那几个上访者被放了出来，只是那个杂货铺老头，死在了里头。官方的说法是玩躲猫猫死的，老百姓根本不相信，关于他的死，民间流传了许多版本，有的说是自杀，有的说是被狱霸活活打死，不过真正的凶手不是狱霸而是狱警。还有的甚至说，是被官方毒死的。

不管怎么说，从此之后，在庐陵，官民之间的对立，形同水火。更为糟糕的是，那个千夫所指的葛布税，照征不误，而且一年比一年重，到王阳明上任的这一年，已经达到了一万两银子之巨。一万两银子，相当于四百万人民币，对于一个小小的县城来说，是一个沉重的包袱。王阳明知道，压在人们心头的包袱更重。

必须将它搬走，否则，自己这个县长，只会跟前任一样平庸。

王阳明将上任后的第二天设定为县长接待日，这让下属们捏了一把汗。庐陵的刁民可不是这么好对付的，这个王县长，究竟是真的无畏呢还是神经大条？

果然，听说新任县长要跟百姓面对面，那些“刁民”们真的来了劲，对于新人新政，他们压根不抱任何希望，认定天下乌鸦一般黑，只想给新县长来一个下马威，借机煞一煞县政府的歪风邪气。

所以早上县衙一开门，管门的那个老杂役就惊出一身冷汗，门外黑压压一片人头，乖乖龙的冬……见衙门洞开，人群变成了波涛，一个劲往里涌，很快，大堂上站满了人，那些拄着威武棒，神气活现的衙役，被挤得像一张张饼一样贴在墙上。王阳明的办公桌差点被挤翻，他连拍几下惊堂木，喧嚣声才稍稍退去了一点。

“这么多人闯进来，知县大人如何应答？”站在王阳明身后的绍兴师爷声嘶力竭地喊道，“快快退出去，到外边去排队，一个个来！”

没有人理他，外面的人还在源源不断往里挤，不知是谁被县衙高高的门槛绊了一下，摔倒在地，被后面的人踩了几脚，发出杀猪般的嚎叫声。

啪的一声巨响，如雷贯耳，是惊堂木发出的，这下全场肃静了，谁也没有料到，这个看上去十分文弱的县长，有如此大的膂力。接下去，县长大人用略带一点跟师爷相似口音的京腔宣布，请来访群众推举一位代表发言，提出最重要，最急于想请县政府解决的诉求。

七嘴八舌之后，一位代表被推举出来，是杂货铺老头的儿子。王阳明发现，还没有开口，他的眼睛就红了，嘴唇抖擞了一阵子，年轻人咬牙切齿地吐出了五个字："取消葛布税！"

现场一片静穆，连一根针掉在地上的声音都能听到。那些陪同县长一起接待群众的局长们面面相觑，不知接下去戏该怎么演。然而王阳明却面不改色心不跳，他端起紫砂壶喝了一口茶，缓缓开口表态："从今天起，免征葛布税！"

现场一片哗然。吃惊更大的是那些官员。他们心中差不多同时升起一个疑团：王县长是不是在说疯话？要知道，这个葛布税，是省里摊派下来的，市里都没资格说取消，何况你一个小小的县长？

老百姓议论纷纷，一个脸长得像兔子，颇有些喜感的中年人站了出来，说："县长大人，这个葛布税，您说今天取消，不会是明天又恢复了吧？"

"永远取消！"王阳明坚定地说，与此同时，一把摘下头上的乌纱，将它重重地墩在了桌上："以此物为担保！"

沉默了片刻，现场采声四起。不一会儿，街上传来噼噼啪啪的鞭炮声，消息传得真快，老百姓已经开始庆贺了。

王阳明并不是一时冲动，空口说白话，其实昨天晚上，他一夜无眠之后，终于下定了决心，葛布税，这个民怨聚集的热点，是横在自己仕途上的一块巨石，怎么走都绕不开，要么驻足不前，举手投降。既然如此，索性下个狠心将它搬开。搬开巨石，前面是一边明亮的天空！

在老百姓那里拍了胸脯之后，王阳明立马赶到省城南昌，行前他已经打听到，省财政厅长是自己老爸的学生，相当于自己的师兄。厅长很忙，一早上班，来自四面八方找他要钱的官员就排起了长队，这是他的工作常态。按常规，一个小小的县长，他根本不会去接见，但听说是王华老师的儿子，立马放下手头所有公务，命手下将他召来。听说是要求免葛布税，厅长的眉头皱成了八字。这个事情着实不好办，根据眼下的状况，税收任务不加已经是客气的了，哪还有减免的？况且最近庐陵又没有遭遇洪涝灾害，也没有发生七级以上地震，减免从何谈起？

王阳明并不着急，侃侃而谈，先是介绍了一下自己在龙场的经历，接着说了一阵子庐陵的民情民愿，再后来从衣袖里掏出一张纸，恭恭敬敬地呈上，这是一份保证书，落款是王阳明，上面写得明明白白，为何要免征老姓的葛布税，最后的几句话，让厅长大人松了一口气，脸上浮现出满意的笑容，这几句话的大意是：这是庐陵知县王阳明经过调研后的意见和建议，如果在实施过程中发生什么问题，出现什么偏差，责任全部由王县长承担，跟省财政厅没有任何关系。

来省城之前，对心学颇有研究的王阳明早已揣摩出一套攻心术：让厅长大人拿得起放得下。所谓拿得起，就是看在自己是老师儿子的面子上，适当照顾。首先是亮一亮“我爸是王华”，在官场上，级别越高，越注重人脉关系，自己的老爸虽已退休，但毕竟有些老底子。其次是晒一晒本人履历。虽然是落难凤凰，但毕竟在中央部委工作过，被贬龙场之后，又神奇地东山再起，官场复出，难免让人产生一些猜想，猜想这个年轻人背后是不是还有更硬的靠山。最后，不让领导承担责任。对于王厅长来说，这个最有吸引力。免掉某个县里的一个税项，对于厅长大人来说易如反掌，但领导拍板决策前，首先想到的是对自己会不会有什么坏处，如今这个潜在的风险已经被底下包揽，那就拍一下板吧！

新官上升的头一把火烧得非常成功，烧出了一片人气。老百姓奔走相告，新来的县长大人太英明了，不折不扣的父母官啊！不光为政英明，听说还学富五车，课讲得很好，庐陵城里，甚至是省府南昌，也没有一个教授比得过他。

王阳明决定趁热打铁，继续打造工作亮点。接下去一个民心工程是强化社会治安。庐陵虽是一个小城，但因为地处四省交通枢纽，流动人口多，社会治安很差，平常百姓家里丢失鸡狗是常有的事，凶杀、绑架等恶性案件也时有发生。经过深入调研，王阳明发现，解决这一顽疾，光靠公安那几十条枪是远远不够的，必须发动群众，只有群众的力量才是无限的。他亲手修订了一套科学完善、切实可行的保甲制度。那些退休在家，无所事事的老年人被发动起来，担任保长、甲长，紧盯社会上一切可疑分子。老年人本来就闲得慌，这下可好，有一种青春焕发，返老还童的感觉。诈骗分子，盗窃团伙，一个接着一个落网，小偷强盗哀叹，庐陵这块地面不容易讨生活，一传十，十传百，不法分子绕道而走，虽然尚未达到路不拾遗，夜不闭户的境界，但至少恢复了上溯很多朝代之前才有的清净安宁。

这保甲制度，算不上什么创新，别的地方也在搞，为何唯独在庐陵搞出了实效？原因很简单，自从为百姓免除了葛布税之后，王县长的威信和号召力如芝麻开花节节高，只要是县长大人提出来的，老百姓一定举双手拥护，不光态度上支持，行动上也十分配合。那些老年人，世面见得多了，原以为当官的都是一个模子里出来的，想不到现在这位瘦瘦长长，满面书卷气父母官，真的是将老百姓当成衣食父母，宁愿丢了自己的官帽，也不惜为百姓的生计鼓与呼。所以王县长一声令下，他们立即行动，哪怕是不吃饭不睡觉，也要把治安搞好！

尝到了顺民心者昌的甜头后，王阳明继续将政府的工作重点放在了为人民服务上。接下去要办的一件事，是解决消防问题。消防一直是庐陵城里的一件头痛事。每年秋天，气候格外干燥的那些日子，城里头总是要着上几回火，烧毁一批房屋，连带着夺走几条鲜活的生命。县财政在消防上投入不算少，消防队的人员和装备在全省各县中算得上一流，但问题还是解决不了。经过多次走街串巷，实地踏访，深入研究之后，王阳明找到了问题的症结所在，庐陵县城依山傍水而建，土地资源很紧张，随着经济的发展，人口的增长，房屋越来越密集，街道越来越狭窄，普通百姓家的房子都是木结构的，挤挤挨挨，一粒小小的火星，一眨眼就能酿成一场大火。到了那个时候，就算架起再多的水龙，也是无济于事。必须防患于未然。王阳明是研究心学的，心学属于社会科学范畴，这回，他彻底转型，化身为自然科学家。他从物理、化学的角度，对如何防火进行了深入研究，拿出了一整套切实可行的方案。凡是木结构的民居，每户人家之间建起一道防火砖墙；每一个居民小区造一个大型储水池，还从当地某种植物的枝叶中提取一种物质，加在水中，这种水，对于扑火效果奇佳。王县长亲自在百姓面前现场试验，架起一口大铁锅，里面盛满炒菜的油，将油点燃之后，将普通的水淋上去，火照样燃烧，而且烧得更旺，而将那种特制的，颜色半黄半绿的“消防水”淋上去，火嗤的一声就灭了。

现场亲眼目睹这神奇一幕的老百姓拼命拍手，把手掌心都拍红了，那些下属们也啧啧称奇，赞叹不止。唯有王县长一副淡定的样子，此时，他的心绪已经飘向了远方，那是深山老林中的龙场，在那里的两年，无数时间仿佛凝固的日子，他都在用心“格物”，而这种“消防水”，就是那时的研究成果。不要小看任何知识，更不要小看自己的内心，无论何时何地，只要心不停歇，希望就不会离你而去……

但也有用“心”无法解决的问题。第二年开春，庐陵大旱，土地板结，根本没办法播种。眼看着就要错过时节气，老百姓心中那个焦急啊！有困难，找政府。王县长心里更焦急，然而抬头望天，一片湛蓝，看不到一丝云彩。心里祈求着老天快快降下甘霖吧，但太阳公公却把更多的光芒洒向人间。某天早上，县政府大门口贴出一张告示，很快引来了许多围观的群众。这张告示很奇特，细看之下，竟是一张悔过书，落款是王阳明。王县长说，因为自己工作不称职，所以得罪上苍，所以天上好久没有降下一滴雨，为了让上苍息怒，他决定，从今天开始，罚自己每天吃素，雨不下，素不止。老百姓们感动得落了泪，只有和尚才天天吃素，像吾等草民，隔三岔五还得开一次荤，县长大人尊贵之躯，为了我们，甘愿过和尚一般的苦日子……

苍天不负有心人，过了几天，风来了，雨来了，这雨下得酣畅淋漓，仿佛要将龟裂的大地彻底浇透一般。当种子变成幼苗时，一个更大的好消息接踵而至，是从遥远的京城传来的：就在今年八月，刘瑾垮台了！

玩火者必自焚。这个刘公公，坏事做绝，人神共愤，终于被打入了十八层地狱。他死得很惨，是被活剐的，身上的肉一块块被割下来，挨了不止一千刀，最终像一只刚出炉的北京烤鸭一般，被“片”成了一个骨头架子。这种刑罚叫凌迟，在当时是极刑，只有罪大恶极者才有资格享用。北京城里，无数市民拥到菜市口，观看刽子手行刑，更有甚者，一些被刘瑾陷害至死的忠良家属，从地下捡起刽子手割下的肉片，塞进嘴里，大嚼起来，边嚼边骂，令围观者毛骨悚然。

刘瑾的玩完，意味着被迫害者的解放。果然，不久之后，一大批“右派”被平反，死了的，重新正名，召开隆重的追悼会。活着的，官复原职。

第一个官复原职的，就是王阳明的父亲——被迫退休在家的王华。现在，他又重新回到了南京吏部尚书的岗位上！

王阳明也接到了上级的通知，到北京去报到。信是吏部发来的，相当于中组部，信中免去了他现任的庐陵知县职务，并没有新的任命，只是说“进京待命”，而“待命”两字，后面的意思非常清楚，肯定会给他一个更重要的职务。

与父亲一样，东山再起的时候，终于等到了！

无执无失。这是王阳明对“一切随缘”的积极诠释。还将这四个字写在一张条幅上，挂在了书房里，看书看累了，就将目光投注于此，久久凝视，深深感悟。是的，人的一切烦恼都是缘于自己的内心，因为心像一口井，因为欲望，所以深不见底。怎样才能让这“井”中之水波澜不兴，在映照蓝天白云、月亮星星的时候，不再颤动不止，幻化出无数细小的碎片？

王阳明踱出书房，门外一片竹林，翠绿欲滴，这是学生们给他种的，他们知道王老师年轻时爱“格物”，也听说过他在新婚之夜将新娘丢在洞房里，自己一个人跑到道观里“格”了一整个晚上的竹子。课间休息时，他们常拿这个跟王老师开玩笑，也不怕被责怪，因为他们知道，王老师是个十分达观平和的人，虽然身为一县之长，但从来不端架子，哪怕学生只是一个平头老百姓。王阳明书房外面，这边竹林边上，就是学校所在地，学校的名字是青原书院，校长兼教授只有一个：王阳明。而学生，却是来自四面八方，形形色色，有正在寒窗苦读，准备考取功名的年轻书生，也有早已踏上工作岗位的机关干部，还有社会上的普通群众，甚至是拿刀的屠夫，挑担的小贩。青原书院的大门是敞开的，而且没有任何门槛，谁都可以到这里来听课、交流。

创办青原书院，绝对不是作秀，王阳明真的是爱学习，特别是对自己独创的"心学"，已经到了如痴如醉的程度。在青原书院的竹林边上，某一天月亮升至中天的时候，他的脑海中忽然电光一闪，一行字跳了出来，比月华还要皎洁，那是四个字：知行合一。进入梦乡之后，这四个字变成了四个白须飘飘的仙翁，过了一会，又变成了四朵盛开的鲜花……

第二天，青原书院的学生们聆听了一堂特别的课。那天，王老师走上讲台后，抛出的第一问题，让学生们觉得十分好笑，感觉老师把他们当成了幼儿园的小朋友。这个问题是：你们喜欢闻香气还是臭气？

除了一个人，学生们的回答如出一辙：香气。那个另类的家伙，是个小贩，在街上摆了一个油炸臭豆腐的小摊，所以他说他更喜欢闻臭气。不过他的回答遭到了同学们的责骂，大家一致认为：臭豆腐的气味到底是香还是臭，这个不好说。

王阳明笑眯眯地听着众人七嘴八舌的争吵，等大家安静下来，又抛出一个问题：你们喜欢美女还是丑女？回答完全是一边倒了。在场的学生都是男性朋友，这个问题，比刚才那个还要幼稚。

但王老师的脸色变得凝重起来，似乎不像是开玩笑，他说：喜欢香气，是知，深吸一口气，是行；讨厌臭气，是知，捂住鼻子，是行；喜欢美女，是知，娶美女为妻，是行；讨厌丑女……这个我就不展开了，今天我要讲的这堂课，题目就是"知行合一"。没有人不认为孝顺是美德，但孝敬父母，是否每个人都能做到？……王老师侃侃而谈，学生们的脸上的神情从迷茫变成若有所悟，这一堂课，一直讲到中午。书院食堂的厨师老王早已烧好了饭菜，却不见学生的影子，往昔，这批家伙总是在下课铃声响起后撒腿狂奔而至，仿佛饿死鬼投胎一般，今天，是怎么回事？

厨师老王决定去探个究竟，走近教室，听到熟悉的声音，那是王县长，噢不！王教授那略带师爷腔，有些沙哑的嗓音，他的话中反复出现四个字：知行合一，厨师老王不识字，听不懂，但听着听着，却驻足凝神，因为王老师说得太有道理了，做人，只有想去做什么，又真的去做什么了，才是感觉最好的，这话讲到自己心坎里去了，自己做厨师，每天洗切炒，闻着油烟味，别人都觉得辛苦，亲朋好友，包括自己的老婆，都劝自己改行干点别的，但自己反复思量，觉得另外行当都难以让自己心动，还是当厨师，炒出一盘又盘好菜，看着食客们狼吞虎咽，大快朵颐，感觉比吃在自己嘴里还舒服。

在青原书院的最后几天里，王阳明结识了一个特殊人物：严嵩。不过当时此人还看不出特殊，只是一个普通的京官，职务是翰林院编修。严嵩是江西新余人，老家离庐陵不远，因为父亲与世长辞了，所以回家服丧。听说王县长搞了个青原书院，独创了一门“心学”，并且研究得热火朝天，便怀着好奇之心，戴着孝赶了过来。

严嵩后来升任吏部尚书，加为太子太保，拜武英殿大学士，权倾朝野。因为以权谋私，排除异己，成为历史上有名的贪官。但是，在他年轻的时候，也曾经是一个正直的人，尤其让读书人都非常敬佩的是，他在书法上颇有造诣，而且写得一手漂亮文章。还在年少时，地方父母官口占一联：“关山千里，乡心一夜，雨丝丝。”他随口应对：“帝阙九重，圣寿万年，天荡荡。”对得很是工整。在刘瑾执政期间，严嵩因为系江西一族的官员而遭受排挤，长期称病在家。严嵩在家乡过着平静和清贫的生活。正如他自己所说，是“一官系籍逢多病，数口携家食旧贫”；“近知理俗事，学种南山田”。据说李梦阳曾经拜访过他，赠诗曰：“问奇颇类扬雄宅，醒酒真轻李相庄。”

严嵩和诗为："地僻柴门堪系马，家贫蕉叶可供书。莺花对酒三春暮，风雅闻音百代余。"

可以说，年轻时的严崇还是颇有清誉。王阳明当时所结识的，是一个较为正直的严崇。

两人一见如故，秉烛夜谈，惺惺相惜。都是进士出身，殿试时都位列二甲，在北京城里有着相似的经历，对于时政有着相同的看法，东方露出鱼肚白时，桌上的蜡炬已然成灰，两人还在侃侃而谈，没有丝毫倦意。因为感觉遇到了知己，王阳明抖出了深藏在心底的一些想法，这些想法，平时他只是独自咀嚼，从未跟学生交流过。他告诉严嵩，自己当初研究"心学"，并不是因为好学，而且因为孤独。"心学"两字，是他在龙场的时候想出来的，之前，他只是一味倡导"心即理"。在龙场那片原始森林里，每天除了给土著们扫扫盲，剩下的时间，唯有苦思冥想。带去的那几本书早已翻烂，上面的文字已经印刻在了心中。所以，他觉得万物皆在心中，心外无理，心外无物。王阳明还告诉严嵩，当时有一个学生提问："老师您看，南山上桃花开了，但这也算是我心里的东西吗"，王阳明忆及当时自己是这样回答的："当你没有看到桃花时，桃花跟你的心一样寂寞，当你看到桃花的时候，桃花鲜艳起来，走进了你的心间。"严嵩沉默了片刻，忽然大声说："对！一切都在我们心中！"

几天之后，严嵩要回家了，王阳明一路相送，送君送到大路口，两人依依惜别。望着严嵩的背影渐渐远去，王阳明的眼眶湿润了。不料那背影反转过来，从小变大，过了一会儿，严嵩再度站在他面前，笑吟吟地说："王学长何不跟我一起去趟新余？到那里小住几日，我们接着聊！"王阳明愣了一下，欣然应允，两人击掌大笑。

在严嵩的家乡新余住了几日，王阳明就北上京城去中组部报到了。此后两人一个在南，一个在北，各忙各的，总是无缘相聚。十多年后，严嵩在政坛日益显现出自己的锋芒，而王阳明虽也身负重任，但已走向衰老，最终牺牲在战争前线。

2. 学者型干部机会更多

官场上遭遇寒流的时候，不要怨天尤人，更不能自暴自弃，将自己打造成一个学者型干部，或许能为将来的发展另辟蹊径。

这年十二月，王阳明终于又回到了北京。时隔四年，恍若隔世。听着曾经是那么熟悉如今却变得陌生的儿化音，目睹街头熙熙攘攘的人流，王阳明百感交集。本是打算先回家的，但心里惦记着一样东西，脚步鬼使神差般朝着一个方向迈去，停下来的时候，才发现自己已经站在了吏部的大门口。心有所牵，身为心动，果然如此，他叹了一口气，那顶自己竭力想看轻再看轻的官帽，还是如此沉重在压在心头。

不过片刻之后转出门来时，他的心情一下子变得爽朗了，天上一排南归的大雁飞过，若是在昨日，在向北的路途上见到此番情景，他一定会心生惆怅，想起家乡绍兴，想起远在南京的老爸，想起自己令自己落寞但又魂牵梦萦的贵州和江西，但此时，他感觉自己的心没有丝毫颤动一下，因为心中盛满了喜悦之情，这份突如其来的喜悦，源自刚刚看到的一份任命文件：任命王阳明同志为刑部主事。四年前因为给皇帝写了一封信，被刘公公截获后抓了个现行，被双开后打入了锦衣卫大牢，当时他头顶的官帽，也是“主事”，正六品，只不过任职的部门有所不同，当时是兵部，现在变成了刑部。不过，王阳明考中进士观政工部后获取的第一个职位，就是刑部主事。

换句话说，辛辛苦苦干九年，还是回到刑部干主事，级别还是六品。

按理说，他应该感到心酸。可是不，王阳明觉得这个职位非常好。重回刑部干主事，说明朝廷的认可，说明他已经彻底平反了，更重要的是，只要再忍忍，好好干，皇上肯定会给他升职，派他到更重要的岗位上去。

走进家门，夫人诸氏正静静地等着他，餐厅的桌上摆着热气腾腾的四菜一汤，都是先生最爱的南方菜，还有一壶绍兴老酒，已经斟在了一个酒杯里，这个酒杯形状古怪，又扁又浅，仿佛一只小船，常人见了，一定会觉得奇怪，只有王阳明及其好友知晓来历，这是王家祖传的宝物，是晋代的，叫觞，据说王羲之当年在家乡曲水流觞，挥毫写下千古名篇《兰亭集序》时，用来喝酒的就是这玩意。所谓曲水流觞，就是将这种叫觞的酒杯放在溪水中，任其随波逐流，若是漂到谁的面前停滞不前，谁就得作诗一首，如果灵感枯竭，无法交出作品，那也好办，罚酒一杯。

“永和九年，岁在癸丑，暮春之初，会于山阴之兰亭，修禊事也。群贤毕至，少长咸集。此地有崇山峻岭，茂林修竹，又有清流激湍，映带左右，引以为流觞曲水。列坐其次，虽无丝竹管弦之盛，一觞一咏，亦足以畅叙幽情……”

这是《兰亭集序》开篇那段脍炙人口的话，王阳明五岁时就一字不差地背诵，还能翻译成白话文，并且对加点字注释，大意是：“永和九年，即癸丑年，三月之初，名士们在绍兴的兰亭聚会，举行消灾求福的祈祷仪式。来的都是才华横溢之名士，有年轻的，也有年长的。这里有巍峨的山和险峻的岭，有茂密的树林和亭亭玉立的竹子，又有清澈湍急的溪水，曲曲折折地围绕着我们。让酒杯漂在水面上，人们席地而坐，虽然没有音乐伴奏，但一边饮酒一边赋诗，也足以痛快地抒发各自幽雅的情怀……”

当年在兰亭与群贤一起曲水流觞的王羲之，是王阳明的祖先，所以王家每次有重要的活动，比如祭祖、祝寿、庆生，都要将这只祖传的宝物，曾经在曲水中漂过的觞取出来。今天，诸氏将它摆在桌上，是为了庆祝丈夫的回归，这次回归，对于他和她来说，都仿佛是生命的重光。

他们相对而饮，默默无语。诸氏是一个十分贤淑的女子，性格内敛，话很少。王阳明早已习惯了，两人之间的交流，更多的是用目光。今天，时隔三年有余，他依旧从她的目光中读出了一种凄楚的自责。王阳明用目光温暖着妻子，用心对她说：别把这事放在心上，没关系的，我无所谓的。但妻子的眼中这种自责，似乎比以前更重了，甚至透出一丝绝望。

他理解这种绝望的感觉。屈指算来，到今年，他们结婚已有二十多年，诸氏也已年近不惑，女人四十，应该是祖母级的人物了，但她至今还没有尝过为人母的滋味。许多次，她主动提出，给他纳妾，传承王家的香火，但都被王阳明婉言谢绝了。这让她心中背负的包袱更加沉重，仿佛一座大山一般。不孝有三，无后为大，老公越是对自己好，自己越是觉得欠他太多，几辈子也还不完。

并非是王阳明不喜欢儿子，不喜欢年轻女子，而是觉得如果纳了妾，生儿育女之后，诸氏会变得更加郁郁寡欢。他不想看到她眼中盈满绝望，不想看到她强颜欢笑的样子。为了保留她心中仅剩的一点快乐，他宁愿断子绝孙。

吃完饭，王阳明踱进书房，这是他多年养成的雷打不动的习惯，一放下饭碗，就要捧起书本，即便是在贵州龙场的原始森林里，也是这么做的，除非晚上要上课。书橱擦拭得纤尘不染，取出一本书，翻开来，发现是新近出版的，看来自己的远在他乡的时候，妻子一直在给自己买书。桌上的香飘着袅袅的淡淡的烟，气味是那样的沁人心脾。刚一落座，一把紫砂壶就轻轻摆在了眼面前。

看了没两行，王阳明便合上了书本，今晚，他一个字也读不进去，他站进来，紧紧地搂住妻子，她的脸上飞起两片红晕，他感觉时光逆转，仿佛又回到他们初次相识的时候，那是洞房花烛夜后的第二天晚上，前一天晚上，那个本该是人生最美好的夜晚之一，他却将她丢在一边，跑到道观里去“格”了一整个晚上的竹子。现在回想起来，不知当初她是如何独守空房，度过那个寂寞而又尴尬的晚上？心中的滋味又是如何？

王阳明决定跟妻子好好聊一聊，一齐回想当时的情景，然而诸氏却跟他聊起了另外一个话题。

是关于刘瑾的。刘公公被诛的故事，王阳明北上路上听得太多了，耳朵都快起老茧了，无外乎善有善报，恶有恶报，多行不义必自毙。仇人已经下了地狱，再去说他又有何意思。但看到妻子眼中兴奋快意的神情，他不忍扫她的兴，只好装出关切的样子，侧耳倾听。

听着听着，觉得有点意思，因为诸氏说的，跟一路上道听途说的有些不一样，毕竟是住在京城里，又是官宦人家，消息来源比较可靠，故事情节的真实性要强得多。

说刘瑾，先得从张永说起。张永也是公公，是刘瑾的七个高徒之一，与师傅一起合称“八虎”。这七个高徒，除了张永，都是十恶不赦的坏蛋。张永的另类，缘于他心中的良知尚未泯灭。刚刚与刘瑾结识时，皇帝朱厚照还是太子，刘瑾是太子宫掌案，相当于太子的办公室主任。那时刘公公鞍前马后地服侍太子，表现得兢兢业业，让张永油然而生敬佩之情。太监一般都有些消极，那是心里的阴影造成的。但在刘公公身上，都让人看到了明媚的阳光，那是一股积极向上的朝气，一种身残志不残的勇毅。跟刘公公在一起，张永觉得即便是下雨天，天也是明亮的，即便是寒冬腊月，身上也是暖洋洋的。刘公公对他也很不错，在工作中经常指点一二，别小看这种看似不经意的点拨，其实是用心良苦，让他少走了许多弯路。所以张永决定一辈子听刘公公的话，跟着刘公公走。

然而走着走着，却觉得脚下的道路越来越崎岖，头顶的天空越来越灰暗。这种感觉，从他受命负责锦衣卫大牢时开始，变得愈发强烈起来。张永发现，被押进大牢的这些犯人，一个个正气凛然，眼神中透着不屈，看上去并不是那种阴谋犯上的坏人。这是怎么回事？他陷入了思索。最近这些日子，跳出来跟刘公公作对的人越来越多，细查他们的履历，发现都是一些平日里品行和口碑都不错的人。虽然跟刘公公作对无异于飞蛾扑火，以卵击石，但他们明知山有虎，偏向虎山行，无所畏惧，慷慨赴死，为的又是什么？一定不是如刘公公所说的那样：这帮家伙脑子出了毛病！

有一个叫蒋钦的犯人给他留下的印象最深刻。蒋钦是被抬进大牢的，他浑身上下都是血，押送的锦衣卫向张狱长报告：这个犯人刚刚动过刑，是廷杖，刘公公吩咐了，要好生看押，别让他逃跑了。逃跑？望着担架上昏迷不醒的犯人，张永觉得心绪很复杂，说不出究竟是什么滋味，这人将来就算能活着出去，看来也是只能坐着度过残生了。翻了翻犯人的档案材料，是个言官，工作单位是南京市政府，罪名是诬告和诽谤。虽然材料上没有指明，但毋庸置疑，冒犯的对象当然是刘公公。言官？诬告？张永的脑海中跳出两个大大的问号。言官的职责本来就是用嘴巴向上级反映情况，当然一般都是用纸和笔代替嘴，就算是说错了写错了，言官也是有豁免权的，至多是批评两句，怎么可以治罪呢？

接下去的一幕更是匪夷所思。第二天一大早，正在吃早饭，狱卒来报，说是那个叫蒋钦的犯人有事相求。一般情况下，下属是不会来向他报告这种事情的，除非这个犯人身份特殊，比如托某个领导写条子打招呼，或者干脆花钱买关照过的。张永回忆了一下，蒋钦进来之前，没有任何人来找过自己，那么，一定是发生了什么意外情况，不然下属会自行相机行事，不会来麻烦自己的。果然，狱卒报告：蒋钦要求狱方提供纸笔，狱卒不同意，他就用头撞墙，无休无止。

真有这样的事？这是怎样一个刚烈之人啊！张永决定亲眼去见识一下，于是放下了喝了一半的稀粥，抹了一把嘴巴，起身往牢里走。

蒋钦被关在重监区，位于锦衣卫大牢的最深处，里面密不透风，阵阵恶臭扑面而来，熏得人几近窒息。平时张永几乎从不到这里来视察工作，因为来一趟差不多就要虚脱，浑身上下，从里到外，都是臭不可闻，鼻腔里残存的那股味道，好几天挥之不去。

狱卒举着火把，在黑暗中开路，其实路并不远，但张永感觉走了好久。

在一个装着双道铁栅栏的牢房前，狱卒停下脚步。里面传出咚咚的闷响，听上去怪怪的，有那么几分阴森。这时张永的眼睛已经适应了黑暗，他望见墙角那边半坐半躺着一个人，正用头撞击着墙壁，一下又一下，那古怪的闷响，原来是这样发出的。

狱卒向领导报告：这家伙已经两天两夜不吃不喝了，原因是要一副纸笔，说是写信用，被拒绝之后，就用脑袋瓜子撞墙，已经撞了大半个时辰了。

有这等事情？张永打了个冷战，手下以为领导到了这种阴冷之处身体不适应，赶紧去找了件衣服给他披上，却不知道张永是心里冷，他知道蒋钦要纸笔的目的是什么，禁不住为他的执着而感动。

显而易见，这是一个忠臣，绝对的忠臣。自己身陷囹圄，蒙受不白之冤，朝不保夕，却还敢于发起进攻，这是需要何等的勇毅啊！看他那下半身，已经被廷杖打残了，血肉模糊一片，两条腿肿得像水桶，要不了几天，就会腐烂发臭，如果这几天不能出去治疗，整个人都会烂掉，这样的先例不胜枚举。

张永一挥手，屏退左右，脱下自己身上的大衣，这是手下刚才溜须拍马给披上的，将大衣罩在了蒋钦身上，然而蹲下身去，轻声音对他说了几句话，意思是在下十分敬佩蒋先生的所作所为，但现在这种情况，还是不要写信的好，保命要紧，留得青山在，不怕没柴烧。

然而令他失望的是，蒋钦仿佛没有听见他说什么，依然用头撞墙，一下又一下，撞击的频率和力度都明显提升了。

张永叹一气，站起身来，深深地鞠一个躬，退了出来。狱卒中的一个小头目迎了上来，满脸巴结地说：领导，我看随他去折腾好了，您还是早点回办公室处理大事吧，这里空气不好！

“笔墨纸砚伺候！”张永吼了一嗓。

小头目以为自己听错了，怔在原地回不过神来，“你耳朵聋了啊！快点去拿纸笔!”张永又吼了一嗓，这回声音高了八度，震得几个狱卒耳鼓嗡嗡响。小头目手忙脚乱地跑去找文房四宝时，心中十分纳闷，领导虽然平时不太爱讲话，看上去有点严肃，但对手下还算和气，如此责骂，还是头一回碰到，究竟是怎么回事?

蒋钦趴在地上给皇帝朱厚照写信，写完之后，双手托着，将它交给张永，叮嘱他速速送去。张永叹一口气，知道此时任何劝诫都是没有用的，眼前这位执着的勇士，仿佛一只决绝的飞蛾，向着熊熊燃烧的火焰扑去，在翅膀被烧尽之前，决不会停止扇动。

朱厚照当然不会读到这封血泪斑斑的信，就算把信放在他眼皮子底下，他也不会有心思瞥上一眼。蒋钦在狱中奄奄一息的时候，他正活蹦乱跳地跟美女与怪兽玩乐，那个时候，除了刘公公，除了那个“八虎”团队，他又找到了一对好玩的搭档：钱宁和江彬。这两人其实也是跟刘公公一伙的，不同的是他们都是武将，玩起来比太监更闹猛，更疯狂，所以深得玩乐皇帝朱厚照的宠幸。钱宁的特点是善射，若是以站姿射箭，百步穿杨不成问题，在移动过程中开弓，不管是骑马还是驾车，十有八九也能命中红心。在豹房里玩，每次玩得精疲力竭之后，皇帝都要小睡片刻，而枕头就是钱宁的肚子，从中可见他们的关系亲热到何种程度。江彬的特点是力气大胆子更大。一次钱宁陪着朱厚照去逗老虎玩，为安全起见，豹房养的老虎都是母的，在驯兽师的调教下，变得温顺听话，跟绵羊有得一拼，而且御驾光临前，老虎都被喂得饱饱的，不管人怎么挑逗，也是一副懒洋洋爱理不理的样子。不料那天母老虎正处发情期，一反常态，朝着皇帝猛扑过来，张牙舞爪，血盆大口中喷出一股腥气。朱厚照吓得面如纸色，更为糟糕的是，在边上陪侍的钱宁慌了神，像个稻草人一样呆立在那里，根本顾不上救驾。钱宁身后是一群小太监，那就别提了，发出女人一般的尖叫，四散奔逃。这个时候，救驾的英雄现身了，他挥着两只肉拳头，朝着猛虎扑去，仿佛武松再世。这老虎毕竟是圈养的，撒了一阵子野，见有比自己更凶的家伙出现，瞬间便泄了气，像条狗一样乖乖地跑回笼子里。回过神来的朱厚照定睛一看，见活武松不是别人，正是江彬。从此以后，对他宠信有加，程度远超钱宁。

不出张永所料，蒋钦的血泪控诉，根本没有机会抵达皇帝，而是落在了他的控诉对象刘瑾手中。这并不奇怪，朱厚照是“坐皇帝”，刘公公是“立皇帝”，绝大多数时候，站着的比坐着的拥有更多的决策权。对于这种不自量力的举报，“立皇帝”一声令下：廷杖伺候！往死里打！

两度遭受廷杖，而且都是往死里打，在大明王朝是前所未有的，如果能捱过来，那不是神也是妖了。蒋钦气绝身亡，他的灵魂在天际飘荡，对人间的黑暗怒目而视，久久不肯去天堂报到。

蒋钦的悲惨结局让张永好几个晚上辗转难眠。后来勉强能睡着了，却接二连三地做噩梦，梦里的主角只有一个：刘瑾。

后来，他偷偷一个人去庙里烧了几次香，希望内心重归宁静，然而一点用也没有。有一次跪在菩萨面前许愿时，耳朵里传来一个声音：除掉他！

除掉他！除掉他！……声音连绵不绝，久久回荡，除掉谁？他的心开始剧烈地颤抖，当然是刘瑾，除了刘瑾，还会有谁?!

张永一向是个果敢之人，一旦做出决定，绝不会犹疑，更不会回头。蒋钦死后，锦衣卫的大牢里又押进来一批犯人，都是当官的，罪名都一样：忤逆。看到这些正义之士遭受迫害与凌辱，张永决定立即展开“倒刘”行动。

然而刘公公是何等厉害之人，锦衣卫和东厂、西厂这些特务机构都是他亲自分管的，张永刚刚有所动作，消息就传泄漏了出去，传到了刘公公的耳朵里。刘瑾很吃惊，觉得难以置信，在他心目中，张永是一个既能干又贴心的下属，某种程度上，甚至把他当儿子看，虽然从未表露过这种心境。这个人怎么可能背叛自己？尽管将信将疑，但总的来说，刘公公不认为张永真能会跟自己对着干，他分析，可能是有人从中挑拨，也有可能张永本人受到某种蛊惑，一时痰迷心窍。然而坏消息接踵而至，令刘公公胆战心惊。更有甚者，说是张永最近跟皇上走得很近，而且皇上对他赏识有加。这还得了！千怕万怕，最怕就是这个！一旦皇上的兴趣开始转移，那自己的根基也将动摇。对于皇帝朱厚照的秉性，刘公公可谓了若指掌，“兴趣转移”简直就是家常便饭，于是他决定进行还击。

某天，朱厚照再次带着江彬跑进豹房去逗母老虎玩，皇帝真像个顽童，好了伤疤忘了痛，上次那惊险一幕让他觉得好刺激，决定再去过把瘾。然而母老虎已经过了发情期，加上驯兽师鉴于上次的教训，对老虎管教更严，所以不管朱厚照和活武松江彬如何挑衅，依然故我，一副爱理不理的样子。到后来，朱厚照胆子越来越大，甚至两腿一跨，骑在了母老虎身上，正寻思着要不要用手去摸一下老虎屁股，刘公公跑进来汇报工作了，说是有重要人事安排，要请陛下定夺。正玩在兴头上，被这么一打扰，仿佛当头浇了一瓢冷水，让朱厚照感觉很不爽，于是龙颜大怒，不耐烦地挥挥手：“你去定！你去定！”

但刘公公还是恭恭敬敬地待在原地不动，意思是这次人事安排很重要，最好是陛下亲自过目一下。

这时母老虎也有些不耐烦了，像只巨猫一样身子一扭，从朱厚照胯下钻了出去，钻回了笼子里，去啃刚才吃剩下的半只鸡。这让“坐皇帝”很扫兴，于是再也不去理睬“立皇帝”，带着江彬一干喽啰，往别处玩去了。

刘公公屡试不爽的伎俩再度大功告成，这回的人事调整确实很重要，因为名单上有一个重要人物，他的名字是：张永。拟调任的新的工作岗位是：南京司礼监，职务是掌印太监。表面上看，这是一次提拔，因为级别上升了，而实际上，却是被打入了冷宫。南京是留都，远离政治中心，特别是作为太监，离开了皇帝，就成了无源之水，无本之木。

张永当然不甘心如此束手就擒。他决定绝地反击。他明白，现在，唯一可以救自己的人，只有一个：皇帝。这段时间，他跟皇帝走得很近，原因很简单，他找了几个异域美女，要么金发碧眼，要么黑得像炭，反正将朱厚照的好奇心激发到了极致。

那天他又找了一个美女，肤白如雪，胸大如球，头发是红色的，眼睛是灰色的，朱厚照围着美女转了几个圈，口中发出啧啧赞叹，趁此机会，张永跪伏于地，咚咚咚地磕了几个头。这让朱厚照很纳闷，对于所谓的君臣之礼，他一向很厌恶，所以跪拜叩头，三呼万岁之类的事情，自他登基之后，在后宫里已经被省略掉，成为一条不成文规矩，张永今天的行为，就有点怪兮兮。但张永要的就是这个效果，趁皇上好奇心萌发之际，他膝行几步，用力挤出几滴眼泪，然后仰面朝天，向皇帝哭诉起来。

听说张永要被调到南京去上班，朱厚照当然一百个不高兴，这么贴心的一个家伙，一旦走了，自己流光溢彩的玩乐生活不是要逊色许多吗？这个皇帝也真有意思，马上拍板决定，亲自当一回和事佬，晚上请刘瑾和张永吃饭，大家一起说叨说叨，再干上几杯，这个群众内部矛盾就可以轻而易举地化解掉了。然而酒宴的气氛却并不如他所意，张公公和刘公公，横眉冷对，大眼瞪小眼，张说张有理，刘说刘有理，搞得皇上晕头转向，正低头琢磨着要不要把另外两个亲信——钱宁和江彬也叫过来，一起做做思想工作，耳中传来噼啪几声怪响，抬头一看，张公公正在殴打刘公公，打得很凶，甩开膀子往对方脸上扇耳光，刘公公的脑袋一会向左一会向右，活脱脱一个提线木偶，看得朱厚照忍不住大笑起来。

幸亏另一个太监，“八虎”之一的谷大用及时赶到，阻止了这场闹剧。朱厚照倒是觉得有点意犹未尽，饭还没有吃完，酒继续喝，冷静下来之后，刘公公和张公公都在领导面前做了检讨，领导也对他们进行了批评，虽然不够严肃，在批评过程中，一想到刚才那滑稽的一幕，朱厚照就忍不住笑出声来。饭后，三个公公一起陪领导去豹房里玩，一路上有说有笑，刘公公和张公公还勾肩搭背的，只不过，双方的心里，都种下了一个大疙瘩。

这是一个化不开的疙瘩。本来，“八虎”之首，身为师傅的刘瑾，可以让张永去死，就算是碍于“坐皇帝”的面子，明杀不行，暗中将他做掉，易如反掌。有好几次，刘公公差点要动手，最后都硬生生将弦上之箭撤下来，并非心慈手软，而是有所顾忌。张永一旦挂了，最大的嫌疑对象必定是刘瑾本人。被世人嫌疑无所谓，哪怕是被世人唾骂，又有何惧？死在刘瑾刀下的冤魂还少吗？但一想到皇上可能会责怪，刘公公就有点心虚。另外一个原因，在“八虎”中，张永人缘还是不错的，包括谷大用在内的另外六只“小虎”，纷纷到“大虎”面前求情，再加上张永自己认罪态度也相当不错，甚至当着很多人的面扇了自己几个耳光，扇得很重，把左右两边脸都打肿了，渐渐的，刘公公开始放松警惕。

刘公公松懈下来的时候，张公公却紧绷着，一阵紧似一阵。就像是一条潜伏在洞中的毒蛇，虽然一动不动，但时刻关注着周围的动静，一有机会，就会闪电般出击。

机会终于来了，安化王朱寘鐇造反了。朱寘鐇是大明王朝众多的亲王之一，与别的亲王不同的是，此人志向比较高远，觉得做千岁委屈了自己，当一回万岁才能真正发挥自己的才华。安化是在甘肃境内，虽然远离政治中心，但京城里的那些事儿，朱寘鐇还是了若指掌的。刘瑾专权，朱厚照昏庸，让他觉得是时候实现自己的远大志向了。起兵之后，出其不意的顺利，很快，隔壁的宁夏被攻下，纳入了安化王的版图。接下去剑指陕西，再接下去，似乎只要锋芒轻轻一划，就能将北京的城门划开。

这回朱厚照再没心思玩了，马上召集文臣武将，商量平判对策。兵部尚书，也就是国防部长杨一清，责无旁贷地领军出征。如此大规模的军事行动，按照惯例，必须派出一名太监当监军，刘公公当然不会亲自出马，听说这次叛军很厉害，势如破竹，本来胆子就小的太监们，一个个面面相觑，谁也不愿主动报名。正在这尴尬之际，张永站了出来，说是愿意为国效劳。刘公公好好表扬了他一番，还发了他一笔奖金，并且承诺，胜利归来之时，还要重重犒赏。

张永转身离去的背影是那样的坚毅，这让同僚们十分感动。他们哪里知道，这一转身，就是迈出了为民除害的第一步。刘公公表面上也是一副关切的神情，心里却在一个劲地祈祷：两军相交，箭如雨下，老天爷行行好，一箭将这小子射个对穿！

刘瑾的这种阴暗心态，不仅缘于旧恨，而且出于新添的妒忌，因为出征之前，皇帝亲自召见了张永，紧紧地握着他的手，久久不肯松开，还赐给他一颗金印，一把宝剑，并且下旨说：在战场上，张公公可以“便宜行事”。所谓“便宜行事”，就是可以随便拍板，想怎么拍就怎么拍。这可以前所未有的，自己虽然也有特权，名义上是太监头子，实际上就是一个“立皇帝”，但毕竟在公开场合，皇帝从未如此许诺过。想想如果此番得胜归来，张永的势头岂不是要盖过自己？这还得了！

然而平叛大军尚未抵达战场，前线就传来消息，叛军已经土崩瓦解了。原来这个安化王虽然一举攻下宁夏，但因为不得民心，很快被当地的军民联合推翻，自己竟被瓮中捉鳖了。

消息传到京城，别人都兴高采烈，唯有刘公公那个气啊！张永这小子第一次当监军，就博得一个满堂彩，这下到好，回来还不是要爬到自己头上？

很快，杨一清和张永押着安化王来到北京城外，然而城门紧闭着，通报进去，得到的回复是：你们先在外面等等，皇上有旨，要挑个好日子，搞个献俘仪式。起初，杨一清和张永都不以为意，他们知道皇帝特别爱玩，只要有机会，就要自编自导自演各种“好戏”，献俘，应该是相当精彩的，他当然不会将这么好的题材白白浪费掉。然而左等右等，等了好几天，还是不见回音，张永开始觉得事情有点蹊跷。派人进城一打听，原来刘公公根本没将他们胜利归来的消息汇报给皇帝。张永和杨一清面面相觑，从彼此目光中照见了愤怒。其实对于刘瑾专制，他们两人已经心有灵犀，那就是：此害不除，天下难安！这次安化王叛乱，打的旗帜就是“清君侧”，一开始叛军势如破竹，可见这面旗帜还是有号召力的。若不是朱寘鐇本人也是一个昏聩之徒，若是换成一个像明太祖那样的伟人，那么，这次谁是俘，谁献俘，还真是不好说……所以，一路上，两人间交流最多的，就是关于刘公公的那些事儿。起初说话十分含蓄，点到为止，或者半遮半掩，到后来，慢慢感觉到对方的真心，就开始吐露心声，彼此间越来越投合。

又过了几天，刘公公派人来通知，献俘仪式定在八月十五中秋节，算过了，那天是个好日子。然而等啊等，等到月亮终于圆了，入城的许可证还是没有发下来，派人去问，等到的答复是：再等等！

不能再等了。张永的心腹来报，刘公公正在磨刀霍霍，准备对他动手，理由是：张永企图谋反。

张永和杨一清一商量，决定先发制人，以其人之道，还治其人之身。

那天两人穿上粗布衣服，化装成平民百姓，在暮色降临，城门即将关闭之前，悄悄混进城去，直奔皇宫而去。张永是太监头子，又负责过皇宫的保安工作，走进紫禁城就像是去逛商场一般。很快，他和杨一清双双跪在了皇帝面前。朱厚照很吃惊，本来想问一问为何平叛回来之后，一直不来汇报工作，但看到他们身上的穿着打扮，却又忍俊不禁，以为他们是跟自己闹着玩，顿时来了兴致，嚷嚷着自己也要穿上一套。所以当听到张永告刘公公正在谋反时，并不把它当一回事。

见皇帝一副心不在焉的样子，张永急火攻心，大喊一声："陛下，刘瑾是狼子野心，想要夺大明的天下啊！"

"夺大明的天下？他有这个本事么？"朱厚照不痛不痒地说。

正德皇帝朱厚照，在历史上是有名的昏君，一向玩世不恭，就知道吃喝嫖赌，无心政事。可事实上，他还有另一怪，那就是，并没有像常人想象的那样，完全抛开政事。相反，在玩乐之余，他还是挺关心政事的，挺在乎他的皇帝宝座的。

一旦他掌握了证据，得知某人要做出不利于他皇位的事情，他还是非常在意的，并且会牢记在心里，暗暗策划着如何反击，如何击败对手。

"陛下，天下没有了，那您怎么办？"张永急得眼泪都快迸出来了。

"我怎么办？"朱厚照愣了一下，陷入了沉吟，似乎若有所悟。

“你说刘瑾谋反，想取大明天下，证据何在?”仿佛刚刚从一场大梦中醒来，朱厚照看上去一点都不傻。

张永把他们如何打胜仗，如何向皇上报告，刘瑾如何隐瞒不报，甚至不让进城的事，通通说了一遍。然后，他拍了拍胸脯，说：

“陛下，证据确凿，不信的话，请您亲自跟我们到刘瑾家里去看一看!”

到外面去走走，朱厚照当然愿意，于是欣然应允，命张永点起一队禁军，开赴刘公公府上，执行搜查任务。此时，皇帝的玩兴又上来了，执意要戴上头盔，披上铠甲，腰里悬一把宝剑，手里拿一根长枪，将自己打扮成一个校尉，混在了队伍了。时间紧迫，杨一清和张永只好任他瞎搞。

果然搜出了一大堆谋反的证据。最具代表性的，是三样东西，一颗玉玺，一条玉带，一把纸扇。玉玺和玉带，是皇帝专用的，而纸扇，却有些牵强附会，这个东西，谁家里都可以有，怎么能算证据？朱厚照不以为然，而张永表示，最好把刘瑾带上来，当着皇上的面，对质一下。

刘公公被带了上来，光着脚，穿着睡衣，头发乱蓬蓬的，一看就是刚刚从床上被拎起来的。

“皇上我冤枉啊!”见到朱厚照，仿佛见到了救星，刘公公扑通一声跪在地上，磕头如同捣蒜。见到从小陪自己玩的刘公公这副可怜相，朱厚照的脸上现出怜悯之色。

张永决定最后一击，决不让落水狗上岸。“这些东西是你的吗?”张永厉声喝问。多少年没有人这么对自己说话了，刘公公觉得听上去十分陌生，又十分恼怒，正想回骂过去，不料张永一个箭步上前，一把揪住他的前襟，差不多将他的双脚提离了地面，“你给我老实交代!”

“玉玺和玉带，我从来没见过！家里怎么会有这种东西!”刘瑾声嘶力竭地喊道，不过话一出口，他马上后悔莫及，因为当着皇帝的面，怎么可以将御用的宝物称作“东西”。果然，朱厚照的脸阴了一下，本来他想叫张永悠着点，千万别对刘公公动粗，刘公公这么一开口，他在心里暂缓了指示。

啪的一声，那是张永的大手扇在刘瑾脸上发出的脆响：“还想耍赖！那我问你，这把扇子，是不是你的？”

“打开让我看看。”刘公公一向行事谨慎，这扇子，合拢放在台面上，乍一看是自己的，但怕其中有诈，所以要张永打开来看一看。

扇子打开了，这下未等刘公公回答，朱厚照都能确定，这扇子非刘瑾莫属，多少次，在自己玩得出汗的时候，刘公公打开它，殷勤地为自己扇风，风的大小恰到好处，仿佛能舒服到骨头缝里。连后宫里专职执扇的那些宫女，技术都比刘公公要逊色不少。

看到扇面上那几朵熟悉的牡丹花，看到出自名家之手的“花开富贵”几个大字，刘公公舒了一口气，点点头，这扇子，确实是自己的。

“好吧！陛下，请您看看，这里面是什么！”话音未落，张永唰的一声将扇子撕破，寒光一闪，里面露出一样东西，竟然是一把锋利的匕首。

张永从自己头上拔下几根头发，凑到匕首的锋刃边，轻吹一口气，头发断成两截，飞落于地。好一个吹毛断发！

朱厚照倒吸一口冷气，心脏差点要停止跳动。心想如果这匕首划过自己的脖子，那脑袋岂不是立马搬家了。

然而刘公公跳着脚叫道：“这扇子不是我的！绝对不是我的！”

“怎么又不是你的了？”张永冷笑一声，又扇了他一个耳光，“好大的狗胆，皇上面前还敢抵赖！”

刘公公还在喊冤，声音如波涛，一浪高过一浪，但朱厚照却充耳不闻，完全沉浸在了自己的思绪中。他很伤心，伤心得浑身颤抖起来，像是打摆子一般。知人知面不知心啊，这个刘公公，多少年来陪伴自己，如影相随，多少快乐往事，都跟他密不可分……想到这里，皇帝的眼中泪光闪现，良久，缓缓吐出了三个字：“奴负我”。

其实刘公公真是冤枉的。他坏事做绝，唯独没做，甚至连想也没想过的一件事，就是谋反篡位。一个太监，就算是当上了皇帝，也不可将王朝传承下去。这把扇子，确实不是刘公公的，这是一件赝品，里面的匕首，是张永花重金雇了一个能工巧匠做进去的。那天晚上去刘公公府上搜查前，张永的亲信早已将真假扇子调包。同时，把玉玺和玉带偷偷塞进了一口衣柜的最底层。

就这样，刘瑾被当场拿获，抄家问斩。

听完了诸氏讲述的故事，王阳明思绪万千，更加觉得官场黑暗，当官不如做学问有意思。他认为，刘瑾虽已倒台，自己也已经被平反，但官场的游戏规则其实并没有多大的变化，你方唱罢我登台，接下去要演的戏，可能更从前也差不了多少。原因很简单，总导演没有更换，皇帝还是原来的皇帝。

王阳明决定请两天假，好好梳理一下自己原创的心学。无论是在贵州还是江西，他都没有好好梳理过，在龙场当招待所长时，缺的是笔墨纸砚，在庐陵当县长时，缺的是时间。许多东西，来不及记下来，只好暂存在脑海中。尽管记忆力超常，但王阳明还是担心，有些字句会被时光的流水冲淡。幸好刑部那边本来就人浮于事，多一个主事少一个主事没什么关系，根本误不了什么事，所以没有来催他早点去上班。大约有一个月时间，王阳明每天奋笔疾书，不过难得的清静还是很快被打破了，听说王老师回来了，京城里一些心仪已久的好学者纷纷找上门来，请求他开设讲坛，传播心学。他们中有官员，有商人，也有普通的平民百姓。

学生的整体素质，和当初在龙场最早开设心学讲坛时，有着天壤之别。那边是在原始森林里，学生几乎清一色目不识丁的土著，讲课要靠翻译。后来到了省城贵阳，情况有明显好转，学生中不乏秀才、举人甚至是进士出身的官员。而现在，满堂济济，座上有鸿儒，往来无白丁。

学者型干部引起了组织部门的重视。在提拔使用干部的时候，组织部永远本着一个至尊原则：德才兼备。王阳明是英勇的斗士，曾经写信举报过刘瑾，敢于向黑暗势力发起挑战，德这一关早就过了；而才华呢，那是有目共睹的，无论是在最艰苦的岗位上（原始森林地区的乡镇招待所所长），还是在独当一面的基层一把手岗位上（庐陵县长），都干得不错，不光是这些，他还另辟蹊径，在理论研究上硕果累累，这样的干部搁置不用，岂不意味着组织上瞎了眼？

但在干部培养工作中，组织上是慎之又慎的。在正式提拔之前，王阳明又换了好几个岗位，磨砺了他五六年。

正德六年（1511 年），40 岁的王阳明被调到吏部担任验封司清司主事。这算是平级调动。过了一个月，他又被任命为全国会试的同考官。到十月份，正式升任吏部的文选清吏司员外郎，级别是从五品。

正德七年（1512 年）三月，41 岁的王阳明再次升任吏部考功清吏司郎中，正五品。期间，黄绾、徐爱等几十位门人追随着他，听他讲心学。这年十二月，王阳明的职位又动了，升南京太仆寺少卿（督管马政，即负责养马医马等工作），正四品。不过，他并没有马上去赴任，因为那反正是个闲职，是个荣誉性的待遇。心情好了，讲课也很带劲。他主要根据《大学》的原意，进一步阐述他的学术观点，鼓励大家诚意格物。

正德八年（1513 年），42 岁的王阳明正式去南京赴任，顺道回老家省亲。十月份到了滁州，这是南京的外围城市，属于留京南京管辖。于是，王阳明有模有样地督查了一下当地的马政。因为地方偏僻，官职清闲，他便和他的那些个门人四处游山玩水，教他们静坐入道，大谈心学。次年，王阳明在讲心学时，重点与门人谈到了“存天理，去人欲”的学说。尽管他的王学与北宋大儒程颐是对抗性的，但程所提出的“存天理，去人欲”观点，王阳明还颇为赞同，并给以继承和发展。传统儒学教人“学做人”，教人“寡欲”，对人欲并不苛刻。理学教人“学做圣人”，设置“天理”、“人欲”的对立，严苛律人。二程说：“不是天理，便是人欲”朱熹说：“天理、人欲常相对”。阳明认为天理人欲势不两立，“天理日明，人欲日消”，故“吾辈用功只求日减，不求日增。减得一分人欲，便是复得一分天理，何等轻快脱洒，何等简易！”

转眼到了正德十一年（1516 年），在南京待了三个年头的王阳明，已经 45 岁。如果大明朝一直太平无事，可能从小就既想当圣人，又想做诸葛亮的王阳明，就只能往圣人的大道上走到底，无缘展示自己的军事才华了。

还好，老天没有辜负王阳明的一番良苦用心。似乎所有的磨炼，都只为了有一天给他这副重担，让他为朝廷办事，为国家效力。

在赣闽湘粤交界处的山区地带，由于朝廷税收多、地方官员腐败，人民生活艰难。许多山区百姓入山为寇，与官府作对，靠抢劫为生。因为四省交界，地形复杂，越来越多的盗匪与官府打游击，搞得官府非常狼狈。

为了改变这种局面，朝廷也曾派兵围剿过，但收效甚微。早在 23 年前的弘治七年（1494 年），朝廷就曾设置南赣巡抚都察院于江西赣州，称虔院。到了正德十一年（1516 年），朝廷又加强了这一地区的军事和行政建设，专门设置巡抚南赣汀韶等处地方提督军务，辖江西的南安、赣州，广东的韶州、南雄州，湖南的郴州和福建的汀州等州府。

这年九月，经兵部尚书王琼特荐，时任南京太仆寺少卿的王阳明被任命为都察院佥都御使，巡抚南赣、汀、漳等处。从级别上看，好像仍然是四品，但南京的职务是荣誉性的闲职，而现在的职务却是极其重要的地方巡抚岗位。

巡抚在明朝时期是地方上的封疆大吏，官居二品。但王阳明所担任的这个巡抚与全国常设的十三个巡抚有重要区别。据《明史·职官志》记载，除了在十三个省设置的巡抚外，其他还有三类巡抚共 20 个巡抚。其中一个重要的类别，就是为了扫平匪患而在一些省的边境地区新设立的，主要有：南赣、郧阳、松潘、偏沅。这四个地方的巡抚，显然不能像前十三处的巡抚一样，享受二品官衔，因为他们所领导的是边区政府，具有一定的临时性，而且侧重于军事，即兼任边区政府的军区司令。巡抚最初的责任就是“巡行天下，抚军按民”的临时性职务，到明朝中期，巡抚常驻地方，才成为一省最高领导。不过，南赣等地的巡抚，仍然具有明初时期的临时性质，其重要性并没有其他十三省那样重要，官衔也没那么高。南赣、郧阳、松潘、偏沅四处的巡抚，都只有四品衔，与其他巡抚的二品衔差距不小。

王阳明之所以能够被朝廷选中，就是因为在所有的文官当中，他是最懂军事的。巡抚南赣，光武官不行，最好是请王阳明这样文武双全的官员出面才行。当时的兵部尚书王琼跟王阳明同族，跟王阳明的父亲又是同事，他有心提拔王阳明，就在皇帝跟前夸奖王阳明的才能，有了他的推荐，王阳明很快获得了朝廷的任命。

王阳明的官职，全称是都察院佥都御使，巡抚南赣、汀、漳等处地方提督军务。相当于现在的中央纪委监察部的局级官员（比如某某室主任），兼任四省边境地区的军事和行政长官，不过以负责军事为主。

3. 揭掉潜伏者的隐身衣

潜伏者都披着一件隐身衣，然而有一样东西却最难伪装：表情。因为情随心动，喜怒哀乐皆出于心，王阳明坚信，一个人的心，就像是一条河，河水在流淌，不可能不溅起浪花。

同僚的祝贺声还在耳边回荡的时候，几个学生已经偷偷给老师捎来了重要信息：这个四省边区政府主席兼军区司令的官儿，还是不要去当的好。南赣汀漳等处，横跨江西、福建、湖南、广东四个省，那里山高林密，人民穷困，这个不去管它，王老师连贵州那瘴气浓密、土著居住的深山老林都亲历过了，还怕这个不成？穷更是不在话下，王老师为官清廉，两袖清风，从不把钱放在眼里，关键是那个地方，山贼猖獗，已然形成燎原之势，官军多次清剿，屡战屡败。朝廷派王阳明过去，是想叫他去干别人干不了的事，去完成别人完成不了的任务。然而王老师一介书生，从未带过兵，打过仗，身体又不太好，如何吃得消啊！

学生们在替老师担忧，帮老师想计谋、出主意、找关系推托的时候，王阳明的心中却掠过一阵惊喜，尽管表面上装出一副愁眉不展的样子。带兵打仗，这是他儿时的梦想，记得那个时候，在余姚老家，跟邻里的小朋友玩打仗游戏时，自己就是孩子王，戴着用柳枝编就的头盔，骑着用竹梢做的战马，挥舞着木刀木剑，仿佛一个指挥千军万马的大将军。后来，读书识字了，兴趣转移到那些兵书上，在饭桌上，常常用猪骨、鱼刺和豆壳搭一个军阵，演习攻守之势，常常是过于投入，忘记了扒碗中的饭。因为痴迷军事，三天两头被老爸责骂。老爸考上了状元，举家北迁京城后，王阳明的爱好愈演愈烈，以至于在青春叛逆期，父子之间形同水火。有一次他还负气出走，跑到了关外，把自己想象成征讨匈奴的汉将李广，还真碰到了蒙古人，不过幸亏反应快，使了一个计，将蒙古人吓跑，否则的话，说不定现在还在蒙古包里给人家当奴隶使唤。忆及这些往事，宛若隔世。然而一想到带兵打仗，又让他心潮澎湃，曾经的梦想是那样的近，仿佛龙场的时候，躺在山顶看星星，星星是那样的亮，那样的近，一伸手就可以摸到似的。

不过第二天一大早，王阳明就将一封信送了出去，这封信是写给皇帝的，严格意义上来说，是一份辞职报告。信中说感谢皇恩浩荡，给了自己这么个机会，但实在是力不从心，恳请另换他人。原因有三个：一是自己身体不太好；二是自己能力有限；三是家中老祖母已近百岁高龄。

这份请辞报告，虚虚实实，其真实目的是欲擒故纵。王阳明还未领兵出征，却将小时候就学得滚瓜烂熟的兵法先使了出来，并且将皇帝当成了试验品。他说的身体不好，祖母年迈，确实是事实，但这两项组织上是不会考虑的。王阳明在贵州的原始森林里呆过，又在江西当过县长，这种辛苦的岗位上都挺过来了，身体会有什么大问题？绝大多数官员家里都有长辈，不是老祖母、老祖父就是老爸老妈，这是一种常态，自古忠孝不能两全，这种借口不能算借口。至于第二条，也是最重要的一条，说自己能力有限，王阳明是这样表述的："才本庸劣，性复迂疏"，这话就明显是谦虚、客套了，王老师是闻名全国的心学大师，在当世学者型干部中首屈一指，这样的骄子，怎么可能"庸劣"，如果硬要这么说，那叫别人怎么活？至于"性复迂疏"，那更是不沾边的事，无论是当招待所所长还是当县长的时候，王阳明展现的综合协调能力都是超强的，山里头的土著被他驯化了，县城里的刁民被他感化了，这样的成就，一个迂腐的人，一个粗心大意的人，有可能铸就吗？

请辞报告被退了回来，组织上要求王阳明：尽快启程赴任。这是他早已预料的，要的就是这个效果。这样一场戏演下来，王阳明的履新就显得那样的肃穆，甚至带着一点点悲怆的色彩。"醉卧沙场君莫笑，古来征战几人回。"那天在学生组织的送行宴上，王老师喝醉了，随口吟诵了这句古诗，让不少学生热泪盈眶。酒是杨梅酒，从余姚老家带来的，王老师只喝这种，为的是滋阴润肺。肺是他身体的薄弱环节，这让学生们很担忧，只有极少数几个贴心的，比如他的妹夫徐爱，知道老师的肺这段时间太平无事，状况不错。

去江西之前，王阳明回了一趟老家绍兴余姚（当时的余姚隶属于绍兴府），探望了 97 岁的老奶奶。王阳明自幼丧母，从小住在爷爷奶奶家里，如今爷爷早已升入天堂，奶奶也是见一面少一面，此时自己也已过了中年，慢慢向着老年进军，想起小时候那些温馨的往事，一时觉得假戏若是真做下去，其实也并非坏事，回家，无论是住在绍兴城里还是余姚乡下，每天看看书，跟知心朋友聊聊天，写点东西，远胜于在宦海中拼争，在官场里周旋……

然而提前退休绝无可能。握着奶奶满是老年斑的手，王阳明心里一阵紧似一紧的疼，尽管拼命回避着不往这方面想，但内心深处，还是有一个声音在冷冷地提醒他：这一去，此生，再也见不到奶奶了……

一步三回头，还是离去了。妹夫徐爱送了一程又一程。在所有亲朋好友里，在所有学生里，徐爱是王阳明最知心的。这个妹夫比亲兄弟还亲。多少次危难之时，多少次心结难以打开之时，徐爱将明媚的阳光引进来，将深不见底的黑暗驱走。然而，他怎么也不会料到，与徐爱，一别竟成永诀。也就是第二年，王阳明在江西与山中贼打得不可开交的时候，徐爱突发疾病，与世长辞，那一年，他才三十一岁。

很快就进入了江西境内。又走了一段路，一条大江横亘在面前，王阳明眼前一亮，这是自己熟悉的江，在庐陵当县长的时候，他一有空就到江边去散步，江水滔滔而去，他的思绪也变活了，许多前任无法解开，碰得头破血流的难题，在他的用心思考之后，伴着江水声迎刃而解。这条江，是江西的母亲河——赣江。然而今天的江水有些凝滞，有些阴郁，对于这位前来履新的老朋友，似乎并不是那么欢迎。

随从刚刚在江雇好了一艘船，江面上就乱成了一锅粥，停在岸边的渔船商船纷纷拔锚起航，船和船撞在了一起，骂骂咧咧的声音不绝于耳，船上有人落水了，尖叫声、哭喊声此起彼落。“会不会是台风要来了？”一个下属抬头望天，引得王阳明也往天上看，太阳在头顶高悬，阳光耀得人睁不开眼睛，碧空如洗，连一丝云也没有，岸边柳树长长的枝条低垂着，一动也不动。

很快随从打探到消息，是山贼来了！这些山贼，杀人越货，无恶不作，所以船上的人如此惊慌。怎么办？避一下吧，山贼不好惹！正当随从们惊慌失色，七嘴八舌地商量着往哪里逃时，王阳明发话了：哪里也不去，继续坐船！

不光是不逃，还要溯流而上，迎着山贼去。王阳明背着手站在船头，一脸的镇定，开始布置起工作：把边区政府的旗号打出来，通知江面上所有的商船、渔船，一艘接一艘紧跟在自己的身后。

随从们面面相觑，不知王主席葫芦里卖的是什么药。这次跟随主席大人到南赣履新，所有人加起来只不过三十来个，除去文职人员，挂腰刀的不过十来个，相当于一个警卫班，吓吓寻常百姓还行，真的碰到成群结队的山贼，还不是给他们当点心吃？倒是那些准备弃船逃窜的商人、渔夫，听说突然冒出个边区政府主席来维护秩序，心里落定了不少，在江面上乖乖地排起了队。船和船上的货物是他们的身家性命，本来就不甘心拱手相让，这股官军人数不多，不知靠不靠得住，但听说领头的是个总司令，又稍稍感觉宽慰，如此大领导在，说不定一会儿援军就到。

人的思维是有定式的，王阳明就是充分利用了这一特点，在危急关头剑走偏锋，顺势而为。那些气势汹汹的山贼，和商人、渔夫一样，都是出于社会底层，所以他们想到了一处。

山贼到来的时候，王阳明站在船头，像一座石像般岿然不动。倒是他身边两个护卫，尽管是随从中最大胆、最强壮的，捏着刀柄的手上却满是汗水，此时若是命令他们开打，估计把刀从刀鞘里拔出来都得费半天劲。这帮山贼大约有百十号人马，歪歪扭扭地坐在七八条船上，一看就是乌合之众。船是沿途抢来的，一大半人平生头一回坐船，很不习惯，有的已经出现晕船症状，严重的甚至趴在船帮上，将早饭反哺给江里的鱼虾了。

听说拦头的是官府的船，山贼有些惊慌，在山里头打仗，他们不怕，每一道岭，每一条沟，都是那样的熟悉，闭着眼睛也能走路，官军来了，敌进我退，敌驻我扰，敌疲我打……如今在这陌生的水面上，船身晃晃悠悠的，站在甲板上两腿直发软，心里一点把握也没有。更为糟糕的是，听说拦路的官军来头很大，领军的竟然是个边区政府主席兼军区司令，这可如何得了？原本进山剿匪的，最多是些县衙里的都头，很好对付，一个司令，手下该有千军万马吧！

虽然派出去的探子来报，说前面的船上好像没有多少官兵，是不是打一下试试，但贼首捻着胡子沉思良久，决定不要轻举妄动，先看一看再说。

过了一会儿，对面的船上传来一个威严的声音：大家听好了，正在巡江的是新任的南赣汀漳政府主席王大人，王主席知道你们原本都是良民，知道你们家中都是上有老下有小，还知道你们现在的难处，你们做这样的事情，也是不得已而为之。王主席有指示，既往不咎，过去的事情就让它过去算了！从今以后，希望你们还是回到老实本分的从前。目前，王主席正在基层调研，可以明确地告诉大家，今后边区政府的中心工作，将紧紧围绕民生！今后，大家有什么困难，可以直接找主席！

讲话的是随从中一个中气最足的家伙，语音高亢，一顿一顿的，很有节奏感，好像是在主持省政府的全体领导干部大会。本来接下去王主席应该做一下重要指示，但这两天旅途劳累，老肺病又犯了，说话声音嘶哑，所以这个程序也就省略了，反正这些人老底子都是山里头的农民，根本不懂官场的规矩。

听说边区政府要给大家解决吃饭问题，而且今后有事可以直接找主席，山贼们轻易就能够变回良民，一个个都感动不已。说实在，造反这碗饭本来就不好吃，整天提心吊胆的，遇到这么个好官，也算是三生有幸，唉，该收手了，捞到一点算一点，最近官府剿匪剿得越来越狠了，还是安安心心回家老婆孩子热炕头吧！

智退山贼之后，随从们一个个喜笑颜开，击掌相庆，唯有王阳明面色凝重，陷入了沉思之中。他在思考一个问题：今后该怎么办？

对于边区政府主席来说，这确实是个值得思考的问题，如何重振民生，确保长治久安？这次到南赣汀漳省履新，王阳明是空着手来的，中央没有给他一分钱的财政拨款，也没有给他加派一兵一卒，所有困难，都得靠自己解决。没有钱没有兵，笔墨纸砚倒是有的，坐在船上，他马上给下辖的那四省六府的知府，也就是六个市长写信，要他们马上到边区政府来开会。边区政府设在赣州，所以赣州市长第一个赶到，一见面就自责说，没有迎接到王主席，实在是太失职了，请主席批评！不过接下去他立马为自己开脱：这段时间社会治安比较差，特别是江面上，盗贼横行，所以卑职以为主席大人是从陆路过来的，所以一直在省道的路口迎接，已经一连等了好几天，一步不敢离开，晚上就在路边搭帐篷……

王阳明懒得去理他，顾自低头看一份份材料，等到其他几个市长陆续到齐后，对于整个边区四省六府的基本情况已经了解了个大概，所以在会上听了众人的汇报之后，也不讲那些大话套话，而是直奔主题，下达重要指示，要求做两件事情，一件是实行十家牌法，另一件是选练精兵。

十家牌法，就是无论城市还是乡村，都以十家为一个单位，挂一块木牌，上面清清楚楚地写明每户人家每一个家庭成员的基本情况，性别、年龄、工作单位（如果有的话）等等。这块牌子三天一个轮换，挂在谁家的门口，谁家就是值班员，每日早中晚都要去邻居家里走走看看，仔细检查一遍，看看有没有跟牌子上不一致的陌生人，若有，就要登记下来，上报社区或村委会。如有隐瞒不报，那好，等着罚款和坐牢吧！而且不是只罚一家，另外九家也要承担连带责任。十家牌法，妙就妙在这里。

这样做的目的，是为了彻底摧毁山贼的情报系统。这一路走来，王阳明处处留让出，只要有机会，就深入群众，了解民情，渐渐发现了官军屡战屡败，山贼越剿越旺的症结所在。并非官军不尽职，也不是山贼战斗力强，这些流寇，说到底，其实就是吃不饱饭，被逼无奈拿起锄头当刀枪使的贫雇农。在每次战斗中，他们总是神出鬼没，官军来了，费了老大的劲，跑得快要虚脱，也寻觅不到他们的踪迹，一旦想休息一下，常常是刚刚把饭碗端在手里，山贼就如鬼影一般倏然闪现，暗箭从四面八方飞来。领军之将校若是恼羞成怒，下令放下饭碗去追，那就更惨，往往会跌入陷阱，或者中了埋伏。对于官军失利的原因，都归结为一条：山贼熟悉地形。王阳明刚刚看过的材料中，有好几份长篇累牍的军情分析报告，也是这么总结的，然而王阳明并不认同。他的脑海中跳出两个字：情报！这才是山贼真正的制胜法宝。官军在明处，山贼在暗处，更可怕的是，山贼的线人就潜伏在老百姓当中，一旦有风吹草动，消息就像长了翅膀一样，向着山贼的老巢飞去。

实行十家牌法，山贼的情报输送线就被活生生掐断了。但光是这样做是远远不够的，不战而屈人之兵，这是两军交战时的上策，但对付冥顽不化的山贼，仗还得打上几场。所以王阳明的第二招棋，就是选练精兵。兵贵精而不贵多，这一路走来，路过不少军营，对于官军的整体素质，王阳明感触颇深，一句话：靠这些人去打胜仗：悬！军官大多脑满肠肥，士兵大多面黄肌瘦。也见到过一支威武雄壮的，个子不高，满面虬髯，浓密的胸毛一直延伸下腹，胳膊上的肌肉像铁蛋，一个个凶神恶煞似的。那是狼兵，来自广西深山，虽是头一回见到，但王阳明一点也没感到陌生，相反，倒是觉得有几分亲切。因为他们的穿着打扮，举止言行，跟当年他在贵州龙场当招待所长时，每天打交道的土著十分相似。果然，这些狼兵，就是少数民族，他们是大明王朝雇佣的职业军人，某种程度上，相当于“消防军”，哪里有山贼，哪里燃起了造反的“山火”，他们就被派到哪里去“救火”。狼兵战斗力很强，很肯吃苦，而且因为来自同一个部族，内部相当团结，像极了山林中的成群结队捕食的狼群。对付山贼，狼兵有些效果，但因为数量太少，当山贼已经形成燎原之势时，他们只能起到局部“控火”的作用，要想把火种全部灭掉，那是绝无可能的事。

然而十分糟糕的是，对于火灾现场的老百姓来说，狼兵的到来，相当于火上浇油。狼兵还有个特点：组织纪律性极差，除了打仗。仗不是天天打的，但日子是天天要过的。一旦闲下来，狼兵只干一件事：扰民。他们驻扎的地方，鸡飞狗跳是必然的。鸡飞一阵子，狗跳一阵子，一切便归于安宁，因为鸡和狗都进了他们的肚子。饱暖思淫欲，接下去的日子，驻地的女人便跌入了水深火热之中。狼兵一个个剽悍野蛮，参军前生活在原始森林中，根本不懂什么礼义廉耻，只知道水库的水满了就得泄洪，有时找不到年轻女子，见到老太婆也扑上去。而且三五成群，嘻嘻哈哈，在大庭广众之下，就完成了最原始的举动。

本土官兵不给力，狼兵又靠不住，王阳明才决定选练精兵。南赣汀漳等六个市，王阳明明确部署，每个市向军区选送五百精兵，统一的要求是：人品好，会武功，肯服从。军人以服从为天职，王阳明在会上反复强调。

十家牌法很快贯彻下去了，无论在城市还是乡村，家家户户，老老小小，都成了密探，一大批四处游走的特务被揪了出来，审问之下，果然是山贼派来打探消息的。然而官军还是一次次扑空，不知为什么，山贼的嗅觉依然很灵敏。几个市长都有些泄气，纷纷交头接耳议论起新来的边区政府主席：创新思维好是好，可惜不管用。

王阳明不信这个邪。他始终坚信，山贼是人不是神，他们能得到情报，一定是有原因的。最近一段时间，他觉得有些地方不对劲，仔细捉摸了好几个晚上，发现疑点来自一双闪烁不定的眼睛。眼睛长在一个双鬓染霜的师爷脸上。师爷当然是绍兴人，姓毛，是王阳明的老乡。初来乍到，王阳明许多问题都向毛师爷请教，听说他已经在江西呆了近三十年，完全是一个江西通了。然而跟王阳明在别处见到的师爷不同，毛师爷态度不冷不热，而且总是一副若有所思的样子。师爷都是读书人出身，本来就是智者，但这种睿智是深藏于心，不露于脸的。如此说来，毛师爷脸上表露出来的，是刻意而为之的东西？那么，他心中藏着的，就是不愿让人见到，甚至是见不得人的东西？想到这里，王阳明心中一凛，觉得自己是不是太阴暗了？但思前想后，还是决定派人去查一查。

果然查出了名堂。疑点来自于毛师爷的私人生活。上班的那八小时，毛师爷兢兢业业，当好智囊，写好文件，搞好协调，但凡师爷的本职工作，他都干得非常出色，几乎找不到任何瑕疵。密探发现一个有趣的现象，工作岗位上的毛师爷，一本正经，从不跟同事开玩笑，俨然一副正人君子的样子。然而下了班之后，却完全变了一个人，变成了一个寻欢作乐的浪荡公子。

毛师爷单身，独自住在城郊一个僻静之处。隔三岔五，会有神秘女子悄悄踅进他的家中。尽管用巾帕蒙着头遮着脸，看不出长相，但从身材和走路的姿势来看，都很年轻，顶多二十多岁。神秘女子高矮胖瘦各不相同，显而易见不是同一个人。神秘女子的到来，每次都是深更半夜，进屋之后，映在窗户纸上的烛光很快熄灭。秘探蹑手蹑脚走近窗口，用舌尖舔破窗户纸，然而里面却是漆黑一团，什么也看不见。眼睛看不见，耳朵却听得一清二楚，越来越急促的喘息声，伴随着一浪高过一浪的尖叫。秘探惊叹之余百思不得其解，这个毛师爷，年纪一大把，身子骨瘦得像根黄瓜，看上去手无缚鸡之力，在床上怎会如此有劲？

深入调查之后，毛师爷的秘密水落石出。那些女子，是山贼送过来孝敬师爷的，她们本是良家妇女，丈夫在跟官军作战中英勇牺牲，对官府恨之入骨，所以心甘情愿献出自己的身体，干起秘密工作。山贼贿赂毛师爷的，不光是美女，还有金钱，毛师爷被捕之后，从他的单身公寓里搜出来的银元宝，就装了满满麻袋，一个身强力壮的小伙子，双手用劲，才勉强拎得起来。

原来，这个毛师爷，出身豪门，一生下来，就有两个奶妈伺候，小时候吃得好，身体的底子打得结实。一般富家弟子都有些叛逆，毛师爷从小不爱读书，考了一次又一次，却连秀才也没考上，活活将老爸气死。自己当家之后，挥霍无度，很快坐吃山空，只好漂泊江湖，靠着小时候攒下的那点文化底子，靠着绍兴人的牌子，靠着机灵的本性，给官府当幕僚，俗称师爷。职业生涯最初的那段日子，并没有像他预料的那样顺畅，原以为当个师爷，也就是写写说说，这有何难？但当时的小毛没有悟透，师爷其实就是高级仆人，在主子面前，必须低三下四。一向养尊处优，心高气傲的小毛，却从来不知低调为何物，在主子面前高谈阔论，在同事面前展露才华，几次三番，他中了暗箭，莫名其妙被炒鱿鱼。后来他渐渐学乖了，知道言多必失，学会察言观色。然而心底里并不服气，总觉得上苍不公，怀才不遇。当师爷是个苦差事，工资低，待遇差，最难以忍受的，是漫漫长夜的寂寥。小毛变成老毛之后，许多地方都变了，包括性格、处世方式、人生观和价值观，唯一不变的，是对异性的痴迷。每到一个地方，毛师爷首先要踏访的，不是风景名胜，不是商业中心，而是青楼。然而青楼价高，凭他的收入，难以做到经常光顾。纳个小妾或者包养二奶吧，每天面对同一盘菜，又觉得乏味。纠结痛苦了好多年，机会终于送上门来了，是山贼。那边提出，只要师爷提供情报，任何事情都好说，金钱美女，统统不成问题。经过多年打拼，毛师爷那时已经上升为师爷头子，在省政府核心部门上班，是领导身边的贴心人，手头掌握的情报一抓一大把。起初他有些害怕，有些犹豫，但当山贼派来的美女敲开他的房门，脱得赤条条爬上他的床时，他便将一切烦恼丢在脑后，与美女一起直飞向欢乐的云霄。

抓了毛师爷后，王阳明并不觉得事情可以就此结束，因为他认为，在军队和政府中，各到各处潜伏着山贼的情报人员，有的说不定就在自己眼皮子底下，不能就此掉以轻心。接下去，他使了一计。召集文武官员，召开剿匪紧急会议，经过讨论，当场拍板，明天围攻某个山头。这个消息很快传了出去。山贼连夜转移，折腾了整整一个晚上。然而天亮了，不见官军来袭，太阳直上三竿了，还是不见官军的半个影子。这是怎么回事？原来王阳明是虚晃一枪，官军吹响集结号后，他却下令取消行动，原地待命。大半个月里，这样的事情一连做了五六次，官军倒是没有什么，就算是多了几次操练吧，山贼可被折腾苦了，携妻将子，坛坛罐罐，粮食被褥，从一座山搬到另一座山，累得快要吐血，却什么动静也没有。之后王阳明下令，部队和政府机关里，只要是神情沮丧，或者鼻青脸肿的人，统统给我抓起来。下属十分迷茫，心想主席大人是不是发神经病了，心情不好，在家里跟老婆吵架难道也有罪啊？看样子这个公务员真不是人当的。然而抓起来的这些人，一经审问，十之八九果真是山贼的卧底。另外的十之一二，是意志比较坚强，或者说意欲顽抗到底的，不过经过严刑拷打之后，最终也都交代了。原来并不是王主席擅长看相，而是他判断，这些卧底因为完不成任务，被领导批评，轻则挨骂，重则挨打，一次两次可能还熬得过去，次数多了，时间久了，必定会现出蛛丝马迹。王主席果然神算，石头一块块浮出了水面。

王阳明决定真正动手了。撕破了他们密布在民间和官府的情报网后，他认为，山贼就是一群瞎眼狼。

第四部分
破山中贼易

南赣汀漳边区，这片盗匪横行，民不聊生的土地，许多前任栽在这里，仕途也因此涂抹上不光彩的纪录。然而一介书生王阳明，却凭着心中的勇毅和智慧，将悍匪们分头击破，一网打尽。

1. 直捣匪巢，书生弯弓射大雕

枪杆子里面出政权，王阳明早就悟出这个硬道理。人到中年终于当上边区政府主席，然而这主席的宝座底下是一座活火山，那就痛痛快快打一场吧，用心中的水，去浇灭现实的火。

在铲除危险的潜伏者的同时，王阳明将心思更多地花在了研究自己的对手上面。他发现，山贼虽然人多势众，但并非无懈可击，他们的最大软肋，是内部没有拧成一股绳。活跃在漳州一带的有两股，头领分别是詹师富和温火烧。在赣州讨生活的，是卢珂、郑志高，在南康兴风作浪的，是谢志珊、蓝天凤，在汀州占山为王的，是池仲容。这些山贼，虽然平时沆瀣一气，遇到官军进剿时，相互通气，相互帮助，但心并不是很齐，特别是划地盘和分赃的时候，常常会闹矛盾，甚至刀枪相见。相比于高举“分田地、均贫富”大旗的农民军而言，山贼的理想境界要低得多，他们中大多数没有人生目标，混一天算一天，今朝有酒今朝醉。他们当初的揭竿而起，并没有官逼民反的悲壮，那个年月，只要老老实实、勤勤恳恳干活，饭还是吃得饱的，无非是吃得差点，碗里很少能见到肉星罢了。他们当中的绝大多数，本来就不是什么良民，平时好吃懒做，有的还沾染了偷窃、赌博的恶习。第一个敢于吃螃蟹，上山落草者，发了横财，吃香的喝辣的，还泡上了小妞，引得同类眼睛发红，口水直流，渐渐的，上山的人越来越多。社会风气的转坏，不是一朝一夕的事，所以要让它好转，也不是今天领导发话，明天群众就会响应。再加上官府一向对山贼采取斩尽杀绝的态度，以至于事情越闹越大，对立情绪越来越严重。到后来，一些鸡毛蒜皮的小事，本来属于人民内部矛盾，也因为误会，因为坏人的挑拨，变成了敌我矛盾。比如每年秋收，官府下乡征粮征税，难免跟老百姓有些摩擦，特别是那些灾年，粮食歉收，除了那些地主，家家户户没有多少节余，官府的多如牛毛的税收却照征不误，老百姓心里窝了一团火，经山贼一煽动，官员就被围殴，打伤打残甚至打死是常有的事。政府采取高压政策，抓一批关一批，以为能起到震慑作用，岂料雪上加霜，双方的心结越打越死。越来越多的良民投诉无门，负气出走，投奔山贼。

王阳明在用心思考，他觉得，政府机关应该调整工作作风，要情为民所系，利为民所谋。上任的短短几个月时间里，他召集相关部门，研究制定了一系列惠民政策，并且要求各市县加紧落实，一定要落到实处。然而冰冻三尺非一日之寒，何况政府受制于中央，在减税政策上，本来就没有多少话语权，现在凭一己之力，根本无法从根本上改变现状。所以，他认为，对付山贼，不能光靠怀柔，对那些死硬的，意欲顽抗到底的，还是要用拳头，起到杀一儆百的作用。

在军区作战指挥室里，面对地图和沙盘，王阳明久久伫立，仿佛一座石像一般。刚才他和手下的将领有过一场激烈的争论。那些将领给他提供了一组数字：据不完全统计，目前整个边区四省六府山贼的人数是三万八千人，而边区政府军区可调动的兵力，是八千人，也就是说，相当于山贼的一个零头。正在训练的精兵，总数是两千，虽然素质不错，士气也相当旺盛，但毕竟组建时间不长，训练尚未到位，而且没有作战经验，所以，眼下，向山贼开火，似乎不是时候。众将建议主席向中央申请，派驻剿匪援军，如果能派来大队的狼兵，那就最好不过……

王阳明当即否定了这一建议。他拍板决定，不向中央要一兵一卒，更不能申请狼兵，老百姓吃的苦还少吗？现有的那批狼兵，也得马上将他们遣送回原地。至于正在选练的精兵，此次作战只能作为预备队，让他们体验一下战场气氛，决不能让他们打头阵。

王主席王司令的部署让将领们面面相觑，心里几乎同时冒出一个念头：主席大人是不是疯了？

“就这么定了，本次行动总指挥，由本人担任!”王阳明的话掷地有声。

天光已然暗了下来，众将早已离去，王阳明依然一动不动地站在那里。时光逆转，无数往事在脑海中闪现。在余姚老家门前那棵百年香樟树下，王阳明和小伙伴们在玩打仗游戏，那个时候，他是孩儿王，站在一口水井的圈沿上，俨然战场上指挥千军万马的将军。进攻、包抄、战斗，再进攻，记忆中没有退缩。一次敌人实在是太强大，那是邻村赶过来的一群大孩子，将王阳明的“军队”打得落花流水，一直打到了“军中账”，护驾的亲兵们早已逃走，只剩下他一人孤身站在井沿上，挥舞着手中的那根树枝，左劈右砍，苦战不退，不料脚下一滑，跌进了井中，若不是动作敏捷，一把攀住了井沿，那就得去尝尝井底之蛙的滋味了。饶是在如此危急关头，他依然镇定自若，并且坚强勇敢，对于“敌人”伸过来的几双援手，置之不理，使出了吃奶的劲，靠着自己的力量，吭哧吭哧地爬了出来，拾起地上的树枝，准备继续战斗。“敌人”被他的顽强吓得目瞪口呆，最终落荒而逃。这个回忆让王阳明心跳加快，呼吸急促，心中充满愉悦。战斗，胜利，靠的就是顽强与无畏!

王阳明决定先对詹师富和温火烧下手。这两股山贼盘踞在漳州一带，而从地形上看，漳州地势较为平坦，相对有利于进攻方。然而从以往的战例来看，漳州剿匪官军败仗打得最多，损失也最为惨重，原因很简单，在全省大大小小几十股山贼中，詹师富和温火烧最凶恶，而且情报系统也最为完善。如今，实行了十家牌法，对政府和军队的“内鬼”也进行了深度挖掘和清洗，山贼的两条腿已经被砍去了一条，看他们还往哪里跑？

听说要去跟凶神恶煞般的詹、温打仗，那些将领吓得浑身冒冷汗。私下里商量了一阵，相约集体跑进总司令的办公室，建议改变征剿对象，先打卢珂，这是山贼中实力最弱的一支，柿子嘛，应该先拣软的捏。王阳明一口否定，语气很严厉，根本没有商量的余地。他认为，先将硬柿子捏碎，软柿子们才会乖乖地举手投降。

詹师富和温火烧是一对好兄弟。上山落草之前，彼此就很熟悉，有一段时间，他们每天都去同一个地方：赌场。詹师富长得很胖，夏天还没有到，就敞胸露腹，坐在那里，活像一尊弥勒佛。温火烧是个瘦子，身子细得像麻秆，大腿还不如詹师富的胳膊粗。胖子一般都慢条斯理，而瘦子常常火急火燎。两人的性格在押宝上表现得淋漓尽致，詹师富大多数时间都在观察，骰子开十盘顶多出手一次。而温火烧却是火烧屁股，根本坐不住等不及，每次都要把钱押出去。在赌场里，动得越多死得越快，很快，温火烧的钱“烧”光了，在一边抓耳挠腮，手头能抵押的东西全都换成了筹码，别说房子，连老婆孩子也质给了别人。温火烧原先家境不错，一门独苗，老爸传给的家产颇为丰厚，一个大院落，两家店面，还有几千两白银，如今口袋里连买个烧饼的铜钱也摸不出来。

见温火烧抓耳挠腮的猴急样子，詹师富决定出手帮他一把。不过这忙不是白帮，扔过去一小锭银子后，詹师富胖胖的食指勾了几下，示意温火烧先别急着押宝，过来一下，自己有话要跟他说。温火烧屁颠屁颠地跑了过去，现在，只要有人给钱，那就是他的爹。詹师富交代一件事情，是让温火烧去帮他收债。在赌场上，因为出手次数少，再加稳、准、狠，詹师富赔少赚多，每个月头下来，吃过用过，手头还能多多少少攒些银两。钱多了就想钱生钱，詹师富风险投资意识很强，知道鸡蛋不能放在同一个篮子里，天天在赌场里混，就像是在刀尖上走路，倾家荡产的悲剧见得多了，所以他绝不会将钱全押出去，那种蠢事，只有温火烧之流才会去干。当然，他不会去买田地或者做实业，前者增值速度太慢，后者需要精心打理，自己没这个空闲和兴致。想来想去，想出了一个门道，放高利贷。在赌场里，这种业务火得很，利滚利，驴打滚，钱就像春天地里的庄稼一样，隔个几天就长高一截。不过这业务也有一块短板：还款不及时，经常遭遇拖欠，甚至赖账。刚才詹师富交代温火烧去做的事，就是帮自己把欠款要回来。至于主动借给温火烧的银子，他早就想好了，不打算还回来了，算是雇佣这瘦猴的工资，詹师富心里一清二楚，温火烧连老婆孩子都敢输，若是借钱给他，无异于肉包子打狗，所以，与其向他放高利贷，不如让他去催讨高利贷。要把这头不怕开水烫的死猪，打造成一条四处乱咬的恶狗。

起初，这一胖一瘦俩家伙配合得挺好，一个放债，一个讨债，詹师富稳坐钓鱼台，温火烧充当急先锋。然而好景不长，讨着讨着，温火烧被人揍了一顿，赌徒都不是好惹的，为了赌博，连身家性命都敢押上去，还怕你逼债不成？被揍得鼻青脸肿的温火烧，回去向詹师富诉苦，本以为会被安抚一番，至少请顿小酒压压惊，不料那个没有良心的胖子不但没有半句好话，还立马翻脸，左右开弓，赏了他两记大耳刮子。从此之后，两人之间心生裂隙。常在河边走，难免不湿鞋，饶是詹师富盘算周密，出手谨慎，还是输给了庄家。庄家一定棋高一着，不然开着偌大一个赌场，配备了这么多的人手，靠喝西北风吃饭？他们早就瞄上詹师富了，这个家伙，赢多输少，每月都有大笔银子进账，这分明是跟咱抢碗里的肉啊！更有甚者，还放高利贷，这本来是庄家垄断的行业，还让人做不做生意了？骰子等工具都是庄家掌控的，里面当然做过手脚，神不知鬼不觉，詹师富一步一步被引着往圈套里钻，终于，扑通一声一头栽进陷阱，经年累月攒下的银子，连本带利，全部还给了赌场。

一文不名之后，詹师富想起了自己的赌友：温火烧，现在，他们之间的关系，再也不是什么老板和打工仔，然而四处找寻，却不见他的踪影。原来，因为断了经济来源，温火烧变得无依无靠，在赌场里混了几天，被保安赶了出去。

一天，詹师富在当铺里当掉了自己的上衣，换了一顿饱饭。他人胖胃口大，输光了钱之后，就用身上的衣物换吃食，很快就只剩个光膀子了。半夜里，冻得瑟瑟发抖，在街头找不到一个栖身之所，就到处胡走，借此暖暖身体。走着走着，看到前面有个桥洞，洞里透出一团亮光，心中一暖，就快步上前。一看，里面蹲着一个人，正在烤火，火上还架着一样东西，发出滋滋的声音，还随风飘来一阵香气。詹师富听到自己肚子一阵咕咕叫，心里懊恼，拼命咒骂自己这胃，真是个吃货，消化功能贼强贼强的，一个时辰前，用最后一件衣服换来的那些吃食，现在已经掉进肠子里了。犹豫了一下，他还是向着火堆走去，尽管心里明白，那是叫花子的地盘，丐帮不好惹，十有八九会被赶出来，说不定还得挨上几记打狗棒。

桥洞下烤火的那个人是背对着他坐着的，当他听到脚步声，转过脸来时，两人都吃了一惊，面面相觑之后，异口同声喊道：是你！

不是叫花子，是温火烧，这让詹师富长长地舒了一口气，一屁股坐在地上，望着火上那串吱吱冒油的东西，用鼻子抽气起劲闻了几下，确定这是肉，至于是什么肉，暂时不得而知。是肉总归是好的，已经好几天不知肉味了，詹师富也不客气，拿起那个肉串，呼呼吹了几下，狠命地吃了起来，肉很烫，但管不了那么多了，龇牙咧嘴地啃着。温火烧在一旁目瞪口呆，一颗心一抖一抖的，好疼，等他反应过来，想起眼面前这个人早已不是自己老板，干吗还要跟他客气时，那串肉已经大半进了詹师富的大肚囊。温火烧一把抢过肉串，翻了一个白眼给昔日的老板，转过身去，顾自吃了起来。他那尖尖的脑袋，细细的手臂，从侧面望过去，像极了一只老鼠。

“哎，我问你，这是什么肉？”詹师富抹了把油嘴，问道。

“地上爬的。”温火烧没好气地说。

“地上爬的？”詹师富沉思默想了一下，觉得这种东西多了去了，猜不出，又追问一句：“到底是什么玩意？”

“洞里钻的。”温火烧继续玩猜谜游戏。

“什么啦，乱七八糟的！”詹师富一掌拍死叮在脸上的一只蚊子，蚊子已经吃饱了血，这让他很懊恼，现在，粮食紧张，一滴血也损失不起啊。

这时，身边传来窸窸窣窣的声音，低头一看，缥缈的火光中依稀可见一只硕大的老鼠，拖着长长的尾巴，慢慢爬过来，它的前方，摆着一只倒扑的箩筐，用一根棍子支着，露出缝隙。很快老鼠爬了进去，只露出一截尾巴。箩筐抖动了一下，扑地一声，罩了个严丝合缝，里面噼里啪啦一阵乱响，那是老鼠在无谓地挣扎。温火烧慢悠悠地站起来，蹲下身去，将手沿着地面伸进箩筐，一阵紧张的掏摸后，揭掉箩筐，那只老鼠被他握在掌心，吱吱乱叫，拼命扭动，忽然，他啊的一声惨叫，高举起手，将老鼠重重在摔在地上，还猛地踩上一脚，不住口地骂道："咬咬咬！敢咬老子！看老子怎么剥你皮、吃你肉！"

"吃你肉?"詹师富心头一凛，一把扯住温火灾烧的裤腿，"喂喂喂！你给我说清楚，吃谁的肉?"那条破裤子不经扯，嗤的一声，又添了一道口子。

"喂喂！你给我轻点，老子就这一条裤子了！难不成明天叫我光屁股到街上去啊!"温火烧十分懊恼。

"到底是什么肉？我说是我们吃的!"詹师富还在纠结，"莫非就是这老鼠肉?"他心存最后一丝侥幸，希望得到的回答是否定的。

"不是这玩意还能吃什么?"温火烧拎着硕鼠的尾巴，仔细端详着，还咂巴了几下舌头。詹师富却再也控制不住了，哇的一声，把刚才吃进去的东西全给交代了。

"可惜啊可惜!"温火烧看着地上的秽物，皱起了眉头。这捕鼠之术，是一个叫花子教给他的，那天，他漫无目标的地四处游荡，走到桥洞底下，看到一个秃顶叫花子躺在那里，病得奄奄一息。不知怎么搞的，温火烧良心发现，做了一回好人，帮叫花子打水做饭，救了他一命。其实并非良心发现，而是贪图叫花子的布袋里的吃食，有米有面有苞谷，好像一个小粮仓，再往里掏，还有几只风干老鼠。病好之后，老叫花子到别处去行乞，把桥洞让给了温火烧。临走之前，还把诱捕老鼠的绝技和工具传给了他。

那天晚上，詹师富和温火烧一起探讨人生和前程，商量到后半夜，两人统一了思想，一起行动，来到赌场老板所住的豪宅之前，用鼠药毒翻了看门的两条狼犬，翻过墙头，摸进厨房，拿了几把菜刀之后，将睡得正香的老板一家尽数砍死在梦里，翻箱倒柜掠走全部金银细软，上山落草为寇去了。

上山之后，起初两人在一起干，后来因为分赃不均，再加上在谁当老大这个问题上产生严重分歧。詹师富认为自己天经地义是老大，因为主意是自己出的，况且在上山之前，温火烧就是他手底下一个打工仔，现在给他坐第二把交椅，已经是很客气了。而温火烧却不以为然，那天毒狗的是他，翻墙头的也是他，功劳自己最大，当然要坐头把交椅。

争吵了一阵后，两人分道扬镳，带了一批喽啰，各干各的。当然，毕竟是老朋友，合作还是经常有的，争吵嘛，也是在所难免的。

听完了詹师富和温火烧的故事，一个弯弯绕绕的作战计划，在王阳明的心中酝酿成熟了。他先是带着众将领四周踏看地形，每到一个村子，都要开一个现场会议，布置一下工作，如谁谁在这里防守，谁谁在那边进攻。有下属提醒主席大人，这样开会不好，周围耳目太多，难免泄露了风声。王阳明勃然大怒，把进言者狠狠训了一顿：政府不是已经搞了十家牌法了吗？不是已经清除了内奸了吗？怎么还如此杞人忧天？是不是对政府的决策持怀疑态度？若是怀疑，当初在会上怎么不说？马后炮有意思吗？

下属被骂得冷汗涟涟，心想王主席啊王主席，您真是太书生意气了，清除内奸，难道不会有漏网之鱼？

王阳明当然不会相信没有漏网之鱼。他这样做，是刻意而为之，是他计划的重要组织部分，让消息泄露出去。

在詹师富地盘上开会时，王阳明决定：先打温火烧。因为从现场踏访的情况看，温火烧那边的地形更利于进攻，而且，相对而言，温火烧的实力要弱一些。詹师富的密探得到这一消息后，马上向领导进行了汇报。那天，詹师富失眠了。他一向睡得很好，心宽体胖，心态好，这是成功的秘笈。多年前在桥洞里，跟温火烧密谋决定去杀了赌场老板一家后，月亮还未上中天，所以他们决定再等上一个时辰。坏人干坏事前，一般都是掌心出汗，心跳加剧，然而詹师富却十分淡定，看看时间还早，竟然眯了一个小觉，眯得很熟，还打了鼾，流了哈喇子，这让在一旁咬着指甲，焦虑不安的温火烧十分羡慕嫉妒。失眠的原因很简单，有一件事让他十分纠结，那就是：要不要把情报透露给温火烧？真的是左右为难。从真实情感上来讲，是不想告诉，看着官军把温火烧灭了，绝对是一件快乐的事。这个温火烧，原本是自己手底下一个打工仔，让他站就得站，让他坐就得坐，他往东不敢往西，上山之后，却跟自己闹别扭，后来竟然另立门户，这些年来，老是跟自己争风头。然而理智又让他觉得，不能看着自己的同伙灭亡。唇亡齿寒，詹师富虽然没读过什么书，但道理还是懂的，而且他自认为自己一向有远见卓识，站得高，看得远，所以才成就了今天的大事业。从两人各自占据的地形上来看，一个在东，一个在西，刚好可以彼此遥相呼应，牵制官军的兵力。这些年来，他们一向是这么做的，配合得非常成功。若是只剩下自己一股，那么，官军就能全力以赴，关门打狗。一想到自己给围在山里头，詹师富就不寒而栗。这是最可怕的，到时候坐吃山空，那可如何得了？詹师富最怕饿，饥饿曾经在他的记忆中烙下过无比痛苦印记，想到这里，肚子咕咕直叫，他干脆从床上一把拗起，抓起床头一条鸡腿，一阵猛啃。他的床头柜上，每晚都放着一只大盘子，里面装着各种美味，哪怕是不吃，在梦里闻着香味也好。

啃完了鸡腿，他一拍大腿，做出了一个艰难的决定：派人连夜赶赴温火烧的山头，把官军即将进攻的情报火速传递过去。信使刚要出发，詹师富又一把将他拦了下来，命他捎个口信过去，这个口信，其实是个建议：对官军发起进攻，先下手为强！

正当詹师富的信使快马加鞭的时候，温火烧那边也得到了情报：官军准备进攻詹师富。那天，从詹师富那边回来后，王阳明带着众将在温火烧的地盘边上转了一大圈。转完之后，临时召开一个紧急会议，会上，王主席王司令拍板：调转枪头，将进攻的对象改为詹师富。众将面面相觑，这个王主席，主意变得也太快了，昨天还在叫嚷着要先打温火烧，今天怎么又改成了詹师富？王阳明似乎也看出了众将的情绪，在会上解释说：虽然温火烧弱小一些，而且这边的地形也适宜进攻，但想来想去，觉得还是应该不畏艰险，迎难而上，唯有如此，才能提振士气，赢得民心！

这个消息也很快传了出去，传到了温火烧耳朵里。与此同时，詹师富的信使也赶到了，把官军即将向他们发起进攻的绝密情报呈上，并且带来了自己老板的建议：先下手为强！温火烧心里有些感动，这个死胖子，平时跟自己疙里疙瘩，关键时候，却是兄弟情深，当年一起在桥洞下生火取暖的情景，一瞬间浮现在眼前，仿佛昨日一般。虽然目前情况已经有所变化，胖子送来的这个消息，已经毫无用处，但千里送鹅毛，礼轻情义重，何况当时胖子刚刚打探到消息时，这消息绝对价值千金啊！

温火烧毫不犹豫地将自己刚打探到的消息告诉了信使，并且也提出了自己的建议，跟詹师富的一样：先下手为强。

带着这十万火急的最新消息，信使连夜赶了回去。听说官军改变了主意，要先向自己开刀，詹师富急了，觉得温火烧说得不错，必须先下手为强。就算是瘦子不说，他自己也是这么想，也会这么去做的。

黎明前最黑暗的那一刻，詹师富的人马下山了。这回他亲自带队，精锐尽出。悄无声息地走山路是山贼的看家本事，很快，他们摸到了官军驻扎的大营前。远远望去，大营内静悄悄的，只有几盏相隔很远的灯，发出黯淡的光芒。营门口值哨的几个小兵，坐在地上，怀里抱着红缨枪，头歪在一边，一动不动，睡得正香。詹师富觉得好笑，如此军纪涣散，还口口声声要剿匪，再看看自己身边这些精神抖擞的喽啰，真不知道谁是匪谁是兵？他下令喽啰一个接一个，往官兵的军营内摸去，别去管门口那几个睡得正香的官兵，当然了，派几个精干点的盯牢了，若是醒过来了，立即将他们做掉！

那几个值夜的官兵睡得真死，当山贼全体鱼贯而入军营时，他们还半躺在那里一动不动，竟然连翻个身都没有。见同伙们全都进去了，消失在茫茫黑暗中，最后那几个山贼有点按捺不住了，并非杀敌心切，而是觉得不划算，这次偷袭，必然是一场毫无疑问的胜仗，打了胜仗，就必然会有缴获，到时别人大包小包扛出来，金子银子装满袋，而自己，守在这里，还不是空屁一个？这几个小兵，身上会有什么值钱货？想着想着，一个山贼一手持刀，一手伸向小兵的怀中，说不定能摸出一个大皮夹来？如果没有，就给他一刀，宰了这穷鬼，自己也好早点到里面去发财。这么想着的时候，手摸到的却是硬邦邦、冷冰冰的玩意，再往里掏，竟然掏出了一把稻草。怎么回事？躺在地上的这几个人，竟然全都是稻草人！

这时，突然一阵惊雷响起，紧接着火冲天而起，再紧接着，呐喊声震天动地。冬天怎么会打雷？当这个发财心切的山贼想站起来看个究竟时，他的后背一凉，前胸一热，低头一看，惊恐地发现，一个尖尖的东西，正从自己胸口钻出来，那分明是一根长矛的矛尖，矛尖上挂着一滴硕大的血珠，“吾命休矣！”他想起了一句戏文，与此同时，他的灵魂离开了自己的身体，向着天空飘去。在天空中，大地是那样的辽阔，一切尽收眼底。他俯瞰到，自己的身后，站着一个雄赳赳的官兵，他正将长矛从一个抽搐着的身体中抽出来，那个身体，是那样的眼熟，却又是那样的陌生，眼熟，是因为那分明就是镜中的自己，陌生，是因为那身体看上去矮小猥琐，特别是侧面，薄得像纸，和那虎背熊腰的官兵相比，反差是如此的强烈，怎么也不敢相信，这就是自己！

喽啰飘飞的灵魂有所不知的是，那个用长矛刺穿过他身体，夺走他生命的人，并非往昔的官兵，而是王阳明刚刚训练好的精兵，怪不得看上去如此威风凛凛，如同天神下凡一般。今天他们第一次踏上战场，就将曾经横行江湖，不可一世的詹师富打得落花流水。这场伏击战是王阳明一手策划指挥的，年少时对军事的酷爱，熟读兵书的积淀，终于转化为了现实的力量。

望着伏尸遍野，血流成河的战场，王阳明深深地感觉到，一切尽在心中，心的力量，是无穷无尽的，仿佛头顶璀璨的星空。心有多远，路就有多远。

被几个亲信架着，詹师富一路狂奔，好不容易逃到林子里，收拢残兵败将，带来的人马，只剩十之二三。喘息未定，他便发出狼嚎一般的叫声，叫完之后，又对天诅咒，一个名字不断从他肥嘟嘟的嘴唇里蹦出来，这个名字，曾经是他的朋友，现在，却是不共戴天的敌人：温火烧。

性情一向多疑的詹师富，不光怀疑温火烧有意陷害自己，而且甚至怀疑他跟官兵勾结，欲将自己置之死地。所以当温火烧派信使来求救，说是官兵正在围攻自己，希望詹师富出兵帮一把时，他二话没说，命手下将信使拖出去一刀宰了。

三天之后，詹师富的密探带回来消息，说是官兵温火烧和官兵打得正起劲，从场面上看，是真打绝对不是假打，这伙官兵，特别剽悍雄壮，个个武艺高强，锐不可当，好像就是上次伏击咱们的那伙，温火烧节节败退，已经退到了半山腰，看上去有点吃不消了，咱要不要兵帮上一把？……

“不帮！”詹师富吼道。因为嘴巴里塞着一块肥肉，正起劲地嚼巴着，所以声音听上去有点含含糊糊。

“是帮还是不帮？”山寨的老二、老三心存侥幸，试探着又问了一句。

“不帮！当然是不帮！”詹师富大喊大叫唾沫和肉星子喷了周围的人满头满脸，“你们耳朵吃屎还是脑袋进水？啊？”

又过了三天，温火烧那边逃来一个浑身是伤的小喽啰，哭着喊着说，山寨已经被攻破，他们已经全军覆没。

“那你们老大呢？”詹师富似乎只对这个感兴趣。

“找不到了，带了几个亲信往包围圈外冲，其他人不是死了，就是被官军活捉了，只有咱老大，活不见人，死不见尸，不知跑哪里去了。”喽啰的这番话让詹师富深感失望。温火烧，昔日的朋友，如今的仇人，竟然成了漏网之鱼，这让他心里很不爽。

接下去发生的一切说明，温火烧确实是个幸运之人，至少比詹师富要幸运得多。收拾完温火烧之后，王阳明掉转枪头，全力以赴对付詹师富。对于官军来说，现在，形势非常有利，他们可以专心致志向着一个方向进攻，再也不必担忧后院起火，腹背受敌。包围圈越来越小，人心开始浮动。这些威风一时的山大王，露出了昔日强盗、小偷和赌徒的本色，一个个想方设法保住自己的老命，再也顾不上团队的利益了。詹师富身边的人越来越少，最后的日子终于到来了。这个时候，前面是排山倒海涌来的官兵，后面是一面悬崖峭壁，詹师富和几个死硬到底的亲随，退到了崖边上，再退一步，就是粉身碎骨的结局。一个亲随拣起一块石头，向悬崖下一丢，好半天才听到石头落地的声音，那样的遥远，那样的虚弱。他索性将手中的刀也丢了下去，一屁股坐在地上，号啕大哭起来。

"混蛋，给我站起来!"詹师富踢了他一脚，这家伙哭得更加起劲。悲伤和绝望是会传染的，另外几个凶神恶煞也都软瘫在地上，在那里瑟瑟发抖，像极了一群待宰的绵羊。

"完了，这下彻底完了!"詹师富自己也手脚发软，当啷一声，手中那把从来没有砍过人，只是用来鼓舞士气的宝剑也跌落于地。他本来还指望着这几个最贴心的亲随想点办法，比如攀着崖壁上的藤蔓，像猴子荡秋千一般荡到对面山头上去。尽管心底早已意识到，这种指望只是一种幻想罢了，就算手下有这样的勇气和本事，但自己的体重却严重妨碍了从幻想到现实的升华。

那么，一死了之吧，一了百了。向着悬崖的边缘，詹师富向前一步，再向前一步，一步一个脚印，一只脚已经悬在空中，只要调整一下身体的角度，稍稍向前倾斜，他就可以获得自由飞翔的机会了。一阵山风吹过，前所未有的凛冽袭遍全身，在那里呆立了好久，詹师富心中却挤不出半点跳崖的勇气。机会稍纵即逝，当几双手同时伸过来，牢牢将他扭住，一根长长的绳索，像一条蛇一样盘上他的身体，将他捆得像个粽子的时候，詹师富才发觉，捆自己的，不是官兵，而是自己的亲信。

他们这样做，也是不得已而为之，生死关头，求生的本能，让他们选择了背叛。好死不如赖活着，山贼们本来就没有什么崇高理想，本来就是乌合之众，危难时刻土崩瓦解那是自然而然的事。

“拉出去斩了!”当詹师富被押进中军帐时，王阳明头也不抬地说。之前他已经翻阅了一些档案资料，这个詹师富，是整个边区众山贼中最顽劣的一支，为害百姓不说，还曾经杀过被俘的官兵，属于十恶不赦的那种，杀之顺应民心。

2. 循循善诱，笔墨神功胜刀枪

为善去恶，这是王阳明一生追求的理想，只要心存一丝良知，就要竭尽全力去拯救，对付山贼，斩尽杀绝并不是最好的办法，让坏人变成好人，必须用关爱去敲开锈蚀已久的心扉。

凯旋的锣鼓声伴随着战士的欢呼声响彻云霄，然而望着尸横遍野，一片狼藉的战场，王阳明的内心却久久不能平静。那些倒伏于地，身首异处的山贼，几年、几个月抑或是几天之前，绝大多数是老实本分的农民，面朝黄土背朝天，只要天可怜见，只要能不让肚子长久地饿着，他们会跟着一小撮流氓无产者去跟官府作对吗？答案当然是否定的。从京城到地方，一路走来，王阳明感触最深的，是农民的艰辛。“长太息以掩涕兮，哀民生之多艰。”楚大夫屈原这么感叹过，相隔千年的大明王朝，农民的日子怎么还是老样子？镇压、杀戮，可以平息一时的动乱，求得一短暂的安定，但能够长久吗？王阳明的思绪像天上的云一样飘动，转眼飘到了更早的夏朝，治水英雄大禹降伏洪水的秘诀，是一个“疏”字，如果大禹也像他老爸鲧一样用“堵”来治水，他会成功吗？他能开启一个时代吗？大禹治水十三年，期间三过家门而不入，终于在绍兴的会稽山下，将洪水引入了无边无际的大海。大禹死后葬在绍兴，这是王阳明的老家，小时候，爷爷好几次带着他游览大禹陵，所以他早就领悟了“堵”与“疏”之间的哲学辩证。

必须用“疏”，再也不能让这么多人白白将生命丢掉。王阳明相信，除了詹师富这种无可救药的人，山贼中的绝大多数，一定是良知未泯。

“无善无恶心之体，有善有恶意之动，知善知恶是良知，为善去恶是格物。”

剿灭詹师富后的当天深夜，正当他在灯下想写点什么，又觉得思绪被什么东西卡住了的时候，脑海中忽然跳出这四句诗，冥冥中有如神赐。良久，泪水溢出了眼眶，顺差面颊奔涌直下，沾湿了桌上摊开的那张宣纸。换了一张纸，他一个字一个字记录下这神赐的诗句，口中轻轻诵读，心中充满崇敬。

“无善……无恶……心之体”，人之初，性本善，这是不对的，人生下来的时候，心就像一面明镜，纤尘不染，没有所谓的善，更没有所谓的恶……

“有善……有恶……意之动”，当襁褓中的婴儿渐渐长大，开始牙牙学语，开始蹒跚学步时，善和恶，随着社会意识的萌发，如雨后春笋般破土而出，当然，这个时候，善，占据着主导地位，童心纯真，儿童不会像成年人那样工于心计、损人利己，但为了争夺玩具，他会将别的小朋友推开，将自己心爱的东西牢牢霸占……

“知善知恶是良知”，只有知道自己这样做究竟是对的还是错的，才是一个人心中的良知，良知是茫茫大海中的一座灯塔，是冰天雪地里的一盆炭火，是饥肠辘辘时的一桌美食……

“为善去恶是格物”，格物方能明理，心中要有一面筛子，筛眼细细的那种，流走的是恶，留下的是善，唯有如此，我们才能真正将天地万物“格”

清楚，才能把坏人变成好人……

东方露出鱼肚白时，王阳明又一次在桌上摊开一大张宣纸，他决定写一封信，不是向上级汇报工作公函，也不是向妻子诉说相思、向老爸问候健康、向朋友倾吐心声的私信，因为称呼上有些难处，所以信没有抬头。王阳明奋笔疾书，到了吃早饭的时候，已经写了满满六大张。砚盘中的墨水已经用尽，他用衣袖抹一把额头沁出的汗珠，长舒一口气，吩咐手下：将信交给师爷，一式三份抄写好。

在抄信的时候，师爷忽然激动得手舞足蹈起来，这让在一旁整理文档的几个衙役感觉莫名其妙。这个师爷，一向以沉稳著称，平时不苟言笑，工作踏踏实实，今天是怎么回事？莫非是刚才上班路上拣到了金元宝？

师爷当然没有拣到金元宝，但是，在王主席信中，他惊喜地发现，那真是字字珠玑啊！这封信，写得实在是太好了，虽然没有抬头，但稍稍看了几行，就明白是写给谁的，看到一半的时候，师爷被王主席的文采彻底折服了，在心中发出由衷的赞叹："如果我是山贼，我一定会被感动的……"

官府的信使抵达的第一站是赣州，这里离边区政府最近，这块地面上盘踞着两股山贼，大点的那股头领是卢珂，小点的是郑志高。送信的日子是王阳明刻意安排的，有着特殊意义，那天，卢珂的山寨里正在举行重大节庆活动，主题是祝寿，寿星呢，是卢珂的老母亲。卢珂是个远近闻名的孝子，据他自己亲口所言，当年造反，目的只有一个，让老爹老娘过上好日子。

卢珂出身低贱，家中世代雇农，靠租赁耕种地主柳亘波的几亩水田为生。田是薄田，依山傍水，造别墅倒是个好地方，种粮食却是勉为其难。田里到处都是大大小小的石头，那是被雨水冲刷，从山上滚落下来的，拣掉一批又来一批，无穷无尽让人闹心。但比起旁边那条大河，石头还算好对付，河水像个脾气暴躁、桀骜不驯的汉子，动不动就到岸来折腾一下，把正在吐穗的稻子按在自己胯下，凌侮到半死不活。还有比河更凶的，那就是地主柳亘波。不管是丰年还是灾年，他都会在秋高气爽的那一天，带着管家和一群看家护院的打手，准时到田头来收租。就算石头和河水一起肆虐，庄稼颗粒无收，也照样把一只只空空的，仿佛张着血盆大口的箩筐整整齐齐地摆在你家门前。

卢珂清楚地记得，那一年，家里已经吃了好长时间野菜，吃得自己眼冒金星，两个妹妹更是面带菜色。因为是家中的唯一的主劳力，在餐桌上，母亲总是尽可能照顾自己，自己的碗中，暗绿色的菜叶上总沾着星星点点几粒饭，虽然“星星”是那样的稀疏，而且被泡得又白又胀。看着两个年幼的妹妹眼中的饥火，看着他们枯黄的头发，卢珂想把这珍贵的“星星”拨几粒到她们碗中，然而母亲眼神每次都坚定地阻止他这样做。他也能理解，父亲卧病在床，家中的希望，全都寄托在自己身上了。他猛扒几口菜叶，起劲地咀嚼着，要多吃一点，必须吃得饱饱的，这样等会才有力气到河里去，如果运气好，能摸上来几条大点的鱼，就能到集市上去换点钱，就能买点粮食，就能给父亲买药治病……还有，来年的种子，也指望河里的鱼了……

然而就在此时，院子外传来一阵声响，门被哐的一声踢开了，两个妹妹吓得发出尖叫，卢珂的心别的一跳，仿佛要从嗓子眼里跳出来，这一刻，让全家人提心吊胆的这一刻，终于还是到来了。

柳大财主挺着个大肚子，迈着两条小短腿，在一群人的陪同下，慢悠悠地踱进门来。他的鹰钩鼻油光铮亮，一看就是个肉食动物。“哦哟，在吃饭啊，打扰了打扰了!”卢珂一家诚惶诚恐，刚想站起来，柳叵波摆了摆手：“别客气，你们吃！你们吃!”摆手的时候，亮晃晃的丝绸衣袖滑了下去，露出一截比莲藕还胖还白的手腕。

围着饭桌走了一圈，柳大财主停在了卢珂身后：“哦哟，还行啊，碗里还有米啊，吃得不错！不错!”

“老爷行行好，今年让我们欠一年，明年一定还!”一个虚弱的声音从里屋传出，片刻之后，卢珂的老爸出现了，让所有人都大吃一惊的是，他是趴在地上爬出来的。卢珂跑过去想把老爸搀扶起来，然而他的手被甩开了。老爸继续往前爬，爬一步喘一口气，卢珂看得无比伤心，却又不敢有所动作，尽管已经瘫在床上大半年了，但一家之主的威势还在。终于爬到了柳大财主的脚边，老爸一把将他的腿抱住，用尽最后一丝力气，将头昂起，一字一顿地说："大财主行行好，算我求你了，让我们欠一年吧，明年……明年我们一定还上！"

"卢老汉，在我这里干了这么些年，我柳某人的规矩你应该懂的吧？"柳大财主转身从管家手中那迭厚厚的账本中抽出一本，抖动了一下，"不是我不想照顾你，租我田的泥腿子，登记在册的，拢总有几百个，照顾了你一个，别人怎么办？再退一步讲，人人都想照顾，我柳某人吃什么？还有我这些手下，是不是都喝西北风去？"

"真的求求你了，柳大善人，可怜可怜我们一家吧！"卢老爹的眼眶红了，声音颤抖得厉害。卢珂心如刀绞，在他心目中，父亲一向是个坚强的人，从不轻易求人。

"善人？哼！我倒是想找个善人帮帮我，可惜这天底下善人早就死光了！"柳大财主将胖腿从卢老爹的怀抱中抽出来，"好了好了，别吵了，快点把粮食交出来，省得我搜，免得把你们家里给翻乱了！"

柳大财主说这话时，他的手下已经心领神会，捋起袖子开始各处搜查起来。屋里屋外传来一阵乱响。

"报告大财主，除了这个，什么也没找到！"管家气喘吁吁地跑过来汇报，手里拎着一个又破又瘪的麻袋。卢珂暗叫一声不好，他知道，这里面是家中仅存的一点米。

"哦？这样啊！"柳大财主打开麻袋瞧了一眼，一副若有所思的样子。卢珂以为事情出现了转机，也许，他想，也许，柳大财主，哦不，柳大善人，会发一发善心，破一回例。

"我看这样吧"，柳大财主在屋子里踱了两圈方步，停在了卢珂的两个妹妹身边，"这两个小妮子，长得还不错，今天我就带走了。"

“柳大善人行行好，她们还小，还不懂事，身子骨还嫩着呢，过两年等她们长大一点，再到您府上去当丫鬟吧。”卢老妈护犊心切，跑过来将两个宝贝女儿紧紧地揽在怀中。

“当丫鬟？开玩笑！那不是太委屈她们了？”柳大财主俯下身来，用又白又胖的手掌轻轻抚过两姐妹的面颊，“多么俊俏的女孩啊，就像两朵快要开了的花”，他喃喃自语，“本来嘛，收去当小的也行，可惜今年年成不好，我柳某人也得勒紧裤腰带啊！”

“不要！千万不要！柳大善人，她们还小，你不能干这种伤天害理的事啊！”卢老妈的泪水如决堤的江水奔涌而出。

“善人？伤天害理？你这说的是什么话？我怎么听不懂！”柳大财主的面色忽然变得狰狞起来，“还愣着干吗！还不赶快给我把人拉走！”他转过头去冲着手下大喝一声。

两姐妹被扯离母亲怀抱时，声嘶力竭的哭喊声让卢珂血脉贲张，他眼角的余光瞥见了挂在墙上的那把柴刀，然而，此时，柴刀仿佛离他很远，感觉遥不可及。

“柳大善人，你把她们带走，到底要让她们去干什么？”卢老妈知道事情已经难以挽回，但心中毕竟无比牵挂，所以十分焦急地追问了一句。

“放心，不会让她们吃亏的，到了我那里，野菜是肯定不会再吃了的，饭是肯定能吃饱的，肉么，如果我碗里有一块，一定会均出半块赏给她们的。”柳大财主挺了挺肚子，慢悠悠地说。

“那，那就……谢谢柳大善人了！”卢老妈双膝一软，跪倒在地，朝着柳大财主深深地磕一个头。

当一行人离去的时候，卢老妈追出门去，冲着他们的背影大喊一声：“过两天……我能去看看她们吗？”

柳大财主头也不回地走了，不过远远望去，他似乎做了一个手势，卢老妈的理解是：同意探望！

那天晚上，卢老爹重重地叹一口气，离开了人世。他的眼睛一直没能闭上，尽管卢珂用手一遍遍地抚摸他的眼睑。之所以死不瞑目，是因为记挂着两个尚未长大成人的女儿，到了墙高院深的柳府，她们会好吗？

过了一些日子，卢老妈思女心切，跑到柳大财主家门前，想要进去探望一下朝思暮想的女儿，这当然是一厢情愿，她被拦在了门外，柳府岂是泥腿子随便出入的？她跪在门前，苦苦哀求，整整跪了一天一夜，然而得到的答复是：明年把欠着租子补齐了再说。

第二年，老天总算开了眼，风调雨顺，山上的石头没有滚下来，河里的水没有漫上来，为了早日跟两个妹妹见面，卢珂拼死拼活地干，手上脚上磨起了厚厚的老茧，人倒是高了一截壮了一圈，从一个青涩的少年变成了一个成熟的小伙子。这种变化，在砍柴的时候最有感觉，以前，遇到粗大点的树枝，一刀下去，只能砍出一个小小的缺口，现在，轻轻一挥，刷的一声，树枝就跌落于地，根本不费吹灰之力。柴刀拎在手中，轻飘飘的，好像没有什么分量。以前，砍完一捆柴，累得满头大汗，上气不接下气。现在，身上只是热乎一阵，觉得很不过瘾，就抡开膀子，凭空乱砍一阵，砍着砍着，眼前就浮现出柳大财主那张面团一样的胖脸，那弯弯的鹰钩鼻子，怎么看怎么像一根被砍掉大半的树枝。

第二年秋天，粮食一收下来，卢珂和老娘等不及柳大财主来收租，就推着小车，上面满满腾腾地用麻袋装着粮食，直奔柳府而去。那天柳大财主看上去心情不错，打开一只麻袋，抓了一把饱满的稻谷，放在鼻孔底下闻了好长一会儿，脸乐开了花："好好好，干得不错！"

"那么，我那两个妹妹……是不是可以……回家了？"卢珂小心翼翼地问，这个时候，卢老妈因为激动而哽咽，连一句话也说不出来。

"哦，你们那块地，是不是石头很多，不太好种？"柳大财主答非所问。

"我是说，我想接妹妹回家……"卢珂说。

"这种劣田都能种出这么好的粮食，不简单啊不简单！若是换一块地，收成会更好！”柳大财主好像依然沉浸在自己的思绪中。

“我妹妹……”卢珂的话刚一出口，就被柳大财主一把打断，“我看这样，看在你为人本分，田又种得好，而且租我家的田也有好几代了吧，今年给你换块好点的地种种，怎么样？”

“我想接妹妹回家！”卢珂的执拗劲上来了，此时，好田劣田，对于他来说并不重要。

“庄稼人，还有比田更重要的事？”管家上来帮腔，“我看你真是不识好歹，还不快快谢过柳大财主！”

“快快还我妹妹！”卢珂一把伸出巨掌，当胸一把将管家揪住，用力之大，将管家的双脚提离了地面。

“快把我放下来！敢在这里无理取闹？想不想活了！”管家在空中踢腾着腿，像一个溺水者一般徒劳地挣扎着，叫喊着。

卢珂的脸涨得通红，但负重的这只手却越举越高，这下，管家从一个溺水者变成了一个上吊者。柳大财主一言不发地看着他们，仿佛看戏看到精彩之时。

“你妹妹死了！早就死了！”管家的这声呐喊如晴天霹雳，在卢珂母子俩耳边震响。卢老妈一下子昏厥过去，卢珂手一松，扑通一声，管家跌落于地，溅起一地尘埃。

直到柳大财主在众多看家护院的打手的簇拥下转身离去，柳府的大门砰然合拢时，卢珂的脑袋里还在嗡嗡作响，周边的声音听上去是那样的离奇，仿佛一切都有回声。

看热闹的人渐渐散去，有一个声音却在他耳边一遍遍回响，声音的主人看来是个执着的人，似乎不达目标的誓不罢休，他的目的，是让卢珂搞明白，他的两个妹妹，是怎么离开人世的。

渐渐的，卢珂回过神来，母亲也醒了过来，气若游丝，欲哭无泪。那个人是个中年人，个子矮小，脑袋不及卢珂的肩膀，一张脸焦黄焦黄的，他将发出浓重口臭的嘴巴凑到卢珂耳边，跟他说了一番话。听了这番话，卢珂睚眦欲裂，拳头捏得死死的，汗水从指缝间不断往外渗。

原来，他那两个尚未长大成人的妹妹，是在惨遭非人折磨之后，离开这万恶的人世的。为了收租，也是为了看家护院，柳大财主雇用了一批打手，他的选人标准是：武功好，出手狠，心歹毒。那些心存良知者，绝对进不了柳府，因为收租的时候，看到吃不饱穿不暖的雇农，心一软，就下不去手了，如此一来，柳大财主还怎么从穷人的骨头缝里把油水给榨出来？不过这些恶人好用归好用，但用起来也有缺点，那就是贪心不足，要价很高。老是嫌工资低，福利差，每次强行收租归来，更是吵着闹着要老板发资奖金。这让柳大财主很头疼，很纠结。炒了他们鱿鱼吧，武功好的打手好找，但心狠手辣的可真难寻。给他们加工资、发奖金吧，柳大财主本来就是个爱财如命的家伙，这等于与虎谋皮。两个晚上没合眼，一天清晨，起床后无精打采地踱进后花园，看到一个丫鬟正在洒扫，从侧面看，身材婀娜多姿，忽然想起，这个女孩并非真正的丫鬟，而是属于编外人员，是前几天一个雇农因为交不足租子，提出让女儿到柳家来干活，用作抵偿。当时他并不赞同，但把这户人家搜了个底朝天，也没搜出什么值钱的东西来，只好作罢。不过答应归答应，柳大财主提出一个条件：到柳府来做丫鬟可以，不过伙食得自理。尽管家中堆着金山银山，但和天下几乎所有地主一样，柳大财主一向抠门，从来不会做亏本的事。把女孩带回家后，他就立马炒了一个扫地的老妈子的鱿鱼。这样，省下一笔工钱，再加上饭费，抵上那笔欠租绰绰有余了。

盯着女孩曲线玲珑的身影，想起原先那个老妈子干瘪的样子，柳大财主忽然变得兴奋起来，倒不是见色起意，“色字头上一把刀”，这是柳大财主的人生格言之一，所以他从未纳过妾，更遑论到青楼里寻花问柳去了。并非没有老牛吃嫩草的欲望，而是心疼钱，但凡要用白花花的银子去换来的快乐，柳大财主一概觉得是痛苦。所以他十分克制自己，时时用“色字头上一把刀”勉励自己，所以他很不能理解，为什么自己雇佣的这帮家伙，只要口袋里一有钱，就往城里的花柳巷里跑，有时甚至把“鸡”从后门偷偷带进柳府，带入自己的卧室，通宵达旦地淫乐。这帮家伙，常常是工资发到手没几天，就用个精光，剩下的大半个月，每天苦着个脸，上班也提不起精神。倒是最后几天，“水库”里的水位又到达警戒线，想女人想疯了的时候，就腆着个脸，跟老板来要求加薪，或者预发工资。加薪当然不可能，预发工资嘛，柳大财主倒是曾经考虑过，不过被自己断然否决了，道理很简单，这寅吃卯粮的事，肯定潜藏着许多风险，这帮家伙是在自己院子里干活的，饿疯了的狗，弄得不好会从主人身上咬下一块肉。

刚巧这个时候，那帮打手派出了一个代表，再度跑到老板这里，提出能否预发工资，柳大财主一指那个扫地的女孩，压低嗓音说了一句：“把她带去吧，算是老子赏给你们的！”打手代表喜出望外，扑上去一把将女孩挟在腋下，一溜烟往后院奔去。女孩吓得连叫喊都忘了，只是拼命地扑腾，像一条被甩在岸上的鱼。柳大财主的声音从后面远远传来：“给老子记住了，下下个月再来领工资！”

那一天，女孩被一群饿狼折磨得死去活来。从此之后，柳大财主在收租的时候，遇到那些死猪不怕开水烫的租户，不再头疼，不再恨得牙痒痒，当然，必须有一个先决条件，那就是那户人家得有尚未出嫁的女儿。可怜卢珂的两个妹妹，就这样在狼穴虎口中被夺走了如花似玉的生命。这个时候，卢老妈再一次昏厥过去，而卢珂，面色铁青，牙齿咬得咯咯响，一只青筋密布的手，已经将雪亮的柴刀从腰间抽了出来。

然而秘密的讲述者，那个身材矮小、面色焦黄的陌生人，却一把将他的手按住，在他耳边轻轻嘀咕了一句。卢珂沉默良久，将柴刀收了回去，俯身一把抄起昏倒在地的母亲，迈着大步渐行渐远。

这个陌生人名叫郑志高，他也有妹妹，不过只有一个，就是第一个被柳大财主当工资发给打手们的扫地女孩。刚才，他在卢珂耳边嘀咕了一句，大意是：君子报仇，十年不晚。

不过卢珂只等了一年。回去之后，他跟郑志高秘密约见了几次，商定了细致周密的行动计划。当年，他领受了柳大财主“换块田种种”的赏赐，表面上感恩戴德，似乎已将妹妹的不幸抛到九霄云外。第二年，又是风调雨顺，因为将劣田换成了良田，卢家迎来了前所未有的丰收，祖传的粮仓第一次堆得爆了棚。然而母子俩四目相对，却怎么也高兴不起来。就在两年前，家中还有五口人，现在，就剩一对孤儿寡母了。此仇不报非人也！这段日子，卢珂天天在家里干一件事：磨刀，柴刀的锋刃，已经能照出人影来了。光是磨刀是不够的，这些日子，郑志高来得勤了，频繁出入卢家，他是一个心思缜密之人，复仇的计划，每一个细节都得好好打磨。

但凡租户丰收的消息，柳大财主总是能在第一时间获得，这个时候，他的嗅觉变得比狗还要灵。卢珂的粮食刚刚收进仓里，柳大财主就带着一群打手上门来了。因为是丰收，所以他们的气焰并不嚣张，再加上卢珂在接待工作上十分到位，当场宰了两只母鸡，还捧出了一大坛美酒。闻着厨房里飘出来的肉香，看着堆在地上金灿灿的稻谷，柳大财主心里乐开了花。当听到卢珂主动提出明年多交一成的租子时，他更是喜不自禁，未等农家菜端上桌子，就命令手下将酒先倒上。

这装酒的坛子实在是大，给每人倒了一大碗之后，坛子里还有得多，那几个打手喝得兴起，索性将坛子整个端起来，捧在怀里畅饮，喝着喝着，就抢了起来。都是习武之人，身手敏捷，你争我夺，好不热闹。这个时候，鸡上来了，柳大财主也不客气，撕了一条鸡腿，就往嘴里塞，那个香啊！吃着喝着，忽然听到砰的一声，抬眼望去，是酒坛跌落于地，摔得粉碎。坛中的残酒溅得到处都是，有几滴溅到了柳大财主脸上。这帮家伙，也忒过分了，吃了喝了，还要砸东西，该好好教训一下了！柳大财主寻思着，正要开口，却惊异地发现，手下这些人，一个个东摇西晃，站不住脚，心想怪了，这些吃货，一个个都是海量，十碗八碗根本不会脸红，今天怎么回事？这个时候，感觉自己也有些头晕，与此同时，一阵乱响传来，手下这些人全都翻倒在地。

卢珂出现了，笑脸换成了凶巴巴的冷脸。他的手里拎着一把柴刀，他身后跟着一个人，见到此人，柳大财主倒吸一口冷气，顷刻间明白了究竟发生了什么。

柴刀迎面劈来的候，柳大财主泥塑木雕一般，坐在那里一动不动，不是他不想逃避，而是此时药性已经发作，他动一下手指头都难了。柴刀雪亮，在镜面一般的锋刃上，他照见了如此诡异的一幕：自己的脑袋离开了脖子，向着天上飞去，肥胖的身体像一个因为装满粮食而鼓鼓囊囊的麻袋，缓缓向地面滚翻，从袋口中洒落出来的，不是金灿灿的稻谷，而是鲜红黏稠的液体。在灵魂升空的那一瞬间，他还瞥见那条只啃了一口的鸡腿从自己的嘴边跌落，心中一阵惋惜……

卢珂身后的那个人，是郑志高。杀了柳大财主，要想靠种田过日子是绝无可能了，两人早就合计好了，落草为寇，当一回明朝的梁山好汉。上山之后，很多走投无路的穷人前来投奔，渐渐的，人马越聚越多。直到有一天，郑志高提出自己单干时，卢珂也不反对，不光不反对，还送了他许多东西，有刀枪剑戟，有骡子有马，还有满满一麻袋真金白银，这让郑志高感动万分。提出单干之前，他一度有点纠结，有点心虚，“大哥”对自己一向不错，在心底里，他一直将卢珂当大哥看，平日里两人相处很好，自己孤身一人，童年丧母，少年丧父，刚刚迈入成年，便失去了世上唯一的亲人：妹妹。卢珂是背着母亲上山的，郑志高清清楚楚地记得，上山之后，卢妈妈对自己比亲生儿子还要好，在山寨初创的那段艰苦岁月，卢妈妈一人承担起所有后勤保障工作，洗衣做饭，缝缝补补，全部包下，粮草不继的时候，上山摘野果，下河摸螺蛳，想方设法要让两个壮小伙填饱肚子。郑志高印象特别深刻的是，每次吃饭，自己碗里的总要比卢珂多冒出一个尖头，那是卢妈妈对他的一份关照，其实身高体壮的卢珂，胃口比自己大得多。所以在离去的那一瞬间，郑志高最不舍，最放不下的是卢妈妈。不过卢妈妈真是对自己关爱有加，一往情深地望着自己，语重心长地吐出一句肺腑之言："今后，无论什么时候，无论碰到什么事情，你们两个，都给我记住了，你们是兄弟！"

另立门户之后，郑志高干得不错，这一方面得益于他的聪明才智，另一方面，靠的是卢珂的鼎力相助。每当被官军围剿，陷入四面楚歌的危难时刻，大哥总是恰如其时地出现在身侧，杀开一条血路，将兄弟救出去。一次，卢珂为救他受了重伤，整整昏迷了三天，在这三天里，郑志高也粒米未进，苦苦守在一边。他在心底里默默祈祷，祈盼老天开眼，让大哥渡过难关。他还发了一个誓，如果大哥能活过来，自己就带着手下几百号兄弟投过来，合为一股，自己，心甘情愿做老二，这一辈子，即便将第二把交椅坐穿了也无所谓。想想从前一心想当老大时的心绪，真是觉得多么的可笑，多么的无聊！

然而醒来之后，似乎一眼便看穿了他的心思，卢珂的第一句话就是："兄弟，回去吧，我没事了！"郑志高热泪盈眶，若不是卢妈妈扯着他的衣袖把他往门外扯，他真的想跪在大哥面前，长跪不起。

王阳明的信送达山寨的时候，卢珂正在给母亲做六十大寿。信是随着礼物一起被送上山去的。几天前就赶来祝寿的郑志高，一把扯开覆在箩筐上的那块红布后，随便翻动了几下之后，发出了一声冷笑，这个王阳明，送的寿礼也太抠门了，竟然是一大堆寿桃，这面粉捏就的东西，值得了几个钱？郑志高正想抡起一脚将箩筐踢飞，身后一声大喝阻止了他，转头一望，是卢妈妈拄着龙头拐杖威风凛凛地站在那里，连忙弯下腰去行了个大礼。卢妈妈走上前来，丢开拐杖，双手整了整他的衣帽，这个动作是那样的熟悉，那样的亲切，只不过她的双手长满了皱纹和老年斑，已不复当年的圆润。郑志高鼻子一阵发酸。这个时候卢珂也过来了，手里捏着一封信，面色十分阴沉。

谁都知道，这是官府写给他们的招安信，多年以来，这已经是一种定式，礼物只是敲门砖，而劝他们下山从良的信，却是真家伙。让卢珂不开心的是，以前的"敲门砖"，从来没有像这次这么寒酸过，无论如何，牛羊是常备物品，顶不济也得赶几头猪上来，而这次，偌大一个节日，却是纯素的，这分明就是在奚弄自己！所以，他决定，把这封信撕碎了，官府啊官府，我本来就跟你势不两立，如今你不给我面子，我干吗还要给你留着脸？当然，信得当着郑志高的面撕碎，不然他会起疑心的，以为自己跟官府私下里签订了什么秘密协定。兄弟归兄弟，但有些事情，还是当着面扯清楚了好。

对于扇官府耳光，郑志高举双手赞成，这些年来，他们跟官府打打杀杀，玩猫和老鼠的游戏，早就识破了其真实面目。形势好的时候，官府决不通融，只是一味赶尽杀绝，形势不好的时候，官府会假惺惺地摇动橄榄枝，派人上山来招安。听说最近那个边区主席王阳明，在漳州了一场大仗，把詹师富和温火烧给剿灭了，虽然打了胜仗，想必官军也是损失不小，伤了元气，不然他怎会不借着胜势来攻打自己和郑志高？

两兄弟正合计着，卢妈妈却开口了："阿珂啊，快把官府的信念给我听听!"这让卢珂很吃惊，对于山寨的重大公务，母亲一向不参与，她只是在背后默默地为他们搞好后勤服务，保证他们能吃饱穿暖，还在山上造了一座庙，塑了观音像，天天烧香念经，祈求山寨平安。这回，却不知为何要参与到核心工作中来？

卢珂和郑志高都是大字不识，将信交给了一个识文断字的喽啰。这个喽啰念过几年私塾，平日里又十分爱好读书，所以文化程度已经接近于秀才，不光能看懂信中的文言文，还能将其准确地翻译成山寨领导听得懂的白话文。

听着听着，卢珂和郑志高的面部表情出现了变化，从原先的冷漠、不屑和怀疑，变成了惊异、若有所思和感慨万千。而卢妈妈，更是老泪纵横，泣不成声。

和以往那些套话连篇的"官信"完全不同，信的开头是自我检讨。王主席是这样自责的：

这次在漳州剿匪，官军打了一场前所未有的胜仗，共击毙匪兵七千六百人，然而本人却一点也高兴不起来。为什么？因为事后我派人仔仔细细查了一遍，这七千六百人中，真正可以称之为匪徒，属于十恶不赦的，不过五十个人，确实做过不少坏事，应该绳之以法，但可以改造教育，重新做人的，也没有超过千人。其余的大部分，是一时冲动，做了糊涂事，甚至还有一些，是因为种种冤屈，实在是走投无路，才被逼上梁山的。总而言之，他们不应该死！也可以说，本主席杀错了人！

接下去，王阳明在信中搞了一次科普工作，用浅显易懂的语言，生动活泼的比喻，将深奥的心学理念好好诠释了一番：

如果现在是两军对阵的时刻，你们严防死守，不肯出来应战，于是我派一员大将在阵前叫战，骂你们是盗贼，你们会生气吗？我想一定会的，不只是生气，还会大发雷霆，甚至可能不顾一切地冲下山来，原因是什么？原因很简单，因为你们心中还有良知，觉得被别人骂成是盗贼，是一种污辱，是可忍孰不可忍！在你们的心底里，对“盗贼”两字，还是有着强烈的排斥心理，尽管落草为寇，打家劫舍，但你们并不承认自己是盗贼，是坏人！设身处地想一想，如果你们还像以往一样在山下当农民，靠双手吃饭，若有人从山上下来，抢走你的财物，掠走你的妻儿，你们会认为他们做得对吗？

这段日子，本主席一直在进行调查研究，走访了不少基层百姓，了解了许多真实的情况，让我感到吃惊的是，我们的政府，在许多方面，工作确实很不到位，不光是不到位，甚至是严重失职！你们中的不少人，当初丢下锄头拿起刀枪，完全是被逼无奈，迫不得已！有些财主，确实是为富不仁，为了一个钱字，干出了伤天害理之事，更为可怕的是，官府处事不公，断案不正，根本没有保护好弱势群体，以至于矛盾严重激化，最终引发社会动荡。这些日子，我一直在思考，思考怎样让老百姓生活在一个宽松、和谐的环境中，作为官府，怎样真正做到情为民所系，利为民所谋。老百姓就是水，水可载舟，亦可覆舟，本主席是坐船到边区政府来上任的，这两天我常常想，官老爷坐在船上，可别忘了，船底下若是没有水了，这船早就搁浅了。

最后，王主席突然话锋一转，开始就事论事：

卢珂和郑志高，你们这两位头领，本官已经详细了解了你们的人生经历，当初上山落草，确实是身怀冤屈，走投无路。那个财主柳巨波，逼死了你们亲妹妹，他的所作所为，是严重的犯法行为，依照国家法律，应当判处死刑立即执行。所以，你们将他杀死，虽然做法欠妥，但道义上是正确的，所以，本官宣布，可以既往不咎！不过，这有一个先决条件：你们必须放下武器，下山接受改编！我知道，说到这里，你们心里一定会咯噔一下，怀疑这个姓王的官老爷是不是在忽悠自己？确实，丑话难听，但不得不说，现在，摆在你们面前的路有两条，一条就是我刚才说的，放下武器，到山下来，今后的生活，是重新去种田，还是当兵吃饭，由你们选，我想无论是种田还是当兵，你们都能胜任，都能干得很出色。还有一条路，就是拒不投降，顽抗到底。这个，本官并不害怕，只是为你们感到惋惜，本官手里现在兵强将勇，士气也很旺盛，詹师富和温火烧够厉害吧，兵马比你们强上何止两三倍，本官还不是摧枯拉朽一般将他们灭了？有一个信息，透露给你们也无妨，朝廷正准备派两广的狼兵来帮忙，为的是什么？是为了给全国搞一个剿匪示范区出来，你们也知道，狼兵的怎么回事，说实话，内心深处，我并不希望他们来掺和，但君命难违啊，只可怜了山下那样老百姓，狼兵一来，有多少女孩要遭殃啊！

听到这里，卢妈妈已经哭得死去活来，两个女儿当年被柳大财主掠走时楚楚可怜的样子，重又浮现在眼前。当啷一声，那是卢珂将腰上的佩剑解下来扔在地上的声音，“罢了，下山吧！”他摇摇头，发出低沉的叹息。郑志高犹豫了一下，也学着他的样子，解下佩剑。

当斥候队长来报，说是山上下来一群盗贼，打头的几个手里举着白旗时，王阳明一点也没有觉得惊异，更没有欣喜若狂，这是他心中早已预料到的。

凭着一纸书信，兵不血刃地解决了赣州的匪患后，众将领对王主席的笔墨神功敬佩得五体投地，他们将目光转向了书信送达的下一站：南康，他们信心满满地认为：盘踞在那里的两股盗贼：谢志珊和蓝天凤，一定也会像卢珂和郑志高一样，被感动，然后放下屠刀，立地成佛。

只有王阳明，锁紧了眉头，陷入了沉思之中，一种感觉从心底浮上来，越来越清晰，那就是：事情并非如此乐观……

3. 连环巧计，心术可抵十万兵

计由心出，在对付冥顽不化的敌人时，活用心学，使之成为心术，无论在官场还是战场，都将获益匪浅。

果不出王阳明所料，收到字字珠玑、感人肺腑的劝降信，谢志珊一点也不为所动。当着信使的面，谢志珊一把将信扯碎，扔在地上，还踏上一只脚，狠狠地辗了几下。

而蓝天凤，态度要委婉得多，留信使吃了顿饭，饭后立即召开领导会议，召集众头领商量山寨大事。会上，蓝天凤甚至动用了最为民主的方式：投票表决，是下山受降还是继续与官府抗争到底。

刚才读信的时候，众头领都被王主席真诚的话语感动了，有几个甚至当场落下了眼泪。吃饭的时候，当听到信使介绍，说是赣州的卢珂和郑志高下山接受招安后，官府对他们相当不错，想回家种田的，除了盘缠，还送上一笔丰厚的安家费，并且由相关部门出面协调，让当地的财主以相对优惠的价格将耕田租赁给他们；想当兵吃饷的，二话不说，立即批准，据说安排得相当不错，在军中也没有任何歧视，而且连原有的建制都没有打乱，原先的山寨头领，卢珂和郑志高，都被授了相当不错的军衔，还是带着原先的那帮兄弟。在武器配备、粮草供给等后勤保障上，招安的部队一点也不吃亏，待遇甚至比正儿八经的官军还好。

举手表决的时候，当亲自主持会议的蓝天凤念到“同意招安的，请举手时”，齐刷刷树起了一片胳膊的森林，一票弃权，零票反对，其余的全部赞成。投弃权票的，不是别人，是最高领导蓝天凤。这让众人在高兴之余，心中不免有些忐忑。不过每个人都在心里这样嘀咕：反正举手的也不就我一个，领导要怪，也怪不到老子头上！

然而令所有人都大吃一惊的是，蓝天凤笑眯眯地将所有人的脸扫视了一遍，突然脸色一变，大喝一声：“来人哪！把这家伙拉出去砍了！”

几个贴身卫士跑了进来，却是面面相觑，不知道领导发布的指令究竟是什么意思，这一大堆人里面，要拉出去砍了的“那个家伙”，究竟是哪一个？

静寂，死一样的静寂，此时，一根针掉到地上，也会发出声音。有一个人开始发抖，抖得越来越厉害，仿佛突然之间掉进了冰窟窿，虽然此时正值盛夏，不少人光着膀子还在出汗。

“两军……相交，不斩……来使……”颤抖的声音，混合着上下两排牙齿的撞击声。那个官府派来的信使，此时蜷曲着身体，一点一点往桌子底下出溜，好像恨不得在地上找个洞钻进去。

在场的所有头目都松了一口气，心想还好不是自己，有几个暗中后悔，早知如此，刚才表决时就不该贸然举手，想想也是的，老大一向是个出尔反尔之人，这样的事情，以前见到的还少吗？唉，为什么不长点记性呢！

第二天，信使的脑袋挂在了山寨的门楼前，第三天，这颗血淋淋的脑袋被装在了一个皮囊里，送到了边区政府王主席的办公室。谁也不愿执行这项光荣而又艰巨的任务，因为都怕自己有去无回，最后，蓝天凤只好从山寨的大牢里释放出一名肉票，派他去送这封特殊的“信”。

这样的“回信”让王阳明都深感意外。匪徒实在是太残暴了，完全丧失了人性，泯灭了良知。唉，也怪自己掉以轻心，将一条鲜活的生命送入了虎口。郁闷难解之时，一个将领前来请战，是卢珂，过了一会儿，郑志高也来了。如今，他们连同他们的大部分“兄弟”，都在王主席帐下听令。王阳明喜出望外，对于这些人，他原先的想法是，起个示范效应足矣，靠他们去打仗，总归不太现实吧？而且，也不能让他们去冲锋陷阵，因为如此一来，就有一种让他们当炮灰的嫌疑，一旦战事不顺，刚刚归顺的人心，可能又会生出叛逆之意。在王阳明沉吟之时，卢珂似乎读出了领导的心思，他马上表态，这不是他个人想出风头，底下的兄弟，都想要为官府出一把力，即便是战死沙场，也是死而无憾。郑志高甚至跪下来请战，他朗声道：“王大人，我们这些人，就像山上的草，命不值钱的，您用不着顾惜我们。给我们一个机会，让我们正大光明地去拼一回命吧，就算死了，也值得，过去犯下的罪孽，总可以一笔勾销了吧！”

王阳明站起身来，一把将郑志高扶起，胸口热流涌动，一个念头从他的脑海中蹦了出来：同样是山贼，为什么有的人能重新做人，而有的人，却是如此的冥顽不化？

在批准卢、王二人为剿匪先锋时，王主席提出了一个要求：整军。他知道，这些江湖“兄弟”，勇则勇，但也存在着致命的弱点：纪律松弛。多年来他们养成了一个习惯，只服从于一个人，那就是山寨的老大。打仗的时候，一窝蜂地往上冲，彼此间谁很难形成合力。顺利的时候，倒还好，有一股子排山倒海的气势，一旦遇到挫折，就会四散而逃，溃不成军。这样的队伍，打家劫舍十分内行，打个游击也还行，一旦走上正规战场，面对瞬息万变的战局，如何应对？

王阳明认为，一支队伍要形成战斗力，第一要素是服从，而服从，取决于权力。唯有一级听一级的，层层管理，才能凝聚人心。成千上万的人，靠一个老大，一个“核心”，怎么管得过来？他设计了一个方案：每二十五人为伍，设伍长；第二百人为一哨，设哨长，再上去，有营官、偏将、副将，一直到卢珂和郑志高。他规定：上一级有权管理下一级，不光可以奖罚，而且可以任免。如此一来，每一个层级的“领导”，都手握话语权，那些平时善于钻营，一心想越级跟大领导搞好关系，再来摆平小领导的家伙，再也找不到兴风作浪的机会了。

革新了人事制度之后，着手整顿军纪。一次，在野外拉练的过程中，全副武装跑步前进的士兵突然炸了锅，纷纷丢下手中的刀枪盾牌，往旁边的草丛里扑去，因为，在那个地方，堆着许多花花绿绿的包袱，有几个包袱已经散开，里面露出金银首饰，在阳光下折射出诱人的光芒。这种东西“兄弟”们以前见得多了，但每次都是费了九牛二虎之力，流汗流血甚至丢掉性命才能搞到手，如今倒好，躺在那里随便让人拣，这样的便宜岂能白不要？虽然早上出操的时候，领导已经吩咐过，一切行动听指挥，在行军途中，不管遇到什么情况，没有命令，不得擅离岗位……但财富的力量让这些人将领导的教诲丢到了九霄云外，他们争着抢着，扯烂了军装，打破了头皮。

这个时候，王主席站了出来，他命令卢珂和郑志高将那些违纪的士兵押上来。一长串人，双手被缚在身后，一个个无精打采的样子。

“难道你们忘了？给我好好想想，违反军纪，不听号令，要受什么样的处罚？”王阳明手里拿了一把寒光闪闪的宝剑，威严地站在那里，厉声喝问道。

所有违纪者都倒吸一口冷气，直到这个时候，他们才想起来，前段时间，训练的时候，领导一遍遍强调，违反军纪者，斩立决！

“想起来了吧？那好，也用不着我多费口舌了，统统拉下去！”王阳明挥了挥手中的宝剑。

一队刽子手走上前来，一个个膀大腰圆，人人手里拿着一把大砍刀。

“完了！”违纪者心中一凉，死并不可怕，可是，这样的死法，实在是太窝囊了。有几个落下了眼泪，有几个大声喊叫：“别让他们动手，让老子到战场上去死个痛快吧！”那些刽子手似乎也被感动了，一个个踯躅不前。

这个时候，王阳明做出了一个让在场所有人都吃惊的举动，他端着宝剑走向这群被捆绑者身后走去，所有人的心都悬在了半空，他们以为王主席恼了，准备自己亲自动手了。最近的那个士兵闭上了眼睛，伸长了脖子准备挨上一剑，他在心底寻思着，这位官老爷看上去精干巴瘦的，不知一剑下去，能不能将自己脑袋削掉？如果只削了一半，那岂不是受大罪了？

然而等了半天，却感觉手上一松，试着转了一下胳膊，发觉捆扎自己的绳子竟然不翼而飞，低头看地，那截绳子像条死蛇一样躺在地上，抬头四顾，发觉官老爷正在忙乎，用手中的宝剑，一个一个地将被捆者的绳子挑断。他的手势是那样的轻松和熟练，一看就是练过武艺的，可真看不出来，一个文质彬彬的书生，竟然能将刀剑用得像毛笔一样顺手……

正当那些松了绑的违纪者一边活动手腕一边心中纳闷时，王主席还剑入鞘，挺了挺胸，清了清嗓子，开始发表重要讲话，他讲了三层意思，第一层，不听军令的后果十分严重；第二层，因为大家是初犯，所以饶过这次；第三层，下不为例，若是今后再犯，别想着会有今天这样的好事。最后，王主席又将剑唰的一声拔了出来，做出了一个让所有人都大吃一惊的举动，摘下官帽扔在地上，用剑割下长长一绺头发，高高地举在空中。他说："你们犯错误，我当然要负领导责任，不过我的脑袋如果砍了，那今后怎么指挥你们打仗？所以，今天割几根头发，权当警醒，不过我要说明一点，下次，如果我真的犯下严重错误，我的脑袋，也是可以砍下来的！"

全场掌声雷动，将士们个个热血沸腾，这些贫农出身，从山贼转变过来的士兵，几乎没有人知道，一千多年前，曹操早就干过这样的事情，王主席今天的所作所为，完全是一场模仿秀。许多人攥紧了拳头，攥得掌心湿漉漉的，恨不得现在马上踏上战场，杀敌立功。

立功的时刻很快到来了。卢珂和郑志高联手出击，只用了半天时间，就将谢志珊剿灭了。然而战斗最初阶段并不顺利，因为谢志珊早有准备，扯了信，赶走信使之后，他铁了心要顽抗到底，所以一直在全力以赴准备防守。

从外面进他的山寨，只有一条必经之路，这条路延着大山弯弯扭扭，扭到一个陡坡之后，便被偌大一个壁垒阻断了，壁垒森森，是用无数木头搭就的，只有一扇仅容一人通过的小门，而且绝大多数时候关得死死的。这是谢志珊亲手设计并为之骄傲防御工事，来犯者要想攻下山寨，除非长了翅膀，能从这上面飞过去。山里有的是几人合抱的参天大树，就地取材十分方便，木头不光能搭壁垒，还能当武器，所以谢志珊吩咐喽啰们砍得越多越好，再找些石头一起储备起来，官军若是自不量力，那就让他们尝尝滚石檑木的滋味。

初次进攻，卢珂和郑志高果然遇到了麻烦。部队刚刚气喘吁吁地爬到半山腰，只听得一声巨响，仿佛塌方和泥石流，巨大的树干裹挟着大大小小的石块，铺天盖地而来，除了少数几个机灵点的，闪在了一旁或者爬上了树去的，打头的那帮兄弟，大多数被碾成了肉饼。死得那个惨啊，整个身体像块薄薄的没有馅的面饼。更惨的是一个被碾掉了下半身的士兵，躺在那里哀嚎，凄厉的声音惊得树上的鸟儿扑簌簌直窜云霄。又攻了几次，只换来了更大的伤亡。卢珂气得抡起拳头猛砸山壁，在山壁上砸出了深深浅浅一排坑窝。打家劫舍时诡计多端的郑志高，一时也无计可施，一个劲地叹气。

这个时候，边区政府王主席来前线慰问将士了。听了汇报之后，王阳明捻着下巴上长长的胡子，稍微想了想，又换了一套普通士兵的装束，带着几个随从，到阵地最前沿走了一圈，回来之后，脸上露出轻松的神情，屏退了左右，只留下卢珂和郑志高，压低嗓音在他们耳边说了一阵子。听着听着，两位将领脸上也露出轻松的神情。

夜晚，正当谢志珊搂着一个抢来的大户人家小姐呼呼大睡时，梦里觉得自己浑身冒汗，衣服脱了一件又一件，一直脱到一丝不挂为止。但还是很热，抬眼一看，那个大户小姐也是一丝不挂，纤纤玉手捂着关键部位，一副羞答答的样子，当他感觉到自己的身体快要燃烧起来时，一阵喧哗将他惊醒，睁眼一看，大户小姐缩在帐篷的角落里瑟瑟发抖，花容失色，不过衣服倒是穿得严严实实。撩起帐帘的一角，只瞥了一眼，让他心底漫过一阵寒气，顿时整个人仿佛被冻僵了，动弹不得了。其实外面灼浪逼人，伴以漫天熊熊火光，喽啰们正四散奔逃，刀枪剑戟丢了一地，在火光的照耀下，兵刃反射的寒光让人睁不开眼睛……

原来就在谢志珊与美女大被同眠之时，王阳明率领卢珂和郑志高，对这道只有鸟儿才能飞越的壁垒，实施了火攻。

无数强弓拉得如同满月，箭是特制的，箭头上蘸了牛油，弓箭手身后，一个火把点燃了，卢珂亲执火把，随着脚步的移动，瞄准壁垒的箭头仿佛从云层中探出脑袋的星星。当无数星星变成流星的时候，谢志珊的梦醒了，人生却结束了。

接下来要对付残暴的蓝天凤了。听说谢志珊遭遇火攻，全军覆灭，蓝天凤吓了一大跳，立马吩咐手下，将山寨重修一遍，凡是用木头的地方，全部拆掉，取而代之的是无论如何也烧不起来的石头。他盘踞的地方叫桶冈，顾名思义，四面环山，像个木桶一般，山势比谢志珊的老巢要险峻得多，真可谓一夫当关万夫莫开。卢珂提议趁着对手工事还没有修完，立即发起进攻，说不定还有机会，但被王阳明一口否决，火攻之所以能够成功，是因为出其不意，现在对手严防死守，强攻，可能会攻进去，但必然付出惨重的代价，他可不想让将士们白白去送命。眉头一皱，一计又上心头。

这两天，蓝天凤正为工程的进度忧心忡忡。刚刚去周遭巡视了一圈，不看不要紧，一看吓一跳，那些壁垒被拆得七零八落，木头倒是被取走了，但石头却东倒西歪，这个时候，若是官军大队人马攻上山来，那可如何是好？这些家伙，不！这群猪，平日里好吃懒做惯了，只会大块吃肉，大碗喝酒，干起活来，一个个焉头八脑的，进度慢得来令人火冒三丈，用鞭子抽也抽不出他们的劲头。正为这事犯愁之时，喽啰来报，山下来了一群兄弟，是别的山寨的。来干什么？通风报信吗？蓝天凤走出去一看，来得人可真不少，少说也有两三百个，送信要这么多人干吗？仔细一瞧，一个个破衣烂衫，脸被熏得黑黑的，不少人身上还带着伤。不用问就知道，是谢志珊那边逃过来的溃兵。山贼从一个山寨的投奔另一个山寨，那是常有的事，天下山贼是一家，一家被官军攻破了，对于另一家来说可能并不一定是坏事，可以趁此机会收容溃兵，壮大自己。所以蓝天凤大袖一挥，令后勤部生火做饭，还宰了一头猪，让落难的兄弟们吃个饱饭。不过有个条件，吃饱喝足之后，立马到工地上去干活，现在，缺的正是人手，得跟时间赶进度。

也许是因为死里逃生，对于生命别样珍惜，所以这帮家伙干起活来一个比一个拼命，见一个大个子拖着一条瘸腿还扛起一块巨石，蓝天凤满意地点点头，他决定，明天开个先进表彰大会，会上，就让这个大个子当典型。

可惜，这个会最终没能如愿召开。半夜里，和已经死了的谢志珊一样，蓝天凤也是被一阵雷鸣般的喧哗从梦中炒醒，茫然四顾，再用手掐了一把胳膊，发觉自己不是在梦里，抬头一看，那个瘸腿的大个子，此刻正站在床前，笑盈盈地望着自己。

“外面出了什么事？半夜三更跑到这里来干什么？……”第三个问题本来是“你不睡觉为什么不去干活？”但刚刚到嘴边，还没来得及变成声音，蓝天凤就感觉胸口一凉，一把短剑的锋刃，已经从他的后背透了出来。大个子想要从他的身体中拔出剑来，然而因为刺得太深，费了半天劲，也没有成功，情急之下，抡起一腿，将蓝天凤踢翻在地，那把浑身涂满鲜血的剑，终于从骨肉中分离出来了。蓝天凤躺在地上，咽下最后一口气前，终于明白自己是怎么会死的，因为大个子离去的身影是那样的敏捷和矫健，他的腿，根本没有受伤……

剿灭了蓝天凤之后，整个南赣汀漳边区，就只剩下一股山贼了，他们的头领是池仲容。王阳明没有给池仲容写过信，因为根据他的调研，发现这股山贼势力最强，最难对付，而且比蓝天凤还要冥顽不化，用“感化”的方式，压根行不通。正当他殚精竭虑地盘算着用什么方法去消灭他们时，却发生了一件意想不到的事情：池仲容派人主动找上门来，表示愿意接受官府的招安。好像天上掉下馅饼一般，王阳是喜出望外，长舒一口气，两个熟悉的字再度从脑海中跳出来：良知。这世界上，良知是最美好的事物，只要人心中有一丝良知尚未泯灭，恶，就会变成善。这个时候，王阳明陷入了深思与自责，看来，自己先前的判断也许出了问题，被自己设计杀死的谢志珊和蓝天凤，也许，再等一等，也能等到他们幡然醒悟，放下屠刀，立地成佛，何必一定要夺走他们的生命呢？

几天之后，池仲容那边来了一个人，是他的亲弟弟，池仲安。呈给边区政府王主席一封信，信中表示，一定重新做人。信据说是池仲容亲自写的，从那歪歪扭扭的字迹，以及连篇的病句和错别字来分析，真实性还是蛮强的。不过信的结尾提到的一个要求，让王阳明心生疑窦。池仲容说，山寨全体人马下山得在一个月之后，因为这两天正在为搬家整理东西。

一个月？这两天？这不是前后矛盾吗？搬家整理东西，用得着花一个月时间？一个月时间，差不多能平地起高楼了。不过王阳明当然不会将疑问表露在脸上。他吩咐卢珂，派人在暗中盯紧池仲安，一举一动都不要放过，有什么异常情况，及时向自己报告。

卢珂和池家两兄弟都很熟，以前打家劫舍，对抗官府的那些日子，彼此间常有联络，互帮互助更是家常便饭。卢珂知道，身为大哥的池仲容，城府很深，颇有些心计，而弟弟池仲安，却是一个十足的酒囊饭袋，不光好吃，还好色，记得有一次联合行动，抢劫一个山村，因为走漏了消息，村民们全都逃进了深山。扑了个空，两个寨子的兄弟白忙活一场，心情十分郁闷。池仲安一气之下，想要点一把火烧了村子，被卢珂好说歹说拦住。烧不了房子，池仲安向卢珂提出一个额外要求，作为对自己“善行”的补偿：搞个美女过把瘾。无奈之下，卢珂只好派人去找美女，可一路上老百姓早闻风而逃了，哪里去找什么美女？身负重任的喽啰费了老大的劲，也没有什么收获，回来的路上，遇见一个讨饭的老太婆，七老八十的，脸像风干的番薯，背弓得像虾米，不过总是母的吧。交差的时候，卢珂气得将手下这帮王八蛋骂了一通，喝令他们将老乞婆放回去。然而第二天他才知道，那个老乞婆最后还是被池仲安截住了，拉进帐篷里睡了一个晚上。这让卢珂恶心欲吐，从那之后，他对池家兄弟另眼相看，不到万不得已，就尽量少跟他们搭界。

然而王阳明却命令卢珂去跟池家兄弟搭一下“界”，看看这两天他们在忙活什么，是不是真的如池仲安所说的那样，正在收拾东西，准备下山接受官府的招安？卢珂奉命执行，派出了几个最得力的兄弟，深入到池仲安的老巢，去探个究竟。带回来的消息果不出王阳明的预料，池仲容根本没有接受招安的诚意，相反，他正动员手底下员工热火朝天地干一件事：铸造兵器。整个山寨变成了一个兵工厂，流水作业忙碌但十分有序，刀枪剑戟，盔甲盾牌，堆得像一座座小山。

打吧！卢珂和郑志高再度请战。然而被王阳明断然否决。池仲安的山寨，比蓝天凤的还险要，他的人马，比蓝天凤和谢志珊加起来还多，他在山寨里囤积的粮草，差不多可以吃上三五年。强攻，即便最后凯旋而归，那也必定是血流成河，一想到那个情景，王阳明便觉得浑身乏力。他决定诱敌出洞。记得童年时，每逢八月十八，爷爷都要带着他去海边看潮，印象深刻的是，礁石下有一种特别的螃蟹——寄居蟹，以死去的海螺的壳为家，遇到比自己强的动物攻击，就缩进壳内，只露出两把大钳子在外面，任你怎么挑战，也不出来。现在，这个池仲容，其实就是一只寄居蟹，他的身体其实并不强壮，只要诱使他离开那个坚硬的“壳”，就一定能将他打败。

过了几天，王阳明派人上山去催促，并质问池仲安：既然要归顺，为何还要造这么多兵器？池仲安吃了一惊，心想自己保密工作做得很到位，怎么消息还是泄漏了出去？不过老奸巨猾的他马上镇定下来，编造了一个理由：搞战备是迫不得已，因为听说卢珂和郑志高要跟自己过不去。这个理由听上去有鼻子有眼，像煞一回事，因为卢、郑确实当众向王主席请战过，而且过去，他们跟池仲安之间的关系，确实不是很和谐。面对政府官员，池仲安信誓旦旦，称自己绝对没有造反之心，并且当场承诺，过两天亲自下山一趟，跟王主席当面好好汇报一下，以显示自己的诚意。

王阳明假装信以为真，给卢、郑写了一封信，批评他们没有大局意识，公报私仇。写信一向是王主席的做派，信刚写完，还没有装进信封，其内容就被潜伏的特务传递到了池仲容那里。那个特务，是个师爷，是池仲容多年前安插在官府内的眼线，其实早已入了王阳明的法眼，只不过一直被“养”着，关键时候，变成了反间计的一着妙棋。

收到王主席的亲笔信时，卢珂正在吃晚饭，当手下那个识文断字的喽啰将信的内容口述了一遍之后，他再也没有食欲，丢下饭碗，翻身上马，连夜直奔边区政府而去。赶到主席办公室时，已是深夜时分，不过王主席还没有睡，他正就着烛光看书。书，一直是王阳明的最爱，无论何时何地，无论逆境还是困境，即便是生死两茫茫的危急关头，只要拿起书，一切烦恼和忧虑，便瞬间烟消云散。在锦衣卫的黑牢中，没有书，他就翻动记忆，将曾经读过的书，一页页地在眼前翻动。在龙场的原始森林里，因为潮湿，行囊中的那仅有的几本书发霉了，他再度启动心中的书库。

“主席大人，那个池仲容，真的是要造反，我跟他虽然有前嫌，但凭我的为人，怎么可能编造谎言，公报私仇呢?”卢珂刚刚从马上跳下来，一路狂奔，累得上气不接下气，但还是硬撑着一口气将心中的冤屈倾倒出来。

“明天池仲容要到我这里来，到时候，你把刚才说的这番话，再给我说一遍。”王阳明目光咄咄逼人。

“您是让我们两个当面对质？难道……难道……”卢珂急得眼泪都快下来了，“难道您真的不相信我?”

王阳明将手中的书合上，站起身来，走到卢珂面前，轻轻为他掸落沾在衣袖上的一片枯叶，轻声说：“有个事情，我想跟你商量一下”，他的眉头皱了一下，“明天，你说完之后，我想打你三十大棍，你看怎么样?”

卢珂愣了一下，脑子飞速地转动着，忽然，脸上阴转多云转晴，他大喊一声：“原来您是想让我当一回黄盖？好！我愿意!”

第二天，池仲容带了一彪人马来到边区政府。在接见的过程中，王阳明细细观察，发现这批人中除了池仲容兄弟，个个都是身怀绝技的武功高手，有的腰间鼓鼓囊囊，那里一定揣着匕首短剑，有的袖子长长的，把整只手都遮住了，那里面一定笼着飞镖之类的暗器。王阳明不动声色，跟近旁的几个人握了一下手，从手劲上马上感觉出了对方的内力。

在会议室里，王主席正跟池家兄弟言笑晏晏之时，忽然闯进来一个人，大声叫嚷道："主席千万别相信他们，他们不是真心诚意来接受招安的！"来者不是别人，正是卢珂。但还当场揭发，池仲容正在山寨里大造兵器，训练军队。

这个时候，池仲安坐不住了，他的手已经伸向肋下，牢牢握住了剑柄。倒是池仲容强作镇定，不过额上渗出的密密细汗印证了他的心虚。

听了卢珂的举报之后，王阳明勃然大怒，不过令池家兄弟深感意外的是，王主席发怒的对象，并不是自己，而是举报人。他把卢珂狠狠骂了一通，骂到动情之处，脸涨得通红，唾沫星子乱飞，最后，一挥手，令左右将卢珂拖将下去，打上三十军棍。

听着帐外传来的棍子敲打肉体的声音，听着一阵阵痛苦的呻吟，池家兄弟面面相觑，简直不敢相信眼前的事情是真的。欣喜之余，池仲容还是心存一丝疑虑，于是悄悄吩咐一个心腹，到外面去看看，那个挨打的是不是真的是卢珂？直到心腹来报，说是卢珂的屁股已经皮开肉绽时，池仲容才长舒一口气，主动站起身来，向王主席拍胸脯保证：马上向山寨发出指令，让手下停止铸造武器，加快搬迁进度。

"那你们哥俩就住下来吧，省得来来回回赶，正好，招安后的队伍建设问题，我们一起好好商量一下！你们看怎么样？"在接风宴上，酒过三巡之后，王阳明笑眯眯地说。

兄弟俩再一次你看看我我看看你。池仲安一向是没有主意的，他觉得这事挺好的，这里吃住都要比山寨好，如果再来几个漂亮的小妞陪陪，那干吗还要回到山里头去？这是一个没心没肺的家伙，酒劲上来，一时激动，竟然将心里想的说了出来。大哥池仲容在桌子底下狠狠踢了他一脚，意思让他管住嘴巴，自己正寻思着找个什么理由，婉拒这样的挽留，王阳明却不给他机会，手一挥，帐篷外便飘进来几个美女，挨着池家兄弟坐下，开始殷勤细致地做起服务工作，往他们杯中斟酒，往他们盘中布菜。好久没有见到如此标致而又主动的美女了，往常，打家劫舍的过程中，运气好的话，也能掳掠上美女，但一个个哭哭啼啼，寻死觅活的，和眼面前的比起来，实在是差了许多情趣。到了这个时候，池仲安也把持不住了，喝着喝着，就将心中的疑窦抛到九霄云外，脑子里一门心思想着，王主席什么时候走啊，早点走，就可以早点和美女去享受比喝酒更快乐的事……

池家兄弟为快乐付出了惨重的代价。几天之后，正当他们乐不思蜀，尽兴狂欢之时，王阳明派卢珂和郑志高领军上山，不费一枪一弹，就将盘踞在那里的山贼收服了。听到自己的老巢被连窝端了的时候，池仲容正在床上跟两个美女游龙戏凤，他从床头抓起裤子往腿上套，因为心慌，双手抖个不停，结果两条腿套进了同一个裤管，不过毕竟闯荡江湖多年，他很快镇定下来，披上铠甲，戴上头盔，宝剑也握在了手中，信心渐渐重聚，一边思忖着下一步该怎么办，一边拼命安慰自己，自己带来的这些人，个个都身怀绝技，虽然要想大闹天宫不可能，但跳出如来佛的掌心——从王阳明设下的包围圈里冲出去，估计问题不大。然而事情的发展并不如他估计的那么乐观，带着那伙人左冲右撞，狼奔豕突，却是遇到了铜墙铁壁，原来王主席早有准备，遴选了一批武林高手，将池仲容团团围住。战况很激烈，死伤很惨重，仿佛是一场大战役的缩微版，终于，护佑在池家兄弟身边的那些家伙，一个个倒了下去，最后，轮到了他俩……

第五部分

破心中贼难

山中贼与心中贼，哪个更可怕？山中贼，抢的是百姓的钱财，而心中贼，却想端走皇帝的奶酪。

1. 王者与贼寇

王者和贼寇，貌似天壤之别，其实一纸之隔，两者间人鬼转化的深层原因，关键在于内心世界的欲望，欲海无边，欲望，让光明坠落成罪恶，让王者变成贼寇。

彻底平定了境内多年的匪患之后，南赣汀漳边区政府向江西省政府发去捷报，然而出乎意料的是，捷报石沉大海，没有得到任何祝捷的回复。军队和机关开始出现一些牢骚，人们原本期盼着，省政府不光有精神奖励，表彰先进个人和先进集体，还会拨出一笔丰厚的奖金，多多少少，每个人都能分上一点。

王阳明决定去省城南昌跑一趟，他也觉得，不管怎么说，省政府在这件事情的处理上，确实存在问题，匪患是困扰历届江西省政府的最大难点，如今，边区军民付出了巨大的牺牲，边区政府创造了一个奇迹，作为上级领导的省政府，你没有一兵一卒的支持，我们自食其力也就罢了，我也知道你财政上捉襟见肘，入不敷出，发奖金肯定会让你为难，但胜利之后，你总得鼓一下掌，表扬几句吧，怎么能充耳不闻，闷声不响呢？

省长大人孙燧跟王阳明是老乡，也是余姚人，来江西之前，在刑部，也就是司法部，担任过厅局领导，因为是老乡，在京城时两家就有走动，从年龄上看，孙燧比王阳明的老爸王华要年轻十多岁，比王阳明要年长十多岁，资历上看，三人都是进士，不过王华是状元，当时早已升到副部级，而孙燧只是厅局级，王阳明呢，连正处都没爬上。所以，王阳明将孙燧敬为自己的叔辈，而孙燧，公开场合称王阳明为“贤弟”，私下里，却叫王阳明“王老师”。但凡进士，必定是读书人中的佼佼者，这个孙燧当然也不例外，即便是学而优则仕，当上了一省之长后，仍然手不释卷，忙完公务，青灯夜读是人生最大快事，而且，他也是“心学”的发烧友，所以自然而然把“心学”大师王阳明尊为自己的老师。这让王阳明感觉受用不起，特别是到南赣汀漳边区政府担任主席之后，边区所辖的六个地级市中，有三个在江西境内，而孙燧，时任江西省长，正儿八经的上级领导，怎么可以让领导叫自己老师呢？

因为有了这层特殊关系，王阳明跟孙省长走得很近，只要手头的杂务告一段落，一有空，就往省城南昌跑，借着跟领导汇报工作的机会，争取一些资金项目。当然啰，聊聊心学是必不可少的，有几次，聊到兴之所至，孙省长挽留“王贤弟”、“王老师”过夜，两人共卧一榻，抵足而眠，谈“心”一直谈到东方露出鱼肚白。到边区任职之后，在整个剿匪过程中，孙省长对王主席十分关照，尽管省财政是“吃饭财政”，十分拮据，但孙省长还是时不时挤出一些支援边区。只是省军区一直没能出手相助，让王主席心存遗憾，这也是他心中的一个疑惑，并且隐隐有一种不祥之感，因为每次只要一提出让省军区出兵，孙省长必定断然拒绝，口气之坚决，连半点商量的余地也没有。偌大一个省军区，难道真的连一兵一卒都派不出吗？莫非孙省长担忧的事情，正慢慢像一座冰山一样浮出水面？想到这里，王阳明不寒而栗。

这回拜见孙燧，令王阳明倒抽一口冷气，相隔也就两个月不到，孙省长完全变了一副模样，看上去老了至少有个十岁，背佝偻得厉害，额头平添了许多刀刻一般的皱纹，尤其是头发，以前是双鬓染霜，现在，竟然全白了，仿佛顶着一头皑皑白雪。从他的眼睛里，王阳明读出了一个字：愁。

在家中的书房里，孙省长请王老师小酌几杯。和往常一样，内眷和仆人都已退下，房间里只剩下他们对饮成双。在王阳明的记忆中，这是惬意而又轻松的时光，两人用余姚话谈天说地，古往今来多少事，都成了佐酒的佳肴。然而今天，孙省长一言不发，只顾一杯一杯地喝闷酒，没过多久，脸就红了，而眼睛，更是红得像兔子。

“没有收到回信?”在心里盘桓了好一阵子，王阳明终于将这个问题抛了出来。

“没有，写了十三封了，一封回信也没有。”孙省长又将杯中的酒一口闷干。

十三封? 这个数字让王阳明大吃一惊。心中顿生敬意，心想孙省长可真执着啊！换了自己，能如此坚持吗?

这个信，在江西的地盘里，孙省长只告诉过王阳明一个人，信的密级是“绝密”，收信人是当今皇帝朱厚照。

“如此说来，他真的要造反?”王阳明发出疑问的同时，心中豁然开朗，终于明白了自己剿匪期间，孙省长为何不发一兵一卒相助。

果然，孙省长缓缓地，但十分用力地点了点头。

“你有什么办法可以帮我?”孙省长问，他凝视着王阳明的目光，原本是寻那样的空洞，渐渐变得炽热，充满了殷切的期待。

然而，过了好久，当王阳明用一句隐讳的诗句来回答提问时，他的目光，再度冰封起来。

王阳明的回答是：“破山中贼易，破心中贼难。”

王阳明所说的这个“心中贼”，不是普通的草寇山贼，他，有着正宗皇家血统，他，是当朝皇帝朱厚照的叔公，他，就是宁王朱宸濠。

宁王的封地就在江西境内。如今，他拥有的私家军队，无论从数量和质量上，都远远超越了江西省军区，所以，孙省长无心关注王阳明的剿匪大捷。

这个朱宸濠，也不是天生脑后长反骨，年轻的时候，他王爷当得有滋有味，根本没有造反的念头，只是自己的侄孙朱厚照坐上天子的龙椅之后，其所作所为，让他产生了一些别样的想法。

前面已经说过，这个朱厚照，是天下最大的“玩主”，荒淫无度，听说在宫里搞了豹房，成天跟各种款式的美女搞在一起，根本不理朝政，竟然还让一个叫刘瑾的太监当“立皇帝”，好端端的大明江山，给他搞得乌七八糟，如果老祖宗朱元璋从地底下醒过来，一定气得吐血。朱家的社稷，眼看着就要毁在他的手里。

最初的那些日子，宁王朱宸濠也仅仅是“先天下之忧而忧”，慢慢地，从一个愤青变成了一个有志青年。某个深夜，脑海里漂着国家大事，辗转难眠，想着想着，忽然心中一凛，突然冒出的一个念头，让自己大吃一惊。几秒钟前，他在排辈分，自己是皇上的叔公，皇上是自己的侄孙，再往前推算，不光辈分是自己高，血统，也是自己正宗。皇上朱厚照是明成祖朱棣那一支的，而朱棣曾经也只是个王爷的朱棣。后来怎么坐上龙椅，那是地球人都知道的秘密，况且，当今圣上登基已经好几年了，后宫嫔妃三千，造人计划却迟迟未能实现零的突破，正面临后继无人的窘境，对于一个皇帝而言，最大的痛苦莫过于此……说不定，这就是上天的一种隐示，当年朱棣做下的事情，现在必须重新拨乱反正……

朱宸濠是一个十分爱学习的王爷，酷爱吟诗赋词，文采相当不错，因为博览史书，当然明白“枪杆子里面出政权”的道理，然而他创业之初面临的最大困境是：手中没有一兵一卒。按明朝的国法，王爷可以拥有自己的私人卫队，人数可以从几百到几千。宁王没有卫队，那是有历史原因的，他的一位祖先，因为涉嫌谋反，被褫夺了卫队，一直没有机会恢复。朱宸濠决定主动寻找机会。他派亲信跑了几次京城，打探到政策的恢复并非不可能，只是必须由一个人拍板，这个人，就是太监头子刘瑾。宁王亲自出马，到北京去觐见“立皇帝”。礼物当然是不可或缺的，这些年来，为了一个深藏于心底的梦想，朱宸濠省吃俭用，说说是一个王爷，过得却是平民百姓的生活。为了压缩开支，他要隔上好几天才吃一顿肉，身上穿的衣服，只有最外面那件还过得去，里面的那些，都是补丁叠补丁。爱吟诗赋词的男子一般都有一颗浪漫的心，朱宸濠也不例外，但他一直坚持让王妃的编制大部分空缺着，尽管按照有关规定，他可以拥有一支人数不菲的娘子军。到了那一天再好好享受吧，那个时候，后宫的佳丽，会像春天梨树上的花朵一样繁茂……夜深人静，春心荡漾之时，朱宸濠每每如此勉励自己。

刘瑾有点意外，自己虽然权重一时，但王爷来登门拜访，却还是破天荒头一回。不过他的脸依然绷得紧紧的，跟接见那些省长时的表情一样。宁王朱宸濠并不往心里去，做大事者必须有宽广的胸怀，忍辱方能负重，他一脸巴结地向刘公公问好，还令手下将“薄礼”一一奉上。

包装打开时，刘瑾紧绷的脸上不知不觉绽放出笑容。因为这些所谓的“薄礼”，其实相当厚重，黄金铸就的佛像，象征吉祥如意，因为分量太重，几个彪形大汉合力抬上来，吭哧吭哧累出满头大汗；一对年代久远的白璧，通体润泽，没有一丝一毫瑕疵；一幅墨色绝美的《枯槎鸲鹆图》，落款是唐寅，就是闻名遐迩的唐伯虎，这个心高气傲的家伙，若是求画者不入他法眼，就算是金山银山堆在他家门口，他也不会动一下手指头。刘公公的藏品中就独缺他的墨宝，一直引以为憾，如今，这个愿望终于实现了。

投之以李，报之以桃，没过几天，御旨就下来了，批准宁王设立卫队，编制人数不超过五千。人数不是问题，关键是迈出了第一步，朱宸濠欣喜若狂，有一种即兴写诗的冲动，不过他马上压抑了这种兴奋，现在还只是万里长征第一步，后面的路还长得很。若要干成大事业，五千人马是不够的，他开始盘算起如何将属于自己的军队偷偷做大做强。

然而好景不长，刘公公栽了，“立皇帝”在位时做过的那些事儿，全被打上了一个大大的印记：不！宁王的卫队刚刚学会了立正、稍息、向左向右转，就被卸甲归田了。朱宸濠那个气啊，气得差点吐血。不过很快想通了，做大事者，最初必然遭遇大挫折，没事，大不了从头再来！军队没有了，情报网还在，很快，密探向他报告：现在，京城里钱宁炙手可热，搞定了他，一定能东山再起。

依然是银弹攻势。这个姓钱的家伙，这个大字不识半筐的赳赳武夫，这个皇帝玩累了就枕着他肚子睡觉的马屁精，和刘公公是一路货色，一样爱财如命，所以朱宸濠的卫队很快恢复了。

受了此番折腾之后，宁王深深感悟到，这个世界上，所谓的王爷，其实什么也不是，跟平民百姓一样，命运完全掌握在别人的手里，而这个别人，就是皇帝！只有被臣民三呼万岁，那才是真正抵达巅峰的感觉！他渴望拥有这样的感觉，从来没有如此渴望过。

朱宸濠明白，历史上，要干成一番大事业，人才是关键因素，于是开始实施大规模的引才计划。千军易得，一将难求，战争年代，得先找武的，找来找去，目标锁定了两个好汉：吴十三和凌十一。这两个人都是草莽英雄，在鄱阳湖上兴风作浪，因为出身寒门，不光没文化，连像样的名字也没有一个。初次见面，朱宸濠对他们的印象并不好，站没有站相，坐没有坐姿，一副贼眉鼠眼的样子，根本不像是传说中的江湖好汉。但也没有办法，毕竟他们手头各自掌握着一支人数不菲的人马，而且富于作战经验，比他正在训练的这支中看不中用的王家卫队要强得多。听说王爷找自己合作，吴十三和凌十一深感意外，以前一直跟官府打一阵和一阵，但从来没有想着跟官府真正握手言欢，现在，比官府还厉害的王爷找上门来，这个王爷，虽然看上去有些文弱，但一番密谈之后，他的雄心壮志，让他们怦然心动，他的许诺，更是让他们热血沸腾，决心跟着他一条道走到底。这是一条金光大道，是一条通天之路，对，大明王朝的头代祖宗朱元璋，不就是在鄱阳湖上发家的吗？吴十三和凌十一不约而同地想到，如果王爷升级为皇帝，那么，自己不就成了开国元勋吗？就算不是徐达和常遇春，至少也是沐英和汤和吧！

武的搞定了，开始搞文的。朱宸濠很快物色到了一个十分优秀的谋士，感觉他就是诸葛亮，而自己呢，简直就是刘备，而且招贤纳才之路比刘备顺得多，因为自己没有三顾茅庐，这个叫刘养正的“诸葛亮”，是主动找上门来的。一进王府的大门，刘养正就侃侃而谈，天上地下，江山英雄，聊着聊着，天色渐渐暗了下来，夜空里星月初现，散发着淡淡的光芒。刘养正忽然打住话头，仰面朝天，半晌不语。看他这副思索人生研究世界的深沉样，朱宸濠心有所悟，手一挥，屏退了左右。大厅里只剩下他们两个，显得那样空空荡荡。良久，刘养正将目光从窗外的星空中收回，说出了一句让宁王朱宸濠表面上大吃一惊，但心底里欢喜异常的话：

“天子之星现于江西!”

“呸！给我住嘴！不许胡说八道!”朱宸濠声色俱厉，“天子在北京城里好好待着，又没有御驾南巡，怎么会到江西来？还有，陛下真的要来，我还会不知道？”

“我是说天上之星，天上的征兆，凡人怎么看得出来？而且……”说到这里，刘养正心中一凛，暗暗自责说错了话，怎么可以把王爷说成是凡人呢？

然而王爷却把他的停顿理解为了欲言又止，于是进一步追问：“天子之星，真的是在江西？”

“千真万确！千真万确!”刘养正连忙顺水推舟。话说到了朱宸濠心里，点中了他心中封存已久的那个秘密，于是，他心目中的明版诸葛亮横空出世了。然而，朱宸濠完全被忽悠了，这个刘养正，其实是个半瓶子醋，最高学历也就是个举人，进京参加过多次会试，每次都考得很烂，名落孙山。学而优则仕这条路走不通，只好另辟蹊径，开始研究超自然科学：算命。算来算去，觉得干自己这个行当，在江西境内，最能赚钱的地方，一定是宁王府，于是抱着试一试的心态，拿“天子之星”来忽悠人，没想到给自己忽悠到了一份薪酬极高、待遇极佳的差事。晚上，睡在宁王府一间金碧辉煌的卧室里，刘养正心里那个美啊，这卧室，还有外面那间同样豪华的办公室，还有幕僚、奴仆、保镖，加起来能排上一溜长队，今后就归自己享用了，唉，现在唯一缺的，是一个漂亮的美眉，王爷大方是大方，不过安排上还欠人性化，王府里有那么多宫女闲置着，为什么不拿个把出来让“卧龙先生”一解长夜之寂寞呢？

有了诸葛亮，就少不得庞统，没过几日，朱宸濠又将另一个谋士网罗到账下，这下，卧龙和凤雏都齐了，可以干大事业了。这个人，名叫李士实，和江湖术士刘养正不同，是正宗的科班出身，年轻时中了进士后一直在北京的部委局办里工作，退休前的职务是刑部右侍郎，相当于司法部副部长。他跟刘养正不同，是正儿八经的国家高级干部，退休后回江西老家颐养天年，因为是副部级，各方面待遇都不错，连做梦都没想过要通过一种非常的形式，延长自己的退休年龄，并且使自己的官场生涯再续辉煌——至少从副部变成正部。在官场里混了这么多年，早就什么都看透看淡了，什么副部正部，到头来还不是一场空？平安健康才是福。

然而朱宸濠不想让他安耽。宁王的想法是，让李士实重出江湖，跟着自己造皇帝的反，凭着老家伙的身份和名望，能够在社会上起到一定的示范效应。这种效应，是花钱买不来的，更是刘养正、吴十三和凌十一之流难以营造的。

起初李士实态度很坚决，立场很坚定：坚决不干！宁王多次登门拜访，请吃送礼，就差跪下来求他了，但每次都被他婉言谢绝，没有半点通融的余地。软的不行就来硬的，某天深夜，李部长家里遭了贼，金银财宝被席卷一空。这伙盗贼十分猖狂，也不戴面罩，拿了东西大摇大摆地离开，临走之时，还撂下狠话：请这家的主人识相点，别敬酒不吃吃罚酒。若是还不识时务，下次再来的时候，劫的可不是财而是色了。这让李部长惊慌失色，敬酒……罚酒？识相？他隐隐感觉到有人在幕后操纵，但难以置信，身份尊贵的王者，难道会干出这种下三烂的事？然而第二天，王府派来的说客，那个从臭皮匠升格为诸葛亮的刘养正，带着礼物登门拜访，名义上是代表王爷来给李部长压惊，其实是来施压的，寒暄了几句之后，便转入正题，意思是江西是宁王的地盘，不久的将来，普天之下，莫非王土，识时务者为俊杰，趁早跟着王爷干吧！

李部长被逼无奈，口头上应承了下来，但心里还存有一丝侥幸，所以第二天宁王秘密接见他的时候，他提出了一个建议，也可以说是金点子，至少他自己是这么认为的。李部长郑重地说：可以用和平演变的方式夺取政权。宁王一头雾水：朱厚照这家伙贪玩归贪玩，但要让他主动把黄袍脱下来，把玉玺交出来，这个有可能吗？抑或是你李部长有这个本事？和平演变当然好，谁愿意打仗啊！要不你李部长去一趟北京试试？

李部长当然不会去，他倒是建议朱宸濠亲自去一趟京城，并且带着自己的长子。李部长提醒宁王：皇帝现在还没有子嗣，建议你进京去跟他好好谈一谈，把自己的儿子过继给皇帝，反正都是姓朱的，血管里流的都是太祖朱元璋的血液。有朝一日皇帝驾崩，您儿子坐上了龙椅，那您不就成了太上皇了吗？这可比皇帝还要牛啊！

听了这番呆话，朱宸濠又好气又好笑，真的恨不得马上赏这个书呆子两记耳光，这算什么金点子？简直是馊主意！太上皇比皇帝牛？通观正史，有谁没当过皇帝就直升太上皇的？就算是那个被强势儿子李世民逼得早早去当太上皇的李渊，也正儿八经在龙椅上坐过好几年。况且，朱厚照比自己要小上十来岁，他现在生不出儿子，并不等于将来也生不出儿子，还有，就算他真的断子绝孙，等他挂了，自己不知道埋在土里多少年了。不干！绝对不干！

退休在家安享天伦之乐的李部长，就这样无可奈何地复出了。

文臣武将的班子搭起来了。朱宸濠觉得还是不够，他将目光投向了一个名人，一个听说文武双全的奇才。这个人的大名是：王阳明。因为在县长的任上创造出一个奇迹，将庐陵这个烂地方治理成全国文明城市；更因为在边区主席的任上干出了天翻地覆的大事：将南赣汀漳这块匪患严重，已然失控的地方重新打造成了和谐社会。还有，这个王阳明，文武双全，据说在战场上能以一当十，在课堂上更是神奇，他钻研的心学理论，已经名扬天下，这样的人，如果能为我所用，那何愁天下不在掌握之中？

为了显示重视，宁王让自己的左膀右臂刘养正和李士实一起出马，去做王阳明年思想工作。

在王主席的办公室里，宾主落座之后，刘养正直奔主题，表明了来意：我们王爷酷爱学习，因此十分尊重专家学者，这次他让我们专程登门拜访，是想请王主席王老师收一个学生。

“哦？收个学生？那没问题啊！谁愿当我学生，我都乐意笑纳的。王爷太客气了，派你们两位亲自过来，还带来了这么多礼物，我怎么好意思啊！”王阳明笑着说。

“这个学生有些特殊，所以我们两个要跑一趟，跟王老师当面请示一下。”李士实在官场里泡了大半辈子，虽然已经退休了好几年，但一出口就是场面上的客套话。

“特殊？哦？是你们两位中的一位？那我可不敢当！”王阳明故作惊讶。

“不是不是！我们才疏学浅，当您的学生不够格！”刘养正的话半对半错，因为他自己确实是半瓶子醋，当年考进士屡试不中，而李士实，却是跟王阳明一样，是正宗科班出身，论辈分，王阳明还得尊称他一声学长或前辈。

“两位太客气了！”，王阳明捋了一把胡子，装出一副战战兢兢的样子，“那在下冒昧问一句，莫非……莫非是王爷他老人家……想让我当老师？”

刘养正和李士实同时像鸡啄米一样用力点了点头。

“那怎么敢当啊！折杀小人了！折杀小人了！”王阳明从椅子上蹦了起来，脸涨得通红，一个劲地摇头。

“咱们王爷可是真心诚意的啊！王老师您就收下他这个学生吧！”刘养正觉得事情进展得很顺利。然而让他意想不到的是，王阳明马上给他出了个难题：“王爷如果一定要屈尊拜我为师，那我也没办法，但我收学生是有一个先决条件的，那就是学生必须舍弃荣华富贵，当官的，先摘掉官帽，当财主的，先把钱分给穷人，这也是没办法的办法，进入师门之后，同学必须平起平坐，如果攀比荣华富贵，那怎么还能专注于学习呢?”

刘李两人面面相觑，刘养正隐隐觉得这事有点蹊跷，王阳明的学生遍天下，难道真的如他所说，个个都会主动自觉地舍弃荣华富贵？但一时又没有证据进行驳斥，只好转移话题：“我们王爷倒是真的不怎么看重爵位，他是一个不折不扣的读书人，唉，可惜他一身才华却无法施展，唉，世道混沌，世道混沌啊!”

“哦，那倒要请先生指点一下，究竟这个世道，是怎样的混沌?”王阳明装出兴味盎然的样子。

“听说当今天子很长时间没有上朝了，听说北京城里有个豹房，陛下天天在那里玩……已经玩上瘾了……唉，这样下去，大明江山如何是好啊!”刘养正的声音越来越低，到最后，变成了蚊吟。

王阳明心中一凛，对方终于亮出了底牌，自己，可得小心点了。这个时候，一直在旁边沉默不语的李士实瞥了刘养正一眼，插话道：“刚才刘先生可能言重了，不过他也是忧国忧民啊!”

“王主席是心学大师，更是胸怀天下的大家，我想不用我展开来讲什么是忧国忧民吧”。刘养正跷起了二郎腿，一副成竹在胸的样子。

忧国忧民？轮得到你一个算命先生？王阳明在心底发出一声冷笑。

也许是觉察到了气氛有些紧张，李士实继续打圆场：“哈哈，王主席这样的大师，当然是明白大是大非的啦！我个人的感受是，商汤和周武，是历史，也是未来!”

李士实的这番比喻，让王阳明感觉到一把锋利的匕首在眼前一晃，谋反之心已经昭然若揭。他们把宁王朱宸濠夸作两位贤明的开国元勋商汤王和周武王，那么，正德皇帝朱厚照就是昏庸无道的末代君主夏桀和商纣了?

王阳明将目光转向窗外，夜空中厚重的云在漂浮，月亮像一盏灯一样明明灭灭。良久，他叹了一口气，站起身来，说：“没有伊吕，汤武也难成大事啊!”

他所说的伊吕，是辅佐商汤王和周武王成就建国大业的两位重臣，伊，就是伊尹，吕，就是姜子牙。

“你！……难道我和老李不是……?!”刘养正呼地从椅子里跳了出来，他本想说“难道我和老李不是伊吕?!”但话一出口，觉得自己未免太张狂，太不谦虚，于是连忙打住，一张脸憋得通红。

“就算是有伊吕，可也会有伯夷和叔齐啊!”王阳明放缓了语气。他说的伯夷、叔齐，是两兄弟，是史上有名的忠臣，纣王虽然无道，但他们对自己的王依然忠心耿耿，商朝灭亡后，他们一起逃到一座叫首阳的荒山上，过起了流浪汉的生活，可怜两个读书人，手无缚鸡之力，野外生存能力几乎为零。周武王听说这事之后，感触颇多，决定请兄弟俩下山，派人送去了食物和承诺，承诺十分诱人，在新的王朝里官复原职，今后提拔重用，跟别人一视同仁。但出乎意料的是，兄弟俩拒不下山，不光不下山，还拒绝吃慰问粮。因为他们认为，现在天下姓周了，粮食也变成了“周粟”，吃“周粟”就等于变节。他们继续在山上挖野菜充饥。某天清晨，一个农妇也到山上来挖野菜，她挖野菜不是为了当粮食吃，而是是为了喂自家的猪。看到原本属于自己的地盘里的野菜稀稀落落，又看到那饿得皮包骨头的两兄弟在山的背风处用一口石锅煮野菜吃，顿时气不打一处来，心想你们也真是的，明明有白米饭不吃，偏要跟我家的猪抢野菜吃！犯贱啊犯贱！于是远远地喊道：“你们两个狗娘养的给老娘听着，现在天下姓周了，这山上的野菜当然也姓周了，有种的你们啥也别吃，喝西北风去吧!”农妇骂完之后便转到另一座山头去挖野菜。几天之后，再度路过首阳山时，想起前两天的恶作剧，心想那两个书呆子不知道在吃什么？总不至于真的去喝西北风吧？走近了一瞧，大吃一惊：两个人已经倒毙在草丛中，身体已经被野兽啃得支离破碎。这两个忠臣，就这样活活饿死在了自己坚守的道义中。

“伯夷和叔齐，他们不是饿死了吗?”刘养正用鼻子哼哼道。

王阳明等的就是这句话，他的回答让刘、李两人一阵心慌："人死了，但心还活着。"

这是心学大师的杀手锏，在这番唇枪舌剑的战斗中，王阳明最终取得了完胜。

回去的路上，刘养正和李士实觉得很没面子，于是他们私下商定，此事暂不向宁王报告，先搁一搁再说。在江西境内，王阳明并不是最大的绊脚石，接下去，他们要着重对付的，是江西省省长孙燧，这个家伙，死硬死硬的，并且掌握着军政大权，把他搞定了，说不定王阳明之流就乖乖举手投降了。

2. 向左还是向右

人生总会有那么几个岔路口，向左还是向右，一步之差，往往决定着命运的转折。诱惑太多，迷茫更多，唯有勇者的心，永远如明镜一般。

这段时间孙燧感觉时间仿佛出了问题，有时太快，有时又太慢。太快，是宁王朱宸濠扩军的速度，现在，据说他的队伍每天都在壮大，从宁王府中传出的打造兵器的声音，混杂着士兵操练时发出的呐喊，一天比一天嘹亮，谋反，已然是公开的秘密。他还发现，作为省长兼省军区司令员，自己却越来越难以控制自己的部属，手下的官员和将领，擅离职守已经司空见惯，他们频繁地进出宁王府，每次回来都面带喜色，有的甚至不遮不掩，当着同僚的面打开手中拎着的沉甸甸的包袱，炫耀宁王的慷慨赏赐：抵得上十年工资的真金白银。对于孙省长的严厉批评，他们大多嬉皮笑脸，不当回事，更有甚者，公然跟领导叫板，说什么识时务者为俊杰。把省长大人气得脸色铁青，却又无济于事。眼看着事态朝着失控的方向发展，孙燧那个急啊，这个时候，他又觉得时间过得太慢，他已经写了十三封举报信，收信人是皇帝朱厚照，然而这些信石沉大海，没有半点回音。其实没有一封信能够走出江西之境。整个江西，已经是宁王的天下。

读了被截获的那些举报信，宁王朱宸濠气不打一处来，心想，这个孙老头，也太不识相了，平日里待他还挺不错的，为什么如此这般执拗？自己和朱厚照，不管谁坐天下，都是老朱家的江山，都是大明王朝的社稷，自己也已经向他承诺过了，只要好好配合，将来事成之后，弄顶比现在更豪华的乌纱不成问题，为什么还是要跟自己过不去？宁王决定给这座顽固的堡垒发出最后的通牒。

那天清晨，窗外起了一层薄雾，孙燧头疼欲裂，记不清多久以前开始，失眠已经成为他的生活常态。仆人已经将早餐端进卧室，但他仅有的那点胃口，刚刚被一份特殊的礼物冲走。礼物是从宁王府送过来的，包装很精美，打开一看，却让人感觉奇怪，一个四格的红木盒子里，盛着与盒子极不相称的四样东西，分别是：红枣、鸭梨、生姜和芥菜。

“这几样东西不搭界的啊，怎么炒得拢一盘菜呢？”孙夫人在一旁嘀咕。她也是绍兴人，知道红枣炖银耳或者莲子都行，鸭梨是生吃的，也可以和川贝一起蒸，生姜呢，烹鱼虾是必不可少，至于这绿油油的新鲜芥菜，却从来是只见过没吃过，因为在江南，芥菜腌制后才是美味。

孙燧却已经大惊失色，四样东西，枣、梨、姜、芥，谐音是“早离疆界”，不就是一道逐客令吗？宁王已经撕破面皮了，那么，自己是走还是不走？走，无疑是妥协与失败，不走，那就等于……当“死亡”这两个字从他脑海中迸出来时，孙燧一颗悬着的心反而落了下去，顿时，一阵从未有过的疲倦袭来，他往后一仰，躺回到床上，闭上了眼睛。

孙夫人感到奇怪，老头子一向是个勤勉之人，就算是休息天也从不睡懒觉，今天是怎么了？“喂，你不去上班了？”她走过去推了他一把，不料老头子一动不动，片刻之后，竟然打起了鼾。

“唉，也真奇了怪了，枣、梨、姜、芥，这四样东西怎么搭界啊！”孙夫人拎起盒子，一边往厨房走去，一边嘟嘟囔囔着。

孙燧已经被完全架空，江西省的文官武将，大多已经收受了宁王的好处，暗地里宣誓效忠新的主子。省军区所辖的数万精兵，只要朱宸濠一声令下，就会齐刷刷掉转枪口杀向北京。万事俱备，只欠东风了。

什么时候动手？朱宸濠有些迫不及待，一方面是因为想当皇帝已经想得太久，而且觉得经过相当长一段时间的运作，实力已发生质的飞跃；另一方面是北京那边传来消息，听说昏君朱厚照已经有所察觉，那个被宁王花重金买通的佞臣钱宁，最近露出了马脚，眼下已经失宠，被皇帝派人关押起来，正在审问当中。又一个刘公公！听到这个密报，朱宸濠后脊梁一阵阵冒冷汗，前车之覆，后车之鉴，不能再这么来一次了，想当年，刘公公栽了之后，自己好不容易拉扯起来的队伍，一夜晚之间就被解散了，那时，自己谋反的意图还只是在心中，尚未表露出来，还有潜伏下来，东山再起的机会，如今，声势已经搞大，就算是自己想歇工，人家也不会轻易放过自己啊！

那就干吧！朱宸濠招来左膀右臂刘养正和李士实，让他们合计合计，挑个好日子。刘举人掐指一算：那就明天吧！明天？会不会太草率？朱宸濠有些犯疑，这么大的事，好歹也得谋划几天吧，怎么说干就干？李士实也不同意，认为起码得准备个十天半月。刘养正却坚定地表示：就明天！为什么？因为今天是宁王的生日，而明天，按照惯例，江西境内的文武官员，都要到宁王府里来祝寿。刚好，可以把人都凑齐了。

“到了那个时候，谁听话谁不听话，一眼就能看出来了！哼哼！不听话的人……”刘养正用手掌往脖子上一抹。这个动作，让宁王心花怒放，首席军师刘养正在他心目中的地位又上升了一大截，唉！诸葛亮和庞统，到底是不一样的啊！他深深地感叹道。

第二天一大早，宁王府张灯结彩，人头攒动，等到日上三竿，差不多所有客人都到齐后，院子里突然出现了一群膀阔腰圆，全副武装的卫士，众官员大多以为宁王要举行阅兵仪式或者军事表演，这种喜庆的时刻，舞一下剑，来几套真人格斗，倒也能助兴开胃。然而卫士们却直奔大门而去，随着吱呀的声音，沉重的大门被推上合拢，还哐当一声上了门闩。这是怎么回事？随着大门的关闭，院子里的光线，似乎也和官员们的心情一样，一下子变得黯淡起来。

正当众人面面相觑之时，宁王朱宸濠粉墨登场了，他的装束，让所有人都大吃一惊，今天，他穿的并不是大家熟悉的那身王袍，今天，他身上衣服的颜色是红的，红得让人触目惊心，仿佛是一团燃烧着的火焰，更为可怖的是，盘在他胸口的那团锦绣，分明是一条龙！今天来为宁王祝寿的官员，级别最低的也至少是个知县，而知县，都是正儿八经的进士，都参加过殿试，也就是说，都亲眼见到过至高无上的真龙天子。虽然只是跪在那里，用眼角的余光远远地一瞥，但因为这是终生难忘的骄傲记忆，所以刻骨铭心，永世难忘。皇帝的那身鲜红欲滴的龙袍，龙袍前襟上那条欲飞的巨龙，今天，怎么会出现在这里？

只有一个人镇定自若，脸上没有一丝一毫的意外和惊慌，他，就是孙燧。这一天的到来，早已在他的预料之中，他甚至已经算出了今天，今天，一定是宁王图谋不轨的最佳时机。然而，他无能为力，此刻，虽然心若明镜，但可惜这面镜子，只能照妖，不能镇妖。

刘养正和李士实像两个跑龙套的家伙，一左一右出现在“真龙天子”身边，他们宣布：今天，大明的皇帝不再是朱厚照，而是宁王了。理由很简单，朱厚照其实并不姓朱，他只是一个平民百姓家的孩子，前代皇帝弘治没有后代，太监李广便到民间去找了个替身，冒充太子，欺骗文武大臣以及黎民百姓。现在，这个谜终于揭开了！而揭开谜底的，不是别人，是当今的皇太后，也就是朱厚照所谓的亲生母亲！是皇太后亲自下旨给宁王，命他替天行道，匡护正义！

刘养正强调：宁王才是真正的皇帝，“宁王万岁、万万岁！”最后，他竟然喊起了口号。现场的不少文武官员们也跟着呐喊，但声音听上去有些杂乱无章，明显中气不足。

“等一下！”一个雄壮的声音响起，盖住了现场所有嘈杂，是孙燧，他看上去是那样的瘦弱，身材也不高，但笔笔挺地站着的这一刻，官员们都觉得自己在仰望一座高塔。

“孙省长有什么话说?”刘养正不阴不阳地问道。

“没什么话说，我只想看一样东西。”孙燧平静地说。

“什么……东西?”倒是刘养正有些沉不住气，原本伶牙俐齿的他，一下子结巴起来。

“你不是说皇太后下旨吗? 那么，诏书何在?!”孙燧目光如炬，嗓音如雷。

“别废话，朕马上要兵发南京了，你，给我听好了，召集部属，给朕护驾!”朱宸濠一口一个“朕”字，让在场的官员们听上去感觉怪怪的，心里一阵阵发毛。

“你这逆贼！现在把这身衣服脱了，或许，皇上还能饶你不死!”孙燧吼道。

刘养正一挥手，几个卫士扑了上去，像老鹰抓小鸡一般，将他提溜起来。孙燧还想说什么，一个卫士手掌稍一用力，只听咔嚓一声，他的胳膊就像一根树枝一般断成了两截。

“拉出去斩了!”刘养正轻描淡写地吩咐道。几分钟后，一颗滴着血的人头被拎了进来，那双不屈的眼睛怒睁着，看得所有人胆战心惊，包括宁王朱宸濠本人。

三天以后。一个人在路上行走，他是王阳明。他本来是要给宁王去祝寿的，作为江西境内的一个地方官，南赣汀漳边区主席，说大不大，说小不小，不大，因为上面有省级领导，不小，因为下面还有知府知县。但按照此地的规矩，但凡知县一级，七品芝麻官，就得向宁王送些贺礼，礼金么，要么从自己菲薄的工资中挤出一点，要么从所辖的地方财政中变相开支。前者只是一种理论上的可行性，谁也不会傻到真的这么去做。但王阳明连后者也不想做，因为边区财政一直十分紧张，尤其是这段日子，刚刚平定了境内的匪患，百废待兴，政府的钱袋子实在是紧得很哪！所以他故意借公务繁忙，一再推迟去省城南昌的行程，出发之后，一路上慢慢磨蹭着，心里的真实想法是，最好误了时辰，把这件事情赖掉就好。

也真是老天照应，走着走着，接到兵部的一个命令，要王主席去邻省福建参与剿匪。这任务太好了，来得太及时了，王阳明心花怒放，虽然这只是一次配合性的任务，因为王阳明管辖的边区政府中，横跨江西福建等省，其中有将近四分之一的地盘在福建境内，所以这次福建全省范围的剿匪行动，中央也指令他共同参与。当然，考虑到边区前阶段在自己的剿匪工作中消耗较大，所以这次没有硬任务，也不必动用军力，只要求王阳明作为军事顾问参加行动。这个时候，王阳明已经走到了南昌城边上，这些日子，没有刮风下雨，更没有遭遇泥石流什么的，眼看着难以在行程上找什么借口，这笔本来可以给老百姓做点事情的款项，只好去孝敬宁王了，如今中央的命令一到，再没有比这个更好的借口了！远远眺望了一眼前方依稀可见的南昌城墙，王阳明做了一个鬼脸，转身便走，走着走着，感觉脚步越来越轻松，整个人仿佛飘起来一般，因为心情好，不知不觉唱起了家乡小曲莲花落。

走到丰城的时候，王阳明决定到县衙去转一转。丰城知县也姓王，也是浙江人，而且是一个心学迷，所以平时经常跑到边区去跟王主席请教。王阳明对他的印象不错，今天刚好经过他的地盘，顺便去歇一下脚。

已是傍晚时分，王县长刚刚要下班，见老乡兼领导来了，十分高兴，想要请王主席到县城里最好的馆子里撮一顿，王阳明却提议搞几个馒头烧饼，再配上点酱菜，在县衙里随便对付一下，这样可以节省一点。在一穷二白的边区干活，王阳明已经养成了节俭的习惯，“一粥一饭，当思来之不易；一丝一缕，恒念物力维艰”，其实早在龙场那段艰难岁月，已经让他悟透了这句古训。王县长知道王主席一向不玩虚的，于是依了他，只是加了一道菜：霉干菜毗猪肉，这是家乡绍兴最经典的土菜，既杀饭又聊解思乡之苦。王阳明吃得很开心，不过吃着吃着，却觉得有点不对劲，因为王县长一直愁眉不展，也没怎么动筷。在王阳明的记忆中，这个小老乡一向胃口不错，有一次到边区来出差，一口气就干掉了一整只腌鸡，让王阳明心疼得直抖眉毛，因为这只咸得发苦的鸡他原本计划从冬天吃到春天。

一定是有什么心事！未等王阳明开口询问，王县长已经重重地唉一口气，开始往外倒苦水，原来，是宁王叛乱了，现在，正逼着他们这些官员当贰臣，他心底里一万个不愿意，但实在是没有办法。

“那很简单，跟着我一起走吧!”王阳明呼地一下子站了起来，大喊一声：“走，现在就走!”王县长发现，老乡兼领导的脸上，没有丝毫恐惧与惊慌，满是自信与决绝。

“走？去哪里？整个江西，现在都是宁王的天下了啊!”王县长像一只泄了气的皮球一般。

“就算天下是宁王的天下了，我也要跟他干到底!”王阳明目光如炬，让王县长感觉到自己胸口充进了一股气，像一只原本很瘪的皮球开始有了一点点弹性。

“你想想看，南京还在我们手里，南京背后还有北京，有什么好怕的!”王阳明继续给他充气。

“对啊!”王县长挠了挠头，一副恍然大悟的样子，“南京还在我们手中!”不过他马上又皱起了眉头，“听说宁王已经出动大军去攻打九江了，九江一下，南京就岌岌可危了呀!”

“要攻打九江？那我们马上走!”王阳明一把将王县长从椅子里扯起，一脚将门踢开，往无边的暗夜中冲去。王县长本来还想抽点时间取点细软，带在路上好做盘缠，但王阳明不给他这样的机会，这个老乡兼领导兼老师，看上去瘦精精的，手上的力道倒是真不小，被他扯着，王县长感觉到脚底生风，没过多久，就出了县城，踏上了乡间松软的土地。

幸亏两个人走得及时，没有耽误任何时间，他们前脚刚走，宁王的密探后脚就冲进了县衙，桌上一碗乌黑发亮的霉干菜，冒着袅袅的香气，用手一摸碗身，还有些余温。

“给我追！”密探头子大喝一声，“活要见人，死要见尸！追不到，有你们好看的！”

密探们立即兵分数路，朝着东南西北各个方向追去。尽管领导刚才放出了狠话，但他们每个人心中都没有任何压力，他们相信，如今，江西已经属于宁王，天下也马上要成为宁王的天下了，就算是他们能够在天上飞，在水里游，也难逃如来的掌心。

确实，宁王的队伍势如破竹。滚滚长江东逝水，顺着波涛驱舟直下，扼守长江的第一个门户：九江，很快被攻破，下一个目标：安庆，此地已属安徽，攻下安庆，宁王便真正走出江西，走向全国了。

宁王一路向东的时候，王阳明正朝西狂奔。他的目的地是吉安府。按理说，他应该往自己的领地——南赣汀漳边区走，那是他的势力范围，他可以调动力量，指挥顺畅，但他明白，自己早已被盯上了，如果往那个方向走，一路上必定遍布陷阱。事实确如王阳明预料的那样，那天，在祝寿庆典上将江西官员一网打尽，现场假传皇太后的圣旨，宣布替天行道，并将省长孙燧枭首示众，杀一儆百之后，宁王清点归顺的官员，发现漏网之鱼的名单中，一个重要人物赫然在目：王阳明。逃几条小鱼不打紧，这可是一条大鱼啊！怎么能让他溜了呢？宁王把自己左膀右臂，刚刚新封的左右俩丞相——刘养正和李士实紧急召来，狠狠批评了一通。刘李两人表面上唯唯诺诺，并且开展了深刻的自我批评，但心里却很不服气：王阳明算什么大鱼？充其量也就是一只张牙舞爪的螃蟹，表面凶恶，内里却并不强大。一个在所谓的“心学”上标新立异的文人，对付几个山贼还行，真的要两军对垒，跟宁王作对，凭他的本事，估计也就是螳臂当车吧！不过，不服气归不服气，他们还是认认真真地去布置落实追缉王阳明的任务，这个家伙，过去给他们添堵，现在给他们添乱，抓住了，一定得让他好好吃点苦头！

选择往吉安方向跑，王阳明心中还有另外一个打算，那就是去找吉安知府伍文定，他们之间有着特殊的渊源。尽管在路上听说，伍文定在去给宁王祝寿的时候，跟其他官员一样被一网尽收，而且已经宣誓效忠宁王，但冥冥之中，王阳明感觉到，伍文定不会跟着宁王走，决不会！因为，他对他实在是太了解了！

他们是同一年考取进士的，殿试都在二甲，标标准准的同科新秀。进士及第后，王阳明因为有中央部委任领导的状元老爸王华关照，留在北京，而草根出身的伍文定，就分配去了基层工作，在常州任推官，相当于中级法院院长。过了几年，又调到了四川工作。这些年里，他们碰头不多，每年最多见上一面，一般都是伍文定到京城出差或者述职时，才去王阳明单位或者家里走一走，聚一下。就这样平平淡淡过了六年，之后轰轰烈烈的邂逅，竟然是在锦衣卫的大牢里。入犹狱之前，王阳明在兵部上班，已经爬到了正六品，伍文定的身份是成都市副市长，也是正六品。两个人入狱的原因一样：得罪了太监刘瑾。得罪的方式有些不同，王阳明是在给皇帝写信时影射了刘公公，而伍文定，是因为四川省省长跟刘公公对着干，最终的结果当然是鸡蛋碰石头，跟省长关系不错的他也受到了牵连。在黑暗的大牢里待了一段时间之后，王阳明靠老爸王华疏通关节，被放了出来，贬到遥远的贵州，在蛮荒之地龙场当上了政府招待所所长。而伍文定，因为没有什么靠硬的关系，比王阳明还惨，被一捋到底，直接变成了平头百姓。一起坐牢，之前又是同科及第的老朋友，惺惺相惜，在短暂的放风过程中，两人常常借机交流，有时说上几句话，有时就用眼神。两人都坚信，正义一定会战胜邪恶，万恶的刘公公，一定会遭到天谴！不是不报，时候未到，时候一到，统统报销！后来，刘公公果然倒台了，两人先后平反复出，王阳明靠着名声越来越响的心学大师头衔，当然，也靠老爸王华在官场积攒多年的人脉关系，先是回北京中央部委干了一阵子，后来就去了江西，当上了边区主席。级别也有所提高，从正六品升至正四品。而伍文定，还是被回基层工作，先是任嘉兴市副市长，后来调至江西，任吉安市长，级别也是正四品。在官场上，两个人再次站在了同一起跑线上，不过从侧影看，王阳明身姿稍稍靠前一点，毕竟他的职务是边区主席，下辖数个地级市，虽然若是按单个比较，南赣汀漳等等，跟吉安市相比，综合实力相去甚远。

就这样，王阳明带着王县长往吉安方向狂奔，一路跑一边收拢人马，宁王谋反之后，并不是所有人都心甘情愿跟着他倒行逆施，基层和民间对朝廷忠心耿耿者大有人在，只是苦于世道混乱，投靠无门，如果突然出来一个赫赫有名的领军人物，他们立马感觉到有了主心骨。快到吉安的时候，身边已经有了上百个视死如归的壮士。然而追捕者也是马不停蹄，听说王阳明就在前面，他们顿时也来了劲，这可是立功的好机会啊！现在正是改天换地的时候，表现好，当官发财的机会一抓一把，每个人都立功心切，恨不得长出翅膀，飞到王阳明头顶，一把将他擒住，再飞到宁王那里领赏。

跑到一条大河边的时候，断后的人气喘吁吁前来报告：宁王的人马已经离他们只有不到三五里地了，而且，他们人数众多，估计有上千。上千？那就等于自己的十倍？逃亡路上，王阳明第一次皱紧了眉头。他立即吩咐手下去搞船。船只有一大一小两条，最多也就能挤上二三十个人，王阳明立即拍板：兵分三路，一路坐船，另两路分别向上游和下游进发，择机过河。他给自己安排了坐船，尽管这是最危险的一路，因为目标最大，而且，上了船之后，一旦被会追兵盯上，要想在茫茫无际的江面上逃脱，那就是千难万难了。但他必须这样做，一则也是给手下立个榜样，明知山有虎，偏向虎山行，领导挑最重的担子，下属的勇气和力量才会被真正激发出来，二则自己必须尽快到达吉安，在那里，或许还有机会组织人马，进行反攻。上了船之后，已经能隐隐听到追击者发出的呐喊声。

然而船却停在江面上，一动不动，尽管王阳明派人接连去催促三次。怎么回事？他亲自走出船舱，当面诘问船主。没有风叫我怎么开啊？船主一脸的无奈。确实没有风，一丝一毫风也没有，帆扯了起来，却比万里无云的天空还要平静。王阳明闭上双眼，在心底默默祈祷，希望出现奇迹。片刻之后，奇迹果然出现了，轻风拂面的感觉真好。王阳明睁开眼睛，发现船主还是站在自己面前，脸上一副苦瓜相。

“现在，总可以开船了吧！”王阳明发出了咆哮，与此同时，抽出腰间的佩剑，一把扯过船主那对招风耳朵中的一只，剑闪寒光，随着一声惨叫，一只滴血的耳朵离开了船主的面庞，落在了王阳明手中。

“再不开船，我手里捏着的，就会是你的脑袋！”王阳明吼道。

“唔唔……真的不是我不想开船啊……”船主一只手捂着面颊，鲜血从他指缝间如泉水般喷涌而出，另一只颤巍巍地往船帆上一点：“你看，是北风啊！船要开，就开反了呀！”

确实是北风，越来越强劲，吹得船帆鼓了起来，而追兵越来越响亮的呐喊声，就是从北面传来的。王阳明一下了醒悟过来，知道自己刚才做错了一件事，他看了一眼手中那只苍白的耳朵，迟疑了一下，将它塞进了船主的衣服口袋，他想起了一句古训：“身体发肤，受之父母，不敢毁伤，孝之始也”，这只耳朵，尽管已经不可能重新长回到船主的脸上，但还得还给他，同时塞进船主口袋的，还有几锭银子，这是王阳明随身带着的盘缠，虽然不多，但聊胜于无。他原本想记下船主的姓名，今后好给他一些补偿，但时间不允许他这么做，这个时候，他看到远远的江面上，几艘大船正顺流而下，船头上站着的那些武士，他们手中兵刃闪烁的寒光，已经依稀可见。

生死攸关的时刻，王阳明当机立断，留一个人在大船上，其余的，除了他自己和几个身体最强壮的，全部上岸跑路。那个被他点名留在大船上的，是王县长。王县长很纳闷，不知老乡兼领导葫芦里卖的是什么药，但王阳明跟他耳语了几句之后，便恍然大悟，使劲地点了下头。之后，两人以最快的速度互换了衣服，之后，王阳明带着那几个肌肉男，跳到了一条小舢板上，抄起桨，拼命划水，虽然是逆风，但舢板还是顽强地开动了，越驰越远，渐渐消失在王县长的视线之中。

现在，只有王县长独自留在船上了，船舱里寂寥无声，他听到自己的心跳声，这声音越来越响，震彻耳鼓。老乡兼领导的这身衣服，紧绷得很不舒服，其实主要原因并非是不合身，而是……舱外传来一阵嘈杂的人声，砰的一声，一根长矛洞穿了舱顶，从他耳边划过，深深地扎入了船板，这一瞬间，王县长吓得尿都快出来了，心中一阵阵后悔，早知如此，当时就别硬充好汉，答应领导做此等冒险之事，现在，后悔也来不及了，吾命休矣！

然而正当他抱着脑袋，绝望地等着数十根尖矛扎进来，穿透自己的身体时，舱外却传来一声叫骂："住手！宁王要活的！"接着，船舱的布帘被刷的一声撩起，从指缝间，他依稀瞥见一双露着脚趾头的布鞋，往上看，是一条卷起一半的裤管，露出一截满是汗毛的粗腿，王县长不敢再往上看，求生的本能让他灵机一动：扑上去一把抱住那条粗腿，哭喊着"救命啊救命啊！"

"你姓王？"那个粗腿小头目喝道。

"是是是，我姓王！"王县长答道。

船舱变成了审讯室，追捕者心情超爽，眼前这个家伙，一副当官的样子，穿着的衣服，跟密探描述的一模一样，只不过密探说王阳明是个瘦子，而这个家伙，却有点胖。不过也没关系，但凡当官的，哪个不是肉墩墩的？肯定是密探搞错了。审了一会儿，小头目总归有点不太放心，而且刚才这家伙抱着自己的腿大喊救命，似乎跟传说中十分凶悍的王阳明大相径庭，于是又问了一句：你姓王？那个家伙又鸡啄米似地点了下头，再问：你叫什么名字？那家伙吐出两个字，却根本不是"阳明"！这个时候，追捕者才发现，他们抓错了人。

"你！……"小头目抡起一脚，将王县长踢翻在地，觉得还不解气，辟手夺过身边下属的一把尖刀，准备来一个白刀子进去，红刀子出来。王县长感觉裤裆里一热，这回真的是被吓出尿来了。危急时刻，他大喊一声，亮明了自己的身份：丰城县知县，并且上牙打下牙磕磕巴巴地解释：自己是被叛贼王阳明一路绑架到船上的，刚才，王阳明逃走时，硬是用刀指着，逼自己穿上他的衣服。

“宁王万岁！万万岁！”见小头目有点迟疑，王县长又使出了一个招数，这样一来，追捕者不好下刀了，谁敢杀一个拥护宁王的人呢？

经过此番折腾，当追捕者想起来要继续去追王阳明时，他已经跑得无影无踪了。

3. 南昌！南昌！

迎难而上才能逢凶化吉。别人不敢做，甚至连想也不敢想的事，王阳明却做了，而且做得很巧妙很完美，成功，源于一颗勇敢的心。

一路狂奔，王阳明一口气跑到吉安，跟他预料的完全一致，伍文定果然在那里。跟着宁王一路向东，在攻克九江之后，他就开溜了，回到吉安之后，立即整顿旧部，准备跟宁王好好干上一场。王阳明的到来，让他喜出望外，两双手紧紧地握在了一起，感受到了彼此心中相同的信念。这一对同学兼战友，曾经在锦衣卫的大牢里共同体验过人世间的最黑暗，如今，心中再也不会有任何畏惧。

与此同时，王阳明那些在江边分头行动的部属，也将宁王叛乱的消息带到了南赣汀漳边区，那是一块横跨江西与福建两省的贫瘠之地，曾经盗贼横行，民不聊生，如今，却是一个太平世界，朗朗乾坤。尽管王主席不在，但边区部队立即动员起来，一切都是那样的井然有序。除了少数老弱病残之外，所有人马都出发了，向着一个方向：吉安，在那里，他们的领导，不！领袖，正等着他们，无论一路上有多少艰难险阻，他们都愿披荆斩棘，前赴后继。浩浩荡荡的队伍中，有不少曾经是为害乡里的山贼，如卢珂、郑志高等，如今，他们是护佑黎民百姓，捍卫大明江山的好汉！

这个时候，宁王的军马正在大举围攻安庆，战事正酣，根本没有注意到身后的异常举动。安庆这座古城，这个通往大明留都南京的咽喉要道，正在经受着血与火的洗礼。城墙已经残破，城下尸积如山，城上死伤累累。虽然从兵法上讲，屯兵于坚城之下并不是一件好事，但为了早日攻下南京，宁王决定不惜血本，不计伤亡，一定要把安庆这块拦路石搬开。安庆知府是个有勇有谋之人，手中的兵将虽然不多，但善于四两拨千斤，善于将五个手指握成一个拳头。宁王的军队往哪个方向攻，他就将全部人马用在哪个方向，其他地方，则派一些老百姓穿上军装假充军人，或者干脆竖起一些稻草人。宁王手底下两员大将——吴十三和凌十一，都是草莽出身，干惯了偷鸡摸狗、打家劫舍，跟官府玩躲猫猫还行，最多也就打个游击，根本没有正规战役的经验，攻城之术更是两眼一抹黑，只知道重赏之下必有勇夫，一次次组织敢死队，端着云梯往上冲，一次次被城墙上的滚石檑木砸得屁滚尿流。一连十几天，宁王的军队伤亡惨重，却没有任何进展。

与此同时，王阳明在敌后的纵深之处忙碌着。从南赣汀漳边区赶往吉安的部队，已经与他胜利会师。加上这段时间四处收拢的兵马，王阳明粗略统计了一下，自己手里已经有两万人了。人数虽然不多，和宁王的十万叛军的相比，相去甚远，但这些人都是忠于大明王朝的壮士，意志坚定，视死如归。

听说安庆紧急，王阳明立即召集部属，开了一个诸葛亮会。会上，大家慷慨陈词，一致认为，必须星夜急驰，增援安庆，在宁王背后插上一刀！安庆之围一解，南京就安全了，南京一安全，北京就可以喘口气了，到了那个时候，各路勤王之师陆续赶来，大明王朝也就转危为安了。所以，就算是全体玉碎，全体在安庆城下为国捐躯，也是十分值得的！

然而王阳明的总结性发言却让与会的所有人都大吃一惊。王主席的想法是：攻安庆不如攻南昌！

南昌？跟安庆完全是两个方向，这不是背道而驰吗？但王主席接下去的一番分析与论述，渐渐让下属们陷入深思，深思过后，是恍然大悟。

人人都情不自禁发出赞叹，由衷地佩服王主席的高明。南昌城里，现在只有一万守军，而且，南昌是宁王的老巢，是他的发家之本，一旦南昌光复，宁王的嚣张气焰必定大受打击。所以，只要听到南昌被围攻的消息，宁王一定会坐不住的，一定迫不及待地回师相救，那样的话，也就轻而易举地解了安庆之围。所以，这个南昌城，一定要攻，而且一定要攻下！只有捣了宁王的老巢，才能将一头下山的猛虎变成一条丧家之犬。

“那么，请问有没有这种可能”，会上一位偏将举手提问，“我们攻打南昌的时候，宁王不回兵相救，而是对安庆攻得更起劲，如果那样的话……”

“绝无可能！我可以用我项上人头保证！”王阳明坚定地说，“宁王，没有这个魄力！”

王阳明率军一路飞奔，向着南昌进发。此时，南昌城里各种小道消息满天飞，一会儿说，一支大军掩杀过来，人数不下五万，领军人物是南赣汀漳的边区主席王阳明，此人虽然是个文人，但打仗很有一套，那些横行江湖数十年，猖狂而又狡猾的土匪，全被他剿灭了；一会儿说，王阳明是带着圣旨前来攻打南昌的，圣旨明确指出，南昌城里宁王的军队，如果放下武器，那就既往不咎。一会儿又说，当今天子正在调动各地的勤王之师，两广十万狼兵已经抵达江西边境，皇上已经应允了，如果南昌的守军负隅顽抗，那么，城破之后，狼兵们可以自由活动三天三夜，想干什么就干什么。这个消息让南昌城里上至达官贵人，下至黎民百姓都忧心忡忡，狼兵是什么货色他们一清二楚，平日里有纪律约束着都会干出比土匪还要凶残的勾当，让他们自由活动，那还了得？南昌城里开始乱了起来，人们纷纷拖家带口往城外跑，富人们携带着金银细软，穷人们头顶棉被，肩挑坛坛罐罐。守城官兵中，当官的开始思考前程，当兵的捉摸着怎样别稀里糊涂地丢了自己的小命。

起初，守城的主将还竭力试图控制局面，为了以儆效尤，在闹市区设了刑场，当众砍了几个逃兵的头。但接下去，却出现了令人匪夷所思的一幕：刽子手在刑场上集体罢工。一个消息让他们不愿再给宁王干活了，这个消息是：右丞相的家眷们刚刚逃离南昌城。

右丞相就是李士实。“当官的都溜之大吉，咱还留在这里干吗？青红皂白砍人家脑袋，到时候皇帝算起账来，咱吃不了兜着走啊？”一个刽子手将手中的大刀哐啷一声扔在地上，抖了抖肩膀，走下了行刑台，之后，所有刽子手都学着他的样，钻进了周围看热闹的人群，消失在茫茫人海之中。

南昌城里的飞着的这些小道消息，有真也有假。王阳明确实率军朝着南昌杀来，但人马不过两万，并非传说中的五万。皇帝的圣旨和所谓的狼兵，都是子虚乌有，而李士实家眷的出逃，却是千真万确的。

这些消息缠绕在一起，变得扑朔迷离，真假难辨。其实，消息的背后有一只手在搅动着，要把整座南昌城搅成一团糨糊。这只手的主人，就是王阳明。趁着南昌城里城外乱成一团的时候，王阳明派出了一批特工，化装成商贩旅人、平民百姓潜入城中，四处散布谣言，目的就是让人心动荡起来。

李士实家眷的出逃，恰到好处地给各种假消息蒙上了一层真实的面纱。这群平日里养尊处优惯了的老爷少爷、太太小姐，仓皇奔命，然而刚出南昌城，就被王阳明埋伏的人马截了下来。王阳明决定将这场戏演到高潮。李士实家眷被押上一条大船，关进了一个黑漆漆的舱房，舱房十分狭窄，一大家子老老小小十几口人，连带着管家丫鬟仆役，全都被塞在里面，前胸贴后背，挤得像一叠烧饼。不过还好，船舱是竹篾编成的，也许是上了年头，舱板上满是洞洞，这让家眷们舒了一口气，不用担心会被闷死在里面。到了晚上，一群演员登场了，他们的舞台就在隔壁舱房里。从那里射进来的明亮光线，让舱板洞洞仿佛满天星辰一般。李士实的孙子李忆刚刚十岁，已经在特聘的私塾老师那里开了蒙，前些日子老师刚刚讲过凿壁偷光的典故，此情此景，似乎有些相似，于是他怀着强烈的好奇心，将一只眼睛贴在洞上，于是，隔壁那间灯火通明的舱房里发生的一切，尽收眼底。

和关押他们的这间黑屋子不同，隔壁那间既宽畅又豪华，里面的摆设，让李忆想起了爷爷的书房。爷爷以前做过大官，书房里陈设十分豪华，每次去那里玩，母亲都要再三叮咛，别去动架子上那些东西，那可都是价值连城的宝贝啊！确实，在这个大家庭里，没有人敢随意走进李士实的书房，连儿子女儿进去都得事先汇报，唯有长孙李忆，因为深得老爷子宠爱，才可以想去就去。

过了一会，隔壁舱房里走进来一个人，这个人四十多岁的年纪，个子有点高，人却很瘦，满脸胡子拉碴。他坐在一把红木椅子上发了一会呆，然后铺开一张纸，拿起一支毛笔，在上面奋笔疾书，写了一阵将笔一丢，站起来背着手满屋子踱步，越走越快，脸上的神色也越来越凝重。他一定有什么心事！李忆想，在他的记忆中，有一段时间爷爷也是这样的。那个时候，好像听家人议论纷纷，说是爷爷要复出了，要结束退休生活重新去上班了，那个请他去上班的，好像是什么王来着，对！是宁王。又过了一会儿，外面传来一声“报告!”，进来几个人，除了走在最前面那个领路的，这些人，穿着打扮一看就是戏子。李忆虽然年少，但对戏子还是十分熟悉的，因为以前家里有重大节庆，比如过年或者吃月饼，比如爷爷生日或者奶奶做寿，都会将这些人请来，在后花园的戏台上演上几天几夜，那是最好玩的日子。

大胡子从桌上拿起那张纸，将它折成一个小方块，递给了一个画着关公红脸的戏子。戏子接过去，塞进长长的水袖上的一个皱褶，旁边另一个白脸戏子掏出针线，当场将那个皱褶缝上。

“好了，你们都给我听好了，这封信是绝密的，你们的脑袋可以丢，信绝对不能丢!”大胡子声色俱厉地喝道。

“是是是！丢了脑袋也不能丢信!”红白俩戏子点头哈腰，唯唯诺诺。大胡子一挥手，手下端来一个大盘子，上面放着满满一盘银元宝。

“这个先拿去，事成之后，还有另一半。”大胡子说。

戏子走了之后，大胡子又叫来了几个人，这回全是军人装束，头上罩着铜盔，腰间悬着宝剑，大胡子说了一大通话，李忆不太听得懂，但话里反复出现的两个地名：南京、南昌，却听得清清楚楚。

虽然舱板上有许多透气的洞的，但因为舱房实在太小，这么多人挤在一起，空气变得越来越污浊，再加几个幼儿憋不住屎尿，渐渐的臭气熏天，仿佛夏天的茅坑一般。有人忍不住打了几个响亮的喷嚏，李忆发现，大胡子似乎感觉到了隔壁的动静，两道炯炯有神目光往这边厢一个劲地扫过来。他吓得赶紧将紧贴在洞洞上的眼睛收了回来。

片刻之后，舱房紧闭的门被砰的一声打开了，外面射进来一道亮光，刺得所有人睁不开眼睛，除了李忆，在刚才的偷窥过程中，他早已适应了光明。

门外站着一群人，就是隔壁房间那群人，站在最中间的，就是那个大胡子。

“怎么回事？谁把他们关在这里？”大胡子满脸不高兴。

“别的地方都满了，所以只好临时让他们在这里……待上一阵。”一个手下嗫嚅道。

“你脑子有病啊！”王阳明大声呵斥，“这是什么地方你难道不知道?!”他气呼呼地撩起长腿，从挤挤挨挨的人头上跨过去，贴着舱板望了一眼，这个地方，正是刚才李忆“凿壁偷光”的地方，照着李忆的样子望了一眼之后，大胡子脸色剧变，胸腔里发出一声怒吼：“统统给我拉出去砍了！”

李士实的家眷们发出一阵悲鸣，几个胆小的女眷吓得屎尿迸流，空气里的恶臭顿时浓了几倍。

大胡子捂着鼻子往外走，一时性急，在一条大腿上绊了一下，一个趔趄，差点摔倒在地。就在这个低头弯腰的时候，大胡子忽然怔了一下，因为他看见了李忆的奶奶，也就是李士实的原配夫人。

“怎么是您？”大胡子吃惊地喊道，“夫人，您怎么会在这里？”

“大人……请问您是……哪位？”老夫人战战兢兢地问，目光中充满期盼。

“这个您就别问了”，大胡子伸直了腰，将捂着鼻子的手放下来，脸上堆着恭敬的笑容，“请问您是不是李士实李部长的夫人？”

“是啊是啊！我们正是李士实的家眷啊！”老夫人拼命点头，仿佛溺水者捞到了一根救命稻草。

“还不快快给他们松绑！”大胡子转身朝手下喝道，“你们瞎了眼睛啊，抓的是什么人啊！”

当手下慌里慌张解绳子的时候，大胡子一副余怒未消的样子，“抓了人也不调查，也不跟我汇报，有你们这样办事的？”说完这话，他亲自上前，亲手解开了缚在老夫人胳膊上的绳索。

大胡子和颜悦色地表示，派人将他们送到安全地带，还吩咐手下将扣押的那批金银细软如数奉还。不光完璧归赵，还有添头，那就是一大盘银元宝，算是路费，还有干净的衣服，精美的食物。这让李士实的家眷们感觉如梦如幻。

临行的时候，大胡子在老夫人耳边叮嘱，今天在听到看到的事情，特别是这几个戏子的事，叫家人千万别说出去，除了李士实李部长！

“特别是那个叫刘养正的家伙，绝对不能说！”虽说是耳语，但大胡子中气十足，嗓音很响，所有家眷和下人都听得一清二楚。

几天以后，李士实家眷平安抵达安庆城下，回到了宁王的大营中。李士实感慨万千，却实在是摸不着头脑，到底是哪个好心人救了他一大家子人。更摸不着头脑的，是刘养正，他的家人，也留在南昌城里，如今却没有半点消息，不知是死是活，抑或是在逃难路上落在了敌人手里。渐渐的，刘养正起了疑心。他决定派人对此事进行一番深入的调查，查个水落石出。也许，事情查明白了，也就能晓自己家人的下落了。

然而调查却遭遇了意想不到的阻力。李士实一大家子，连同那些丫鬟仆役，个个要么闭口不谈，要么闪烁其词。

这里面一定有鬼！刘养正一拍桌子，做出了如是判断。跟着宁王造反之前，他干的是算命的行当，这个行当，必须随时揣摩客户的心态，所以，在心理学上，他有自己的一套理论，他认为，正常情况下，一旦虎口脱险，死里逃生，人们一定会感觉很幸运，这个时候，你不去问他，他也会滔滔不绝地将惊险的历程讲上个十遍八遍。如今，李士实一家却沉默寡言，这里面一定有问题，而且，问题大得很！

很快，刘养正派去的调查师找到了一个突破口，那就是李士实的长孙李忆。一家人团聚之后，李士实办的头一件事，不是接风洗尘，也不是清点财物，而且是给李忆找一个私塾老师。李士实始终认为读书是头等大事，书中自有黄金屋，他自己，原本家境就很贫寒，靠读书才出人头地，退休前混到部级干部，复出后更胜一筹，当上了宁王手下的右丞相。不过这右丞相的头衔让他心里发虚，这些日子，久攻安庆不下，身后又传来南昌告急的消息，实在是食不知味，卧不能寝啊！还好家人遇上了一个神秘的好心人，最终化险为夷。所以，想来想去，这样的官，当着心里真是没底，唉，还不如靠读书搏一个功名来得踏实。

原先南昌城里的那个老师，早已辞职不干了，如今兵荒马乱的，找个老师真不容易，接连好几天，都没有结果。意想不到的人，一个老师主动送上门来，自荐当李忆的老师。经了解，这老师还是个名师。李士实喜出望外，决定重金聘请。他哪里知道，自己已经不知不觉落入了一个圈套。这个老师，其实是刘养正派来潜伏在他们家中的特务。很快，老师从学生口中套出了情报。很快，那几个戏子被抓捕归案。果然从水袖的皱褶里搜出了一封密信。信是写给江苏省省长的，落款的名字让刘养正大吃一惊：王阳明！果然是他！信的内容更是让他后脊梁直冒汗，王阳明的意思是，请江苏那尽快发兵增援安庆，兵越多越好，就算是将整座南京城搬空也在所不惜。为什么？

是因为他马上要攻打南昌了，南昌城里现在很空虚，而他手中已有五六万精兵，现在，只要拖住宁王的大军，南昌便指日可下，南昌一下，宁王的士气必受影响，到时再来个两面夹攻，一定能让宁王土崩瓦解。

刘养正立马将密信呈报给宁王。宁王看了“龙颜”大惊，连夜召开诸葛亮会议，商量紧急应对之策。会上，李士实头一个发言，他认为，眼下正是关键时刻，安庆一旦攻克，南京就门户洞开，夺取南京等于夺得了半壁江山。所以决不能气馁，要迎难而上！如果现在回兵去救南昌，简直就是丢了西瓜去拣芝麻。

李士实发言的时候，刘养正心里一直在冷笑，心想您老人家倒是站着说话不腰疼，什么西瓜呀芝麻呀，你一家团团圆圆，就像怀里捧了一个大西瓜，老子的老婆孩子老爹老娘可都困在南昌城里，生死两茫茫啊！此时，他有一种冲动，很想当场将那封密信亮出来，将以老师的身份潜伏在李家的特务获得的调查结果公之于众，这就能当众煸李老头一记响亮的耳光。事实明摆着，李士实这家伙跟王阳明有着说不清道不明的关系，说不定，这家伙早就为自己留好了后路，不然的话，王阳明怎么会随随便便放了他的家人？

这一切，李士实完全蒙在了鼓里，会上，他还是据理力争，坚持继续攻打安庆。然而附和他的人实在是太少了，在场的文臣武将，几乎所有人都觉得应该回援南昌，原因很简单，他们的家人大都困在南昌城里。包括宁王自己也开始动摇，南昌是他的发家之本，他生于斯长于斯，丢了老本，就算了拿到了南京，心底也是空落落的啊！况且还有那封密信，还有那些让他将信将疑的举报。他拿定了主意：回家！至于李士实，尽管刘养正一再提议将他抓起来，但宁王左思右想，觉得不妥，一方面他觉得刘李两人一向不睦，谁也看不起谁，所以，刘养正提供的证据，是否可靠，值得商榷；还有，如今正是用人之际，自己手下，也就李士实一枝独苗是拿得出手的正儿八经的“反正”官员，再没用也能起些示范效应，如果将他废了，今后还会有谁来投靠自己？不过，此人有疑点，得重点监视，今后，凡是重大机密，都不能再让他知道。

这正是王阳明希望取得的效果：让敌人内部出现裂痕。从抓捕、关押到释放李士实的家人，整个过程就是一场精心策划的大戏，而总导演就是王阳明，而且，他还亲自出演了戏中的男一号：让李忆印象深刻的那个“大胡子”。其实，这场戏正式上演之前，王总导演已经做足了铺垫：南昌城里的那些小道消息，包括所谓的五万攻城精兵，所谓的投降者既往不咎的圣旨，所谓的两广狼兵等等，全是假的，全是王阳明派人散布的，目的只有一个：动摇敌人的军心。

刘养正确实能掐会算，擅长心理战术，但比起心学大师王阳明，简直就是一个小学生，宁王更像是一头笨牛，不知不觉被王阳明套上了绳索，牵着乖乖地往屠宰场里走。

南昌城下，将士们摩拳擦掌，等着王主席一声令下，他们就嗷嗷叫着往上冲，然而王主席的令箭却迟迟没有发下来。看着城防士兵们在不断地加固城墙，构筑工事，众将领心里那个急啊！现在，分分秒秒都是黄金，都是生命啊！面对将领们的请战，王阳明神情淡定，他在等一个消息，这个消息就是：宁王是否回兵相救。消息终于来了，宁王十万大军已经从安庆城下起程往回赶。安庆的警报解除了，南京安全了！

王阳明立即下达了总攻令。憋足了劲的将士们奋勇向前，冒着箭雨，冒着滚石檑木前赴后继。攻了没多久，前方就传来了欢呼声，第一批勇士已经登上了城墙，跟守城者展开了肉搏战。又过了一会儿，传来了更加振奋人心的消息：守城者已经弃城而逃，一路丢盔弃甲，溃不成军。如此顺利，几乎令所有人都深感意外，除了王阳明。收到前方的捷报时，他的脸色还是那样的淡定，仿佛一切早在预料之中。

其实南昌城高壁厚，还有一条又宽又深的护城河，十分的易守难攻。城里虽然人心惶惶，但总体态势并未完全失控，宁王留在那里的一万人马，开小差的只是一小部分，骨干还在，装备也相当不错，老百姓逃走了一大批后，城里的粮草更加充足，守上个十天半月，应该毫无问题。然而关键时刻，正当城上城下鏖战正酣之时，突然有人惊呼：起火了！

守军将士扭头一看，果然城里一道烈焰冲天而起，再仔细看，那烈焰的位置，正是宁王府！

“王阳明已经攻进宁王府啦！”一个人大喊道。一传十十传百，守城的将士再也无心恋战。宁王府都被攻破了，这南昌城还有什么守头！还不赶快回家去看看老婆孩子是否平安无事，别一把火也让人烧了房子！

这又是王阳明的一出妙计，火是他派人放的，不烧别的，专烧宁王府，关于宁王府被攻破的消息，也是潜伏在守城官兵中的特务根据王主席的指令散布的。

城，也许难攻，但人心，却容易瓦解。王阳明将心学理论活学活用在了战场上。

走到半路上，听说南昌城被攻破，自己的王府也被烧了，宁王气得差点吐血，催促军队快马加鞭，然而士气开始低落起来，当官的心情很复杂，当兵就比较直截了当，三个字：没盼头，本来嘛，这档子买卖，说好听点是替天行道，说难听点，就是造反，赢了，大家都有好酒好肉吃，输了，那可是要掉脑袋的。如今老窝都让人端了，眼瞅着老本快要输光，这生意触霉头啊！

第六部分
擒获宁王，心学创下赫赫战绩

心术，从官场到战场，演绎经典的制胜法宝，是心学从理论到实践的化身。一介书生王阳明，以“武功”展现盖世才华。这是人生的高潮，也是心学造诣的又一巅峰。

1. 大战鄱阳湖

鄱阳湖上昏天黑地的一场大战，再现当年三国赤壁的情景，宁王却没有当年曹操的幸运。以弱胜强的秘诀是什么？不是突如其来助阵的那场东风，而是弱者心中的强音。

宁王的大军如同一片黑云，向着南昌城压来。傍晚时分，派出去打探消息的斥候来报，大约明天中午，他们就将抵达城下，一场恶战眼看着就要发生。然而王阳明在战前动员大会上的一个重要指示，却令众将领大跌眼镜，一时产生一种错觉，以为主席大人是不是精神方面出了什么问题。连十分熟知王阳明的吉安知府伍文定也十分纳闷，百思不得其解。王阳明的指令是：出城迎战！

“这简直就是送死！”台下，一位将领喃喃自语。其他人嘴上不说，心里却十分认同他的看法。确实，按常理分析，宁王十万大军，而王阳明手头可用的兵力不足两万，这悬殊的差距，放在守城上可能还有一点点生机，如果在旷野上对决，那不是自寻死路吗？

然而王阳明心意已决。他认为，人的潜能是无限的，在逆境中，在背水一战的死地，必能被最大地激发出来。如今，宁王的军心已经出现松散的迹象，面对他的十万大军，决不能示弱，要以暴制暴，将他的气焰彻底压下去。这头貌似强大的骆驼，其实内里已经十分虚弱，出城迎战，也许一场胜利就能成为压垮它的最后一根稻草。

为确保旗开得胜，王阳明将先锋的重任交给了眼下最信得过一个人：同学兼战友伍文定。组织一支五百人的敢死队打头阵，给出的保障措施十分到位：武器是最好的，人也由他挑。

很快，伍文定挑好了人马，个个都是强壮剽悍，武艺精湛的棒小伙，手中的刀剑削铁如泥，胯下的战马是清一色骏马。

出发之前，王阳明检阅了一下部队，觉得确实是人中龙凤，马中赤兔，但隐隐感觉还缺点什么，想了半天，却怎么也想不出来。直到部队出发了之后，王阳明坐在军中帐里，觉得心烦气躁，手捧一本兵书，却怎么也读不进去。门外一阵劲风吹来，瞬间让他清醒了不少，忽然丢下书本，一拍脑袋，心中暗叫一声：不好！要坏事了！连忙发下令去，命一位将领带几千劲旅前去接应伍文定。并嘱咐早去早回，切莫跟敌军纠缠。

这位将领领命而去，心中却有些不解，也不知王主席葫芦里卖的是什么药，先锋部队走了没多久，估计还没跟敌人交上火，怎么就要去接应呢？难不成王主席能掐会算，提前知道了先锋已经打了败仗？

王阳明当然不是算命先生，不过倒是真的算出了伍文定出师不利。其实结果比王阳明预料的要糟糕得多，不仅仅是不利，而是全军覆没。只有伍文定孤身一人侥幸逃出生天。

“这是一支敢死队吗？”与破衣烂衫，狼狈不堪的伍文定见面，王阳明丢过去一个问题。

“是的，是敢死队，名字是我取的。”伍文定回答。

“是不是敢死队，靠一个名字是不够的”，王阳明厉声道，“你的这些手下，他们内心，是否真的愿意慷慨赴死？”

“这个……”伍文定被问哑了，愣了一会，他突然醍醐灌顶，明白过来自己错在哪里，是啊，敢死队，顾名思义，必须敢死，而自己，在组织这支队伍的时候，只顾挑选那些身强力壮的，根本没有想到他的内心，是否真的强大。今天，老同学的这番点拨，让他瞬间明白了什么是心灵的力量。老同学，不愧是中华心学大师！

伍文定决定去组织一支新的敢死队，组队的最高原则是：自愿。

这个时候，宁王的大军已经抵达鄱阳湖畔，越过这个大湖，就可以直抵南昌城下。刚刚全歼了王阳明的先锋部队，这支号称敢死队的精锐，想不到这么不经打，宁王带着左右丞相刘养正和李士实视察战场，发现那些倒伏在地上，尚未冷却的尸体，大多是背后中箭的。这哪里是什么敢死队，分明是一批胆小如鼠的逃兵，看来王阳明确实是个书生，手底下全是乌合之众。想到这里，宁王一颗忐忑的心稍稍安定了下来。不料手下两个丞相之间却爆发了争吵。李士实还是那样的固执己见，口口声声说现在掉转头去还来得及，不然的话事情就麻烦了。他所说的“掉转头去”，是指按原先的计划沿江东下，攻克南京。从安庆城下往回走的路上，他就一直这么吵吵嚷嚷着，宁王听得耳朵都快起茧了。

突然身后传来一声惨嚎，是李士实发出的，宁王在马上回转头去，见他用手捂着半边脸，嘴角里渗出一丝血，像一条虫子一样慢慢往下颌上爬。而他身边的刘养正，怒目圆睁，须发贲张，一只手按在剑柄上，一副随时准备利剑出鞘的样子。看来，他们之间的争执终于演变成了一场战争。

在攻安庆还是救南昌的问题上，宁王是跟刘养正站在同一立场的。尽管这一路往回走，他心中越来越气馁，而且隐隐有一种不祥的感觉，感觉那个原本触手可及的皇帝梦，正和曾经的帝都南京一样，离自己越来越遥远。

但南昌实在让他放不下。这是自己的老巢，祖祖辈辈积攒的家业全在那里，丢了南昌，仿佛就像丢了魂灵一般。

刘养正已经多次在宁王耳边打小报告，告右丞相李士实有私心，提出放弃南昌，攻打南京，完全是出于个人目的。宁王您看，他的家眷都在身边，一个也没少，金银财宝也全部带出来了，他当然无所谓南昌啦！刘养正建议宁王发个令，把李士实抓起好，好好审一审，一定能审出他跟王阳明之间的勾结。

宁王驳回了刘养正的请求。他不希望看到自己内部出现裂痕，当下团结一致是最重要的，何况这两人是自己的左右手，双手互搏，只会便宜了敌人。

渐渐的，李士实发现了刘养正在背后捣鬼，顿时怒不可遏，这个家伙，原本是一个落第书生，和科班出身的自己根本不是同一个档次，靠着装神弄鬼爬到了现在这个位置，自己宽宏大量，从来不跟他计较，想不到竟然想在自己头上拉屎！某天晚上，李士实决定找刘养正好好谈谈。然而话不投机，谈着谈着，就吵了起来，吵着吵着，就打了起来。从此之后，两人之间上演全武行成了家常便饭。之前宁王看到了那一幕，其实已经发生过多次了。见左右两个丞相老是动不动就拳脚相向，那些靠拳头吃饭的武将们觉得又可笑可又悲，越发觉跟着宁王干实在是不靠谱。头脑活泛些的，开始秘密跟王阳明那边联络，为自己将来留条后路。

所以，王阳明决定转守为攻，以区区两万之众，出城正面迎击宁王的十万大军，并非一时冲动，绝对不是拍脑门决策。他要在气势上战胜宁王，在心理上击溃对手。

敢死队全军覆没之后，伍文定一颗心一直被耻辱笼罩着。在战前动员大会上，伍文定再度请战，希望自己再当一次先锋，以雪前耻。“这一次，如果败了，我决不会活着回来！”他当众发誓。王阳明要的就是这个效果。于是将手中的令箭再一次投给了老同学。

这次伍文定带的是水军。因为战前王阳明拍板决定，将战线继续往前推，一直推到鄱阳湖上，跟宁王来一个水上决战！

因为匆促，伍文定只收罗到了一批中小船只。基本上是小渔船，能够得上“中等”的其实寥寥无几。宁王谋反之后，战略目标直指留都南京，十万大军顺江而下，所以将原本由孙燧统领的南昌守备部队的水军全部裹挟走了，一路上还强征了大量的民船，所以大军一过，鄱阳湖上一下子变得空空荡荡。所以伍文定手头会如此局促，特别是在湖面上远远望见宁王的船队时，那黑压压的一片，真有一种黑云压城城欲摧的感觉。

不过两军甫一相交，宁王的水军却深感意外，原以为对面这群小舢板很快会一哄而散，想不到这些小家伙厉害得很，死战不退，射过来的箭投过来的矛又密又准，很快，甲板上躺满了死伤的士兵。见前方初战不利，宁王那个心焦啊，心想此地离南昌虽然不远，但若是眼面前这几条小舢板都扫不干净，那接下去的仗该如何打！他把水军头领吴十三和凌十一叫来大骂一通，这鄱阳湖不是你们哥俩的地盘吗？怎么老半天还搞不定？两人拍着胸脯说，请宁王放心，一定再加把力，把官军给灭了！此语一出，又招来一顿恶骂，而且被骂得狗血喷头，因为“官军”两字点中了宁王的痛处，这个时候，他给自己打的旗号就是“官军”，只不过造反尚未成功，心里有点发虚，眼下吴十三和凌十一却把敌人说成了“官军”，这岂不是长别人志气，灭自家威风？其实这两个家伙都是土匪出身，原本就在鄱阳湖上讨生活，“官军官军”的说顺嘴了，一时那里改得了？何况些天来跟着宁王从东到西又从西到东，眼见着风头不正，形势不妙，私底下两人已经开始合计，这票买卖若是做不成，还是早点盘算着回去干老本行，所以，打仗得悠着点，一定要控制伤亡，千万别蚀了老本。

见吴十三和凌十一一副焉头焉脑的样子，宁王决定提振他们的士气，措施是武器装备上给力一把，拿出了自己压箱底的宝贝：红衣大炮。这可是自己的救命毫毛啊，原本是打算在形势非常恶劣，万不得已的时候才拿出用的，现在，顾不上那么多了。

几门红衣大炮被士兵们吭哧吭哧抬上甲板，填药、装弹、发射，声如巨雷，炮弹落在水面上，溅起几丈高的巨浪。一只小舢板被一颗炮弹打得正着，立即化成了无数碎片，一阵血雾之中，头颅、四肢以及胸腹中脏器的碎片直飞上天，惨烈之状让人触目惊心。连吴十三和凌十一这种杀人不眨眼的家伙，都看得心惊胆战，目瞪口呆。虽然直接命中的并不多，但炮弹的威力实在是太大了，许多小舢板被滔天白浪掀了个底朝天。

看着在湖面上沉浮挣扎的敌军，宁王心里掠过一丝懊悔，早知如此，这好东西就不要藏着掖着，在安庆城下就可以拿出来了，那时候轰上几炮，说不定守城的那帮像石头一样死硬的家伙就乖乖举起了白旗，那样的话，现在自己已经身处南京老皇宫，坐在太祖坐过的那把龙椅里喝茶了……

晴天霹雳响过之后，伍文定有些发懵，不会是在做梦吧？此时天空是瓦蓝瓦蓝的，没有一丝纤云，直到一阵浓浓的硝烟味和淡淡的血腥味同时飘进鼻孔时，他才醒悟过来，看着水面上漂着的敢死队员残缺不全的尸体，他渐渐明白人生最危急的关头已然来临。这个时候，退，或许还能逃出生天，进，则是必死无疑。

他感觉自己的手在颤抖，喉咙口气血翻涌。

又一阵震耳欲聋的炮声过后，那些刚刚还一往无前，视死如归的敢死队员，突然面如死灰，一下子变得不敢死了，扑通扑通，几个胆小的不管不顾往水里跳，竟然弃船逃生而去。看着这群不争气的家伙，上次吃败仗时的狼狈情景瞬间又浮现在眼前，伍文定心中一蓬已经奄奄一息的火猛地狂燃起来，他拔剑在手，长啸一声，命令几个亲兵张弓搭箭，目标就是正在水中扑腾的那几个逃兵。一阵稀疏的箭雨过后，他们全被浇成了尸体。敢死队很快恢复了原状，继续向前猛冲猛打。渐渐的，冲在最前面的几只小舢板接近了宁王的大船，进入了红衣大炮射程的死角，死神一般的炮弹再也够不着他们了。从前方传来的阵阵欢呼声让伍文定精神倍增，船上的桨手们划得也更起劲，现在，他们是真正义无反顾地勇往直前了。

虽然和宁王的那些大船相比，伍文定乘坐的指挥船也不过是大象面前的一条独狼，但因为是敢死队里的旗舰，比手下那些舢板要大上不只一圈，所以在湖面上目标相对大一些，很快，所有的红衣大炮炮口都对准了它，炮手们都明白，在进入射程死角之前将它轰沉，其震慑作用有多大。

一连串的霹雳过后，伍文定感觉自己一会儿飘上云端，一会儿跌入深谷。身体也飞了起来，几次撞向船帮，差一点点就像湖面上那些被炮声惊飞的沙鸥一般直插云霄。忽然他感觉下巴上一阵灼痛，一摸，连手也被灼痛了，原来是胡子着火了。几秒钟后，他就从一个虬髯大汉变成了白面书生。不过还好，身上别的地方没有烧着，很快，那些炮弹激起的巨浪已经落在船的后方，而且越来越远，而宁王的那些大船却越来越近，近到可以看清船上那些人脸上惊慌的表情。这个时候，伍文定忽然想起一样东西，那是临行前王阳明亲手交给他的，并且再三叮嘱，敢死队冲上敌军大船之时，马上拿出来展示一下。

这是一面白布，上面一行遒劲的大字，是王阳明亲手书写的，内容是："宁王已擒，我军毋得纵杀!"

展开这面白布的时候，伍文定的敢死队冲在最前面的几只小舢板已经靠上了宁王的大船，第一批敢死队员甩出了手中的绳索，绳头的抓钩稳稳搭住船帮后，敢死队员将雪亮的短剑衔在口中，一边噌噌往上爬，一边躲闪着船上射下来的箭，投下来的矛，敏捷得像是山中的猿猴。当第一个敢死队员跃上甲板，挥剑砍翻三个敌人时，宁王的队伍终于扛不住了，四散逃命，这回，轮到他们往水里扑通扑通下饺子了。

当巨幅白布在宁王第一艘沦陷的战船上迎风猎猎之时，宁王的士气顿时崩溃了。越来越多的人不顾一切往水里跳，尽管甲板上根本没有敌军的身影。

伍文定也上了大船，靠写八股文章考上进士的他，没有攀岩的本事，是手下一个膂力超好的敢死队员将他背上去的。大船真好，站在甲板上，仿佛站在山峰上，湖面上的一切尽收眼底。现在，终于彻底看清楚了宁王的水上大军，规模如此庞大，尽管已经开始动摇，但那种霸气，还是令他倒吸一口冷气。看来苦战还远未结束。转身四顾，瞄见了歪斜在甲板上的一门红衣大炮，伍文定忽然心生灵犀，何不以其人之道还治其身？派人去问了一圈，敢死队里还真有懂火器的，捣鼓了一通之后，发出了一炮，也许真是宁王气数已尽，炮弹不偏不倚，落在了宁王乘坐的那艘大船上，炸死了一批贴身卫士，宁王的一只袖子也被烧焦了。幸好没有受伤，不过再也没有勇气继续战斗了，宁王的船队一路败退，中间有的被伍文定的敢死队俘虏了，有的开小差溜之大吉了。退到一个地方，清点人马，竟然少了大半。

望着湖心孤零零的一块岩石，宁王朱宸濠心如刀绞，称帝大业尚未完成，部下却纷纷作鸟兽散，看来前途是越来越渺茫了。唉！悔不该当初从安庆城下往回撤，功亏一篑啊！鄱阳湖水似乎读出了宁王的心思，一波一波地围着岩石激荡着。

“这块石头叫什么名字？”宁王问道。

水军正副司令吴十三和凌十一就在旁边，鄱阳湖上没有他们不知道的地方，异口同声道：“黄石矶！”

黄石矶！听上去怎么怪怪的？宁王正在思忖，忽见左丞相刘养正大惊失色，颤声道：“快快起锚，此地不可久留！”

为什么？众人一头雾水，好不容易停下来喘口气，又饥又渴正想找点东西填肚皮，怎么又要上路了？

宁王也觉得不妥，正想驳回刘养正的请求，不料这个算命先生将嘴巴凑到他耳边，轻声嘀咕了几句，顿时，宁王面露惊慌，立马下令船队开拔。

原来刘养正说的是：这个黄石矶，听上去就像是“王失机”，是凶兆啊！得赶快避一避。纸包不住火，很快，仓促起程的原因在军队中传开了，恐慌像瘟疫一样快速蔓延，赶了一晚上夜路，天亮一看，船队的规模又缩水了不少，许多人趁着夜色脚底抹油了，这些人中，包括吴十三和凌十一，这两个江湖大盗一向迷信风水，以前每干一票大买卖，出发之前总要请个算命先生测一下时运济还是不济，所以他们一向崇拜左丞相刘养正，而对于科班出身的右丞相李士实，则一向看不起，认为他是一个典型的书呆子。关于“黄石矶”和“王失机”，经刘养正这么一分析，他们信以为真，既然王已经失“机”，已经不可能转型升级为皇，那还有跟着他干的必要吗？李士实听说这件事情后，气得差点吐血，他想，看来宁王真的是难成大事了，看，手下这帮人，除了自己，简直全是猪脑子，那个叫“黄石矶”的地方，就算真的是“王失机”，那为什么一定是宁王失机呢？我们对面的敌人，那个叫王阳明的家伙，不是也姓王呢？为什么不能理解为王阳明失机呢？他本想去军中做些思想政治工作，然而接下去宁王的一个决策，让他彻底死了心，完全失去了工作动力。

宁王的决策是：在鄱阳湖的一个角落里，将剩下的所有船只排成一字长蛇阵，并且用铁索连接起来，目的是为了防止有人开溜。李士实大吃一惊，这不是跟曹操干同一勾当吗？他本想去宁王那里劝说一番，不过当听说这建议是刘养正提出来时，立即改变了主意，他很想亲眼看见自己的死对头出一次大洋相。此时，因为头脑里被仇恨塞得满满的，他根本没有往深处再想一想，自己和死对头坐着的是同一条漏底的破船，若是死对头出了洋相，那么，自己不是也跟着一起玩完吗？

王阳明当然具备诸葛亮和周瑜的智慧，他只瞄了一眼，就决定演绎一次明版的火烧赤壁。伍文定再度担任先锋。这回，他的实力增强了不少，除了小舢板，还有了大楼船，除了弓箭长矛，还有了火铳鸟铳，甚至是红衣大炮，这些，都拜宁王所赐，正可谓“没有枪，没有炮，敌人给我们造！”不过，瘦死的骆驼比马大，此时双方的实力相比，宁王还是占据相当的优势，如果他不当缩头乌龟，拼死一搏，谁胜谁负还真难预料。

第一次交火过后，宁王阵势的致命缺点就暴露无遗，一船着火，旁边的也跟着倒霉，躲都没处躲。很快，火势越来越大，蔓延成一片。火光和惨叫声中，传来铿锵的金属撞击声，那是士兵拼命用刀剑砍连接在船与船之间的铁索。哪还有打仗的心思啊，恨只恨这铁索太粗太硬，要想砍断可真费劲啊！好不容易砍断了，宁王的船队像一群被雄鹰惊飞的燕雀，四散奔逃，身后拖着熊熊烈焰和滚滚浓烟。

此时，王阳明已经乘坐一条小舢板来到了最前线，登上了伍文定的指挥船。为了在领导面前表现一下，伍文定决定去追一艘大船，那船装饰华丽，船上的兵士看上去不光人数众多，而且比较精干，一部分人在灭火，一部分人战斗，不像别的船那样乱成一锅粥，伍文定觉得，这可能就是宁王的旗舰！然而王阳明却阻止了他这样去做，他眯着眼睛，盯着前方的浓烟看了好长一会儿，伸手一指，下令道：集中火力，给我往那边轰！

那是一条中不溜秋的船，缩在一个角落里，其貌不扬，船头的甲板上空空荡荡，似乎船员们早已弃船而去。在如此激烈的战场上，谁也不会将它当成进攻的目标。然而既然最高领导下达指令，那就遵照执行吧！一阵炮轰之后，出现了一个奇怪的现象，死寂的船像炸开的蚂蚁窝，涌出一大群人，而更让人吃惊的是，这些蚂蚁不是普通的蚂蚁，远远望去，花红柳绿，婀娜多姿，分明是一群女人！这战场上，怎么会一下子冒出如此多的女人？而且，从他们的穿着打扮来看，绝对不是一般的女人！

她们确实不是普通人家的女子，她们的身份很特殊很高贵，她们中的一些，人生的远景目标原本是皇妃甚至皇后，然而，她们现在现连王妃都做不了了，甚至连命也保不住了。水花溅起，香消玉殒，宁王宫中的美丽多姿，瞬间成为梦中的凄惨回眸。

虽然是轰对了，但王阳明一点也高兴不起来，战争的残酷在这一刻让他的心在流血。这些无辜的女子，她们从未做过什么伤天害理事情，只是因为嫁入王府，才会落到如此下场。

尽管心如刀割，但这个时候朱宸濠却没有一点办法，这是起事之前，他跟她们早就约定好的，如果战事不顺，就要随时做好牺牲的准备，如果到了最后的时刻，那一定要自我了断，否则，落在了敌人手中，会生不如死，而且，她们不是普通的女子，岂能忍受敌人的玷污！宁王身边还有一小撮人马，这是最忠心的卫士，他们死命保护着他，然而从船头转到船尾，却像一群无头苍蝇，找不到逃路。四面白茫茫一片，除了跳进水里，还有什么选择？

正当生死关头，远远的划来了一只小舢板，近了，近了，可以看清船上人的装束了，是自己人！小舢板停在船边，宁王在卫士的搀扶下爬了上去，舢板太小，除了桨手舵手，只能装下宁王一人，卫士们只好留在大船上。舢板渐行渐远，战场被抛在了身后。再往前，是一处茂密的芦苇荡，几只白鹭在空中盘旋。宁王舒了一口气，心想这下安全了，于是问了一句：那边谁负责接应？

"王阳明！"舵手说出的这个名字，起初让宁王愣了一下，接下去，五雷轰顶一般，惊得他头发都差点直竖起来……

2. 御驾亲征

听说皇帝朱厚照封自己为"奉天征讨威武大将军"，指挥御林军从北京驰援南昌时，王阳明心里有一种哭笑不得的感觉，想哭，是为了那些即将遭殃的沿途百姓，想笑，是因为心学再神奇，也预料不到天下竟有如此荒唐之事。

宁王朱宸濠就这样乖乖地束手就擒了，他的那些留在大船上的卫士，倒是忠心耿耿，拒不投降，全部力战而死。左右丞相刘养正和李士实也被俘虏了，在押解的路上，两人还在喋喋不休地争吵，争得面红耳赤，若不是双手被绳子捆得紧紧的，一定会拳脚相加，拼个你死我活。

因为贵为大明亲王，被捕之后朱宸濠受到了优厚的礼遇，没有上绳索脚链什么的，押解他的那几个士兵，领着他一路走向指挥部时，甚至低头弯腰，恭恭敬敬，这让朱宸濠的心境平复了不少，所以见到王阳明的那一刻，感觉对方还是臣子，而自己呢，依然是王者。

"我要回南昌城里去看一看！"朱宸濠的口气还是跟从前一样，带着居高临下的威严，尽管此时坐在上面的是王阳明。

“那里已经不是你的王府了，还回去干什么？”王阳明捻着胡子笑眯眯地说，心里感觉很过瘾，自己的从政生涯中，从来没有俯视王者的经历，以前没有，以后，估计也不会有了，他想。

“我还当我的宁王，大不了把我的护卫削去！以前你们不也这么干过？”宁王说。他说的以前，是刘公公被除掉之后，那时，宁王曾郁闷过一段时间，因为他那支靠刘瑾帮忙搞起来的私人武装被解除了。

“你以为这样就行了？”王阳明收敛起笑容。

“那你们想干什么？拿走我的王冠？”朱宸濠真的将头上那顶金光闪闪的王冠摘了下来，一把扔在了王阳明的脚面前，“拿去吧拿去吧，大不了当个平头百姓，这总行了吧？”

王阳明一掌拍在椅子扶手上，霍地站了起来，对着朱宸濠怒目而视，他的这副生气的样子，让在场的将领们心生寒气，从来没有见过王主席如此愤怒，即便是前线战事最吃紧的时候，他也神情自若，谈笑风生。

“有国法在！”王阳明大吼一声。

吼声让朱宸濠一瞬间变成了泥塑木雕，过了好久，他才醒悟过来，明白自己罪孽的深重，等待自己的将会是什么，想到这些，顿时委顿于地，放声号啕起来。

一把鼻涕一把眼泪哭够了之后，朱宸濠忽然想起了什么，摇摇摆摆地站起身来，对着王阳明作了一个深深的揖：“请您帮个忙！”

听了落魄宁王的悲情诉说，王阳明立即同意了他的请求。这个请求是：寻找娄妃并厚葬。

娄妃？听到这个名字，王阳明怔了一下，心跳开始加速，娄妃，难道她也投湖自尽了？

朱宸濠所说的娄妃，是他众多后宫嫔妃中的一个，可为什么只请求厚葬她一个呢？原因只有一个：当初起事时，唯有娄妃是投反对票的。对于那些后宫佳丽来说，宁王如果能升级为大明皇帝，那当然是最好不过的事了，水涨船高，夫荣妻贵，她们也可以上一个大大的台阶，不，不是台阶，而是巅峰，在那里俯瞰天下。宁王的军队还没有走出江西之境时，众多嫔妃已经开始憧憬起不久的将来在北京紫禁城里的生活。也有人担忧能否适应北方寒冷干燥的气候，会不会影响肤质什么的，但马上被姐妹们当作笑料，在私下谈论过程中，紫禁城被描绘得极尽奢华，里面应有尽有，岂是落后闭塞的南昌城所能相比?

“听说一顿饭几十道主菜呢!”

“睡觉的床都是用锦缎包起来的!”

“连普通的宫女都有太监服侍!”

……

她们七嘴八舌议论的时候，娄妃沉默不语，她决定去再去找一下宁王。

宁王穿着新做的龙袍，远远望去，像一团火焰一般，让娄妃感觉十分刺眼。虽然夫君正在兴头上，但她决定还是试着泼点冷水，不过对于最终的效果，心里实在没底。

“你不想去北京?”宁王屏退左右，一把搂住她，轻声说。娄妃是他心中的最爱，虽然在那些如花似玉的嫔妃中，她的姿色并不出众，顶多算得上是一株淡淡的没有什么香味的水仙，但娄妃与众不同的高雅气质，让她在他心目中胜过娇艳的芙蓉。

“我担心……此一去，到头来我们到不了北京，连南昌也回不来了。”娄妃幽幽地说。其实这话已经不是第一次说了，在宁王正式穿上龙袍，在大庭广众亮相之前，娄妃已经劝过他多次，道理讲得很透彻，但宁王就是不听。皇帝梦已经让他失去了理智。如果换成别人，这样一遍遍唱反调，说泄气的话，绝对不会有好果子吃。打入冷宫算是轻的，很有可能当场拉出去枭首示众。但这是娄妃，不是别人。

“难道你不想当皇后?”对于其他所有嫔妃来说，这样的许诺会让她们当场幸福得晕过去，但娄妃眼中却蓄满了晶莹的泪水，很快，泪水如断线的珍珠一般，扑簌簌往下掉，看得宁王心中一阵绞痛。

“我只想看到您一生平安！”娄妃说。

王阳明并不认识娄妃，甚至连面也没见过，但他认识她的父亲，而且，不仅仅是认识。娄谅，虽然驾鹤西去已有二十八载，但一想起他的名字，音容笑貌立即浮现在眼前。王阳明清晰地记得，那是三十年前，自己新婚之后带着妻子诸氏回家省亲，路过上饶的时候，曾经拜访过这位先贤，仅仅是一面之交，却在记忆中刻下了永难磨灭的深深印痕。

那时的王阳明，是一个年方十八的毛头小伙子，厌学、叛逆，经常跟老爸对着干，结婚是迫于无奈，所以新婚之夜跑到道观里去“格”竹子。“格”了整整一个晚上，没研究出这道观里的翠竹和观世音菩萨后院的紫竹有什么本质区别，倒是因为着了凉而重感冒一场，让新娘子诸氏不得不多当了几天处女。

王阳明是在南昌丈人家中办的婚礼，完婚之后，带着诸氏回浙江余姚老家省亲，路过上饶，听说城里有一个叫娄谅的退休官员，是个学术大师，那时的王阳明，说说是厌学，其实并非完全不爱读书，而是有点偏食，对于考进士的那些必备科目，碰也不愿碰，但对于兵书、心学之类的，却是十分着迷，不然怎么会废寝忘食地“格物”？

跟王阳明的老爸王华一样，娄谅也是正宗科班出身，只不过考上进士有点迟了，当时年纪已经四十有三，所以退休前最高的职位是成都市教育局局长，也就是正处级干部，跟早已是正厅的王华有着很大的差距。不过当时王阳明对官场一点也不感兴趣，他仰慕的，是娄谅研究的课题：格物致知。王阳明深深感觉到，自己在这方面遭遇了瓶颈，亟待高手给自己指点迷津。

乍一见面，聊了没几句，王阳明就意识到，自己面前的这个其貌不扬的老者，果然是个高手。对于格物致知，娄谅有着自己独特的见解，那就是：穷理。也就是说，要对事物的内在本质钻研透彻。这事说说容易，做起来却极难，娄谅的诀窍是：收心、放心。简而言之，就是做事情一定要真正“用心”！在日常学习实践中，娄谅确实是一丝不苟，他笃信“细节决定成败”，每天清晨起床，梳洗完毕，用过早餐，一定会穿戴整齐，以正装出场，先是去家族的祠堂祭拜祖先，然后端坐在家中的客厅里，接受晚辈及学生问候。再接下去，就是正式开始一天的工作，上课、研究、讨论、写作……一直忙到晚上。他的退休生活，其实比上班还要忙碌和充实。

王阳明登门拜访的时候，娄谅正在研究国家大事，桌子上摊开了许多最新收集到的文字材料，王阳明粗粗瞄了一眼，便大吃一惊，想不到在远离政治中心的偏远山城上饶，居然能获得如此丰富的信息，最近国家发生的一些大事，朝廷推出的一些新政，以及谁谁谁提拔了，谁谁谁下台了等等，尽在小小的案头。娄谅招呼客人坐下后，继续搞他的研究，一会儿面露欣喜之色，仿佛拣到了金元宝，一会儿却是双眉紧皱，脸色铁青，好像是被别人骗走了一大笔钱。过了好一阵子，脸上终于淡定下来，变得也无风雨也无晴，这个时候，他开始给学生上时政课，点评国家大事，听着听着，王阳明也入迷了，老先生果真是高手，许多事情，片言切中要害，只语让人顿悟。一些原本一直让自己纠结的事情，经他这么一说，眼前豁然开朗，有一种“听君一席言，胜读十年书”的感觉。

如果不是有任务在身，要让父母早早见到新鲜出炉的儿媳妇，王阳明一定会留在上饶，跟着娄谅好好学习，天天向上。带着深深的遗憾别过之后，王阳明一路行一思考：格物致知的真正境界，原来是这样的！他想，日后一定要找个时间，好好跟娄老师请教！也就是从那时起，他渐渐明白，要能干事、干成事、干大事，知与行必须合一。然而，两年之后，从上饶传来消息，娄老师与世长辞了。

再后来，王阳明人生起起伏伏，等到再度到江西时，已是二十年以后的事了。又过了几年，等到开始跟宁王打起交道时，他才知道，娄老师有一个女儿嫁给了宁王当妃子。曾经有一度他想去跟娄妃见个面，聊聊过去的事，也算是对他老爸的一种缅怀，但娄妃住在深宫后院，宁王，又正竭力拉拢自己参与他的谋反大业，左思右想，只好作罢。

想不到，真正见到娄妃时，她已经芳魂永逝，只剩下一具美丽的躯壳。

娄妃的尸体从湖水里被打捞上来，因为缠绕着密密匝匝的绳索，所以没有被泡胀，看上去还是正常的人形。这些绳索，是投湖之前她命仆人给自己捆上去的，为的是保持忠贞，她认为，自己的身体，除了父母，只能给宁王一个人看。此时宁王也在现场，本来王阳明不准他来，以防意外，毕竟湖上还有一些叛军的残余没有肃清，但宁王苦苦哀求，差点跪下来求王阳明给他一次机会，最后见爱妃一面。

宁王热泪纵横，嘴唇颤抖不止，喃喃自语着旁人听不懂的话。这个时候，两个字从王阳明的脑海中跳了出来：良知。是的，良知，看来每个人都有，不管这个人怎样居心叵测，作恶多端。那么，怎样让良知如日中天，让它的光芒穿透所有的黑暗呢？王阳明陷入了深思。

很快，他的思考被打断了，下属来报：北京那边有消息了，皇帝要御驾亲征，率领十万大军南下平叛！

什么？御驾亲征？还十万大军？王阳明吓了一大跳，这是怎么搞的？这个消息让他啼笑皆非，宁王叛乱之后，王阳明第一时间给朝廷写了信，希望获得支援，之后信写了一封又一封，连他自己也搞不清了究竟写了多少，但每封信都是泥牛入海，杳无音讯。北京那边出了什么情况？难道如此天大之事，也难以让皇帝从豹房里走出来？在一个又一个无眠之夜，王阳明仰天长叹，唯有一遍又遍祈求上苍眷顾，让他早日打败宁王，保佑江西的黎民百姓不再受苦。现在，他的愿望已经实现，但料不到斜刺里会杀出这么档子事。王阳明心底最明白不过，御驾亲征的后果将是什么。

其实朱厚照并非一点也没有关注江西这边的情况，只是宁王刚造反时，他正玩得起劲，一时腾不出精力来对付，等到宁王形成了燎原之势，差不多占领了江西全境，并且进入安徽，猛攻安庆，留都南京岌岌可危之时，他才醒过神来，开始筹划平叛之事。因为这些年来在玩的方面实在是太投入了，所以一转到工作上来，思维与行动还是跳不出一个“玩”字，一去检阅部队，看到全副武装的将士们站得整整齐齐，战旗迎风猎猎，战马啸啸嘶鸣，脑海里就浮现出从前玩过的军事游戏，于是玩兴一下子上来了。这些年来，在豹房里玩得有点腻了，正好出去散散心，大明天子朱厚照一向是个军事迷，有几次还带着御林军跑到漠北，找蒙古人练过，不过这次他心里还隐藏着另一种兴奋，那就是：听说江南多美女，风情别样，“越女天下白”，七八百年前，杜甫就在诗里夸赞过江南美女，朱厚照小时候读过不少书，如今差不多全还给了老师，只有寥寥一些文字留在了心底，这句诗就是其中之一。此番御驾亲征，正好可以亲身感受一下江南美女是怎么个“白”法。

打仗嘛，当然要弄点噱头，朱厚照觉得当皇帝还不如当将军过瘾，于是突发奇想，给自己加授了一个特殊的头衔：“奉天征讨威武大将军”，当然，名字用“朱厚照”不太好，就随便虚拟了一个：朱寿。不过“威武大将军”威武有余，动作却实在太迟缓，走一段停一阵，走走停停，四天之后，才走到百里之外的涿州，为什么这么慢？因为“将军”有一些习惯比较费时，比如吃饭时要看美女歌舞表演，一顿早饭得耗上个把时辰，饭后还要搂着美女睡个回笼觉什么的，睡醒了之后就下基层检阅部队，在检阅过程中喜欢看士兵中真刀真枪演习，有时自己也操家伙亲自参与，乐在其中。

玩得正高兴时，江西那边传来一个消息，让“威武大将军”气急败坏，感觉好像咽下了一只苍蝇。看着陛下气恼的样子，文武官员起初是面面相觑，接下去窃窃私语，猜测这一定是个坏消息，看来安庆不保，说不定南京也已失陷于叛军之手！想到一场恶仗等着他们，那些真正的将军们面色凝重，手握剑柄，盘算着接下去的棋该怎么走。然而随军太监总管张永宣布的消息，却让在场所有人都大吃一惊，继而是一阵狂喜：叛乱已被平定，宁王已被生擒！

建功立业者是王阳明，南赣汀漳边区政府主席。众人再度面面相觑，真是奇哉怪也，一个文官，一个书生，一个研究心学的大师，竟然挽狂澜于既倒，扶大厦之将倾，如果一定要说他有什么军事经历，那也不过是剿过匪，对付过区区山贼，以区区二万之众，与十万正规军真刀真枪地干上一场，并且以弱胜强，将其全歼，就算是在场这些身经百战的将军，掂量一下自己，也不敢说有几成把握！

见皇上很不开心，两个跟随左右，形影不离的佞臣——江彬和钱宁，私下里合计了一下，献出一个馊主意：平叛大军继续往南走，就当是宁王还在江西兴风作浪。朱厚照当然高兴，马上批准，还降下谕旨，叫王阳明在原地待命，不得擅自行动，也不准将宁王押解到北京来。而且对外不能宣布宁王已擒，平叛已然成功。

接到圣旨的那一刻，王阳明已经押着宁王走出了江西，一路向北，眼看就快到杭州了。这样一来，一下子让他陷入了进退两难的尴尬境地。再往前走吧，那就是有违天命了，“原地待命”吧，风险很大，荒山野岭，盗贼出没，丢了别的都不打紧，丢了宁王，那可就糟了。掉头往回走吧，更加不行，叛军大部虽已被歼灭，但流散江湖的残余分子比比皆是，那两个曾经跟着宁王一起闹革命的匪首——吴十三和凌十一就在其中，如果半路上将宁王劫持了去，再打出什么“替天行道”之类的旗号，那刚刚平息的战乱很有可能再度重起。左思右想，王阳明决定冒险抗旨，继续往前走，走进杭州城里再说。虽然这险冒得实在是大，连小孩子都知道，违抗天命是要杀头的。

此时，王阳明早已将个人的生死置之度外。他考虑的不仅是不能把好不容易抓住的宁王给弄丢了，更重要的是，决不能让江西的老百姓再受苦了。战乱刚刚平息，民间百废待兴，如果皇帝率领御林军到江西来游一圈，那老百姓身上肯定会掉一层皮。

王阳明的忧虑是完全有道理的。马蹄声声，尘埃滚滚，“威武大将军”一路南下，一路上鸡飞狗跳，地方政府和老百姓苦不堪言。那些当官的还可以将自己的苦痛转移给老百姓，顶多鞍马劳顿，多往基层跑几趟，多花些脑筋多搜刮些民脂民膏，而老百姓呢，唯有硬挺着，唯有跟自己的肚皮过不去，勒紧裤腰带过日子，同时向老天爷苦苦哀告，希望来年风调雨顺，让地里多些收成。

烟花三月下扬州。扬州遥遥在望，大明天子兼威武大将军朱厚照的心里充满了憧憬。到了这座城市，就到了长江边上，梦中的江南已是咫尺之遥。他觉得心里痒痒的，很想朗诵诗词名篇，一时却又想不起来。身边的三个亲信，文化短板此时完全暴露无遗，太监张永，小时候没读过什么书，青年时期上的是“社会大学”；江彬和钱宁，都是武将出身，年轻时走这条路，就是因为对读书不感兴趣，一看到“之乎者也”脑袋就大，后来带兵打仗，就是因为文化水平低，在部队里一直表现不佳，所以才另辟蹊径，靠拍马溜须混到今天这个位置。

最善察言观色的江彬很快转移话题：陛下，扬州虽然不是江南，但自古扬州多美女！

哦，有这等事？朱厚照来了兴致，立即传旨：到了扬州之后，大军休整三天！

消息很快传进扬州城里，顿时人心惶惶。紧接着各种小道消息满城飘散。其中有一条，说得像是真的一样，说是当今天子是个色狼，每到一地必做的一件事就是临幸处女，而且性功能极强，常常是一口气把那里的处女全部就地消灭。深夜时分，本应是万籁俱寂之时，除了偶尔的狗叫声和打更声，但这个晚上，扬州城里却出现了十分诡异的一幕：几乎家家户户窗口都有烛光摇曳，伴随着压抑着的低低的哭泣声。如果你有特异功能，能够穿墙而过，那你会惊异地看到，几乎所有闺房，无论是大家闺秀还是小家碧玉，抑或是穷人家的女孩，都在上演着惊人相似的一幕活剧：父母与孩子，相拥而泣，泣不成声。

第二天，尽管黄历上清清楚楚写着“不宜嫁娶”，但街头迎娶新娘的花轿却络绎不绝，贺喜的鞭炮声也是此起彼伏，响彻云霄。不知有多少人家在办喜事，在将家里的“水”往外泼出去。所有未婚女儿的家长都一致认为，现在不抓紧“泼水”，就一定会惹上祸水。

然而指腹为婚或者早早定下亲事的毕竟是少数，待字闺中的女孩要一下子找到婆家，并不是一件容易事。那么，只好降低择偶条件，根本顾不上门当户对什么的了，只要能凑合，能帮着一解燃眉之急，那就赶紧嫁鸡随鸡嫁狗随狗吧。这两天，媒婆的生意好得不得了，工作干到后半夜还是不能享受睡眠，不过点着白花花的银子，瞌睡虫马上逃得无影无踪，恨只恨分身乏术，如果能像哪吒那样三头六臂就好了。到后来扬州城里的小伙子不敢上街了，因为只要在公开场合一露脸，马上会被绑票，绑到一个陌生人的家里，被一群人团团围住，套上一身崭新的衣服，紧接着被簇拥着走进一个灯火通明的大堂，莫名其妙地管不相识的人喊爹叫娘。这事情愈演愈烈，最后，连街上的乞丐也撞了大运，只要不是七老八十，满头白发，只要是手脚齐全，眼不瞎耳不聋，就能讨上老婆，享受洞房花烛这一人生的至高境界。

不过谣言很快换了一个版本，说是当今皇帝口味很另类，并不喜欢处女，而是喜欢已婚少妇，最爱寡妇和孕妇。这下可好，天还没亮城门口就排起了长队，排队的清一色少妇，等着去乡下避难，与丈夫孩子挥泪诀别的情景，令人心生伤感。城门太小，队伍太长，烈日当头，不少身体虚弱的孕妇昏倒在地，被家人抬回去找医生抢救。而这个时候，有的医生分身乏术，因为他们正在抢救一些自寻短见的人，被抢救者清一色是年轻寡妇，有的是上吊，有的是投河，有的是吞食毒药。丈夫死后，她们原本是打算守一辈子寡，她们的人生理想是：死后自己的名字刻在街上那座高大的贞节牌坊上。听信了谣言之后，她们就义无反顾地选择了提前实现理想。

然而出乎所有人意料的是，皇帝进了扬州城后，并没有扰民，在亲信江彬和钱宁的陪同下，顾不上旅途劳顿，直奔一个特殊的地方视察民情。太监总管张永没有去，因为那个地方他去了也没什么事情可做，那个地方是：红灯区。

扬州地处南北枢纽，客商云集，色情产业比较发达，在江彬和钱宁的提议下，朱厚照决定去好好视察一番。江、钱两人多年来一直在皇帝身边陪侍，对陛下的兴趣爱好了若指掌，用脚趾头想一想也明白该怎么干，很快策划出了一整套有趣的方案，那就是在风尘女子中开展一场才艺大比拼，扬州所有青楼都推选出自己的头牌参加竞赛，而终评委主任，就是当今大明天子。

玩到兴之所至之时，朱厚照几乎忘了自己这次南巡的目的是什么，那个想夺他皇位的宁王，也早已被他在丢在了脑后。

3. 致良知

每个人心中都有良知，然后要把良知变成实际行动，却是那样的艰难，仿佛是一条了无尽头的坎坷之路。

朱厚照在扬州玩得忘乎所以的时候，王阳明已经抵达杭城，正独自漫步在西湖边上，苦苦思考着下一步该怎么走。听说皇帝已经到了扬州，听说扬州城里乱纷纷的仿佛世界末日即将来临，王阳明苦笑着摇了一下头，澄澈的西湖之水倒映出一张苦瓜脸。一群小鱼游过，搅起几道浅浅的波纹，将他的面容化为无数碎片。杭州，来过多少次？王阳明自己也记不清了，每次来，几乎都会看一看西湖，想一想心事，却从来没有感觉过心事会有如此之重，压在胸口沉甸甸的，让他透不过气来。最近又给皇帝写了几封信，请求不要到再南巡了，当然，信写得很委婉，理由也完全是为了陛下的安危考虑。起初的理由是南巡太辛苦，陛下常年工作生活在北京，没有去过南方，很有可能不适应南方的气候、饮食等等，还附上了一些南方瘴毒的典型案例。见皇帝不理不睬，在之后的信中，王阳明笔锋一转，从自然条件转到了人文环境上，说据最近收集的一些可靠信息，江西境内宁王的余孽贼心不死，正在集结力量，准备在南巡必经之路的一些险要地段，设下埋伏，行刺陛下。这些人都是武林高手，往来如风，百步之内杀人不见血。而且他们人数众多，神出鬼没，实在是难以防范。这封信起初产生了一定的效应，朱厚照心里有些害怕，传旨让御林军停下来。大军一停，江彬和钱宁就浑身难受起来了，原因很简单，本来一路走一路拿好处，在这两个皇帝身边的红人面前，那些地方官点头哈腰，像是见了亲爹一般，虽然皇帝已经莅临了，但他们根本没机会一睹龙颜，只盼着江大人和钱大人给自己说几句好话，至少不要说坏话。见比自己品级还高的那些省长、市长谦恭的样子，江彬和钱宁心里很得意，不过他们真正在在乎的，并不是这种虚情假意的客套，而是一番客套之后的真金白银。一路上，地方官员出手一个比一个阔绰，在这方面，谁都不甘落后，谁都想争第一。见皇帝发愁，这两个佞臣马上齐心协力做思想政治工作，说王阳明根本就是危言耸听，拍胸脯保证一定尽心竭力做好安保工作，最后，将嘴巴凑在皇帝耳朵边上，轻声轻气地说：越往南走，美女品质越高。这让朱厚照心里一阵阵发痒，于是将个人的生死置之度外。

见皇帝没有停下来的意思，王阳明心里越来越焦虑，与此同时，他还收到了来自江彬和钱宁那边的警告，快快带着宁王离开杭州，乖乖地滚回江西去，否则的话……

话没有说完，但王阳明完全明白其中的意思。看来除了往回走，似乎没有别的选择了。正苦闷时，脑海里电光一闪，匆匆想起一个人，看来，也许只有这个人能帮自己了。

说曹操曹操到，正想着怎么跟张永搭上关系时，张永来到了杭城。他是奉了圣旨前来督察的，看一看王阳明究竟有没有认真执行有关命令。一进城，听说王阳明还滞留在原地，张永气不打一处来，他决定此事自己不出面了，派了一个手下去通知王阳明：赶快押着宁王离开杭州，立即动身，越快越好，否则一切后果自负！

这相当于最后的通牒，王阳明久在官场，知道遇到这样的情况，说明一个问题：领导真的生气了！连当面批评指正都不屑了。这个时候，作为下属，唯一的机会就是以实际行动纠正错误。

然而王阳明不愿放弃，决定再试一试。对于张永这个人，他一向有些好感，隐隐怀有一丝期望。虽然从未打过交道，甚至连面也没见过几次，但这个人，曾经靠着一己之力，以弱胜强，扳倒了作恶多端的刘瑾，这就足以说明他并不是一个坏人。尽管别人背后说这是两个太监掐架，纯属狗咬狗，但王阳明相信，张永心中有着一股凛然正气，这，就是良知。只要良知尚存，希望就不会泯灭。

登门拜访数次，都吃了闭门羹，最后一次，王阳明站在门外大叫一声："我不是为我自己而来，我是为了大明的百姓而来！"

过了片刻，门吱呀一声开了，张公公有些感动，决定见王阳明一面。见面的第一句话，王阳明就直入张永的内心：您老人家是皇上信得过的人，您有能力也应该为老百姓做些事。接下去，王阳明阐述了南巡的危害，特别是对于战乱刚刚平息的江西，南巡，无异于又一场战争。

张公公捻着下巴上几根稀疏的胡子，心中若有所思。当太监几十年了，还从未有过人跟他说过这样的话，能为老百姓办事？他感觉自己突然站在了一座山峰上。穷苦出身的他，进宫之前是一个不折不扣的小老百姓，那个时候，家里穷得经常揭不开锅子，七八岁已经有了清晰的记忆时，记得自己还是光着屁股满地跑，裤子，对于他来说是一样遥不可及的奢侈品。慈眉善目的爷爷奶奶，吃苦耐劳的外公外婆，都是在一个水旱相交的灾年活活饿死的。如果不是想有口饭吃，自己也不至于被父母送去挨上一刀。自从成为皇帝身边的红人之后，拍马溜须的人海了去了，但没有一个人说过：您站在山峰上，您可以普济天下！

"让我帮这个忙我很乐意，不过你得交出两样东西，不知你做不做得到？”张永决定试探一下王阳明的诚意，在宫内混了多年，各种虚情假意实在是见得多了。

“没问题，只要能救百姓于水火，别的在下全都在所不惜！”王阳明掷地有声。

“好！你可要说到做到啊！到时可别反悔了。”张公公提出的两个要求是：第一，将宁王移交给他，由他负责看押；第二，王阳明亲自撰写一份平叛的工作汇报，在成绩总结这一块中，增加一些新内容，重点是将功劳归于北京方面。特别要强调的是，是北京方面的及时增援，特别是决策指挥的英明，后勤保障的到位，才确保了平叛的成功。至于王阳明自己的功劳，要淡化，只能一笔带过。

说完这些话，张永目不转睛地盯着王阳明看了好长时间，他认定，面前这个人一定会崩溃，因为，依照官场的游戏规则来评判，他的这些要求，已经完全突破了底线。他觉得，王阳明一定会反悔，有可能据理力争，也有可能苦苦哀求，至于具体怎么做，要由当事人的性格决定，这样的事情，在多年的江湖历练中，他早已见怪不怪了。

然而让他感到十分奇怪的是，王阳明竟然十分爽快地满口应允了。没有任何讨价还价，甚至连一句申辩都没有。

奇怪之后是惊异，惊异之后是感动，张永在心底里慨叹：这到底是怎样一个人啊！莫非他是神不是人？是上天派下来护佑大明的星宿？

之后的一幕，让张公公的手下十分吃惊和纳闷，这个平素里板着面孔，冷若冰霜，高高在上的权贵，今天完全换了一副模样，笑眯眯地一路送王阳明到大门口，点头哈腰一副讨好的样子，这种情景，通常只会在皇上面前才有，而今天登门拜访的这个姓王的家伙，官级不过四品，无论是在北京城里还是这一路南巡路上，凭着他这点级别，要想见张公公一面，那不知得排几天队，转几层关系。然而今天张公公对他不同寻常的客气，送到大门口，又说了好一阵子话，莫非这家伙有什么特殊背景？

当天回去之后，王阳明马上重拟了一份捷报，报告中，对江西平叛的立功人员名单进行了重大调整，补充了一批新人，把江彬、钱宁、张永等人列在了头里，把自己挪到了末尾。

趁着皇帝还在扬州的青楼里寻欢作乐，张永赶紧筹划着排演一台大戏，戏的反派主角是宁王，群众演员形形色色，有军人，有百姓，当然，美女是不可或缺的，在杭州城里，这个倒是不难办。派人随便到西湖边转了几圈，就网罗到一大群。

张永手上忙碌着，心里纠结着，他还在想着王阳明，想着自己这样做，实在是有些对他不住。明明是他凭着一己之力，在危急关头力挽狂澜，将叛乱平息，功劳簿上却要写上毫不相干的人的名字，为了阻止皇帝南下，为了救黎民苍生，他竟然做到了，多么了不起啊，简直是毫不利己，专门利人！想想自己的过去，真是惭愧啊！

其实，当张永心里还“端”着这件事时，王阳明早已“放下”，早已将它抛到了九霄云外。人生经过了如此多的挫折与磨难，功名利禄，在他心中，早已是一片淡淡的浮云。他在思考一个问题：良知。张公公对他态度的一百八十度转弯，让他深深感觉到良知的力量。再度想起宁王，想起他痛失爱妃后落下的伤心之泪，这样一个丧心病狂的恶人，内心深处都埋藏着良知，那么，对于千千万万的常人，良知，好比是山中的花朵，四季绽开，绵延不绝。即便是漫天冰雪的寒冬腊月，良知，也会像梅花一般傲立霜雪。然而，良知要转化为实际行动，却总是那样的艰难，很多时候，人们想想是一套，做起来却又是另一套，做违心的事，似乎已经变成了一种常态。要怎么想就怎么做，总是那样的难，总会遇到这样那样的阻力，看来，要达到一种真正的“知行合一”的境界，这“良知”两字前，还得加一个字，王阳明想了一会儿，觉得“致”字最贴切，致，说白了，就是“实现”，就是“行动”，良知，只有“致”了，才会从虚的变成实的。想到这里，他顿时有一种豁然开朗的感觉。他暗暗打定主意，忙完宁王这档子事，自己一定要好好静下心来，多看些书，多写点东西，多跟学生们聊聊心学。

皇帝兼威武大将军朱厚照走到杭州城外时，张永精心策划的大戏正式上演。后台上，一辆囚车被打开了，放出一个人，蓬头垢面，无精打采，手上脚上都铐着粗大的铁链。这铁链子也太夸张了，即便是囚犯有铁棒磨成针的毅力，放开了让他打磨，估计一百年也难以重获自由。所以当铁链打开的时候，囚犯活动麻木了的手脚时，产生了一种幻觉，觉得自己的手脚轻飘飘的没有半点分量，仿佛稍微动一下，整个身体就会向着空中飞去。当然不可能飞走，在这种严密得像个铁桶的地方，即便化身为一只鸟儿，也是没有机会的。几个超一流的化妆师一阵忙活，囚犯立即换了一副模样，身披铠甲，腰悬宝剑，手中端一根亮闪闪的丈八蛇矛，配以刚刚涂浓的眼圈和眉毛，最后，再加上一蓬油亮的胡子，怎么看怎么像“万军丛中取上将之首如探囊取物”的猛将张翼德。“张飞”被架上一匹浑身漆黑一团的高头大马，反派主角就这么出场了。他的身后，跟着一群匪里匪气的群演员，凶神恶煞一般，举着各种奇形怪状的武器，一路咆哮着往前冲。

与此同时，对面战场上也出现了一群将士，为首那个，白衣白甲，胯下一匹白马，活灵活现当年赵子龙。赵云对阵张飞，这出戏可真够精彩的。唯一的缺憾是张翼德的战斗力实在太差，战不三合，就被赵子龙刺于马下，当然，因为是演戏，双方用的都不是真刀真枪，张飞的长矛更加脆弱一些，是芦秆拼接而成的，稍一交锋，便断成了几截。张飞的扮演者，就是宁王。赵子龙的扮演者，当然莫皇帝朱厚照莫属了。宁王，就是这样被威武大将军征服的！

在杭州城里玩了一阵子，朱厚照渐渐地有点腻烦了，这人间天堂并没有想象中的好玩，南方的天气，却比想象中的要差劲得多。他开始想念起北京和豹房，想了一个晚上，第二天就传旨启程北返。

这一路走还是一路玩。江彬、钱宁变着法子策划新鲜玩意，让皇帝高兴的同时，少不了顺手牵羊地搜刮民脂民膏，张永在一边根本没办法阻止，只好无奈地摇头叹息。走到江苏淮安时，天气已经渐渐转凉，这天晚上，江彬、钱宁安排的节目是一台题为“美女与鹤”的歌舞表演，淮安这个地方，是候鸟迁徙的必经之地，江钱两人一合计，派人捉了几只丹顶鹤来，用细绳拴了当活动背景，前面美女跳舞，后面仙鹤起舞，舞台效果非常好。然而欣赏了一会儿之后，朱厚照便坐不住了，白天到外面去玩，路过一个大湖，景色十分迷人，湖中还时不时有大鱼跃出水面，朱厚照突发奇想：到湖里去夜钓。张永建议别去，现在已是秋天，晚上夜风一吹，很容易感冒，皇上的身体要紧。但这个天下第一玩主玩兴一上来，八头牛也拉不回来。跑到湖边，渔夫们早就收工了，好不容易搞到一叶小舟，船太小，只容一人一桨，朱厚照执意要亲自操桨到湖中心去，张永一边扶着他上船，一边命人火速再去找几条船来，皇帝独自到深不见底的湖中央去，身边没有一个人保驾护航，如何得了？

上船之后，朱厚照一把甩开张永的手，操起桨来一通猛划，还回过头来冲着众人挥挥手。张永心里那个急啊，急得后脑勺飙出一阵急雨般的冷汗。幸好此刻湖面平静似镜，岸边的垂柳纹丝不动。朱厚照越划越远，变得越来越小。张永的视力一向不错，此时盯得眼睛发酸，依稀看到，皇上放下桨，提起鱼竿，往空中一甩，开始工作了。

当几条大船遥遥驰来，张永松了一口气，一颗在喉咙口悬了半天的心刚刚落回肚子里时，远处传来一声欢呼，是皇上发出来的，他手中的鱼竿弯成了弓状，显然是有大鱼上钩了。小舟剧烈晃动起来，那是因为皇上从坐姿改成了站姿，在他的努力下，鱼露出水面，果真是一尾大鱼，在皎洁的月光下扭动着身体。众人刚要喝彩，然而彩声还在喉咙里的时候，却一下子变成了惊叫，因为皇上也像鱼一样扭动了几下身体，瞬间失去平衡，向一侧倒去，水花四溅，皇上掉进水里了！

张永顾不上年老体弱，一个猛子扎进湖中，即便是舍了性命也要去救皇帝。但是这样的立功机会轮不到他，刚才驶近的那几条大船，是江彬和钱宁找来的，他们都是武将出身，陆上水中功夫都很了得，这种时候，当然要好好表现一番，两条蛟龙入水，真龙天子被救了上来，没有什么大恙，只是喝了一肚皮水，还着了点凉，啊啾啊啾不停地打喷嚏。

张永提议皇上回去好好休息休息，最好喝点姜汤驱驱寒气。江彬和钱宁的却执意邀请皇上到大船上去玩玩，他们刚刚物色了几个渔家美女，虽然出身贫寒，不懂礼数，但清水出芙蓉，天然去雕饰，别有一番风味。一说起美女，朱厚照心里就涌过一股暖流，他当即跟着江钱二人上了大船。张永无奈地一声长叹，忧心忡忡地想，总这么玩下去怎么行呢？就算是钢筋铁骨铸就的身体，也是经受不起的啊。

他的担忧果然变成了现实，那天晚上，朱厚照因为受了一场惊吓，又被冰凉的湖水泡了个透，接下去又临幸了好几个别样风情的美女，一冷一热，冰火两重天，终于病倒了。

朱厚照卧床不起的时候，王阳明正陪侍在父亲的病榻前。尽管已经病入膏肓，但见到久别的爱子时，王华的精神一下子矍铄起来，甚至能坐起来靠在床头说一阵子话，咳嗽也不像前些天那样剧烈了。望着骨瘦如柴的父亲，王阳明心如刀割，强忍着不让泪水决堤。父爱如山，这些年来，若不是父亲遥遥地护佑着自己，自己不是已经死在了锦衣卫的大牢里，就是被囚禁在了龙场的原始森林中。还有，直到相逢之后，王阳明才知道，父亲为自己受了如此多的苦楚。当初，宁王派人到南京来做王华的工作，想要策反他，其最终目的是让王阳明加盟他的造反大业。王华左右为难，背叛当今圣上，当然绝无可能，但是拒绝宁王，意味着儿子将承受更多的风险，毕竟是在宁王的地盘里讨生活，宁王想要结果他，还不是轻而易举的事？左思右想，王华走出了一步妙棋，辞官回家，告老还乡。如此一来，没有了政治价值，宁王再也不会骚乱他了。王阳明的安全指数，自然而然也会上升一些。

在陪伴父亲的这些日子里，王阳明将心中的那些思考，那些关于良知的思考，向父亲和盘托出。听着儿子绵绵不绝的唠叨，王华一直沉默着，直到有一天清晨，他突然问了一句："你觉得你已经达到致良知的境界了吗?"

对于这个提问，王阳明觉得自己理应回答："是"，但看着父亲灼灼逼人的目光，心里稍稍有些发虚，于是回以一个微笑，不过笑得有些勉强。正在此时，一个惊人的消息传来：皇帝驾崩了。

朱厚照的英年早逝完全是咎由自取。在淮安夜钓意外落水之后，他得了风寒，一路上焉头焉脑，回到京城后，太医们经过会诊，认为问题并不严重，只要好好调养，来年春天就会康复的。除了对症下药，再附以一些食补之外，最重要的一点，是勿近女色，守住真阳。然而要做到这一点，对于朱厚照来说，比登天还难，身体稍微好了一点，他就又回到豹房，跟美女们打得火热。因为"饿"了一段时间，"吃"起来更猛，狼吞虎咽，大快朵颐，很快，所剩不多的那点可怜老底，全被透支光了。

朱厚照再也等不到春暖花开了，刚过完正月，他就一病不起了。虽然卧病在床，却仍然念念不忘美女，临死前一个月，还硬撑着临幸了一个。只可惜身在花团锦簇之中，却只开花不结果，一个儿女都没留下。死后，他的弟弟朱厚熜接了班，帝号嘉靖。

新官上任三把火，皇帝也是如此，总要推出一些创新举措，彰显圣德英明。王阳明有幸成为受惠者之一，因平叛有功，官升三级，被封为新建伯，光禄大夫柱国，三代并妻一起追封，子子孙孙世袭。王阳明把这个好消息报告给父亲的时候，王华脸上一点也没有现出喜色，尽管这是他们家族有史以来最大的荣耀，反倒是转移了话题，皱着眉头说起了越国往事。王华说的是文种和范蠡的那些事儿，越王勾践称霸天下后，这两个昔日的左膀右臂，完成建国大业后，人生的道路完全是两个方向，文种依然继续辅佐勾践，而范蠡呢，却急流勇退，辞官泛舟五湖，转型为商人了。结果一个下场很悲惨，落得个狡兔死，走狗烹，另一个人生很圆满，不光赚了钱（成为亿万富翁，并被后世尊崇为"商祖"），还享受了爱情（与美女西施喜结连理），快快乐乐地活到了九十多岁。

“其实，你所说的‘致良知’，两千年前，范蠡就已经做到了。”王华最后总结道。

说完文种和范蠡，王华累了，闭上了眼睛。为了不打扰父亲休息，王阳明轻手轻脚走出门外，心里渐渐明亮起来。然而他有所不知的是，此时，父亲的灵魂已经离开了身体，正在半空中深情地凝视着爱子的背影，他坚信，自己所说的一切，爱子一定能做到。

第七部分
最后的辉煌，人生仕途永无憾

王阳明渴望安静地生活，远离尘世的喧嚣，“采菊东篱下，悠然见南山”，这是他所追求的人生至高境界，然而这样的日子过了不到五年，朝廷又想起他来，要让他去做一些他并不想做的事情。

1. 树欲静而风不止

潜心心学，王阳明以为余生将有福与书相伴，然而事与愿违，新的使命在等待着老骥伏枥。

操办完父亲的葬礼之后，王阳明给皇帝写了一份请辞报告，要求辞去一切职务，回家养老。得到的答复是否定的，不过还好，所谓的新建伯、光禄大夫，只是一种荣耀，并没有什么实权，而且，其实嘉靖皇帝登基之后，对于曾经的平叛第一功臣，除了授予的这些虚衔，并没有什么实际的奖赏，压根儿没有因此而重用他，将他放在官场的核心岗位上。所以尽管请辞未成，请假还是可以的，于是王阳明就待在了老家余姚，开始认认真真研究起心学。如此整块的时间，回顾人生，只有在龙场当招待所长时有过，但那个时候，一则心里总惦记着什么时候能结束上山下乡，重新回到城里，二则原始森林里环境恶劣，物质匮乏，常常要操心房子漏水呀，粮食够不够吃呀，晚上睡觉时床底下会不会有毒蛇盘踞呀这些基本的生活问题，心有旁骛，不能聚精会神搞学术研究。再加上山里头除了几个大字不识一箩筐的下属，就是文化程度几乎为零的土著，没有交流的伙伴与互动的学生，这个研究搞起来就像缺了盐的汤一样寡淡无味。现在好了，在家乡开设了心学讲堂，听者如云，千里迢迢赶来拜师的，每天都在家门口排起长队。

王阳明的第一堂讲座的题目，就是“致良知”。那天，外面飘着蒙蒙细雨，天空是铅灰色的，然而听着听着，学生们的心里渐渐阴转多云，最后是晴空万里了。

王阳明说——

在座各位大家好！你们每一个人都崇拜圣人，但其实你们自己本来就是圣人！因为你们和圣人一样，自从生下来的那一天，心中就有了良知。良知，是圣人之道的真骨血。

学生提问——

良知真的每个人都有？包括坏人？

王阳明解答——

是的，毫无疑义。在江西造反的宁王够坏吧？但他并非没有一点良知，他的爱妃投水自尽后，他哭得死去活来，这就很能说明问题。

学生提问——

老师您好说良知常在，当我睡着了的时候它也还在吗？我怎么感觉不出来？

王阳明解答——

你睡着了的时候，有人在你耳边大喊一声，你会不会醒过来？

王阳明说——

每个人都有良知，但为什么绝大多数人一辈子也成不了圣人？原因很简单，因为你没有“致良知”，“致良知”，就是用实际行动去实践良知，打个比方，偷别人东西，没有人会认为是善举，连小偷本人也不会承认自己的行为是正确的，但为什么会违心地去做呢？就是因为他没有致良知。生活中，这样的事例比比皆是，不胜枚举。

学生提问——

怎样才能真正做到“致良知”？

王阳明解答——

心外无物，无心外之物。不是说让你了断尘缘，出家为僧，那是另外一种境界，我的意思是，心里怎么想，就一定要怎么做。要真正做到这一点，首先必须保证心如明镜，不妄想，不让思想步入歧途。说到这里，我又要举宁王这个例子了，宁王是大明的封王，本该恪尽职守，为大明的繁荣昌盛尽自己应尽之力，但他心生邪念，胆大包天，妄想坐龙椅当皇帝，他为什么会将自己送上一条不归路？原因其实很简单，他的心灵之镜蒙上了尘埃，照不见良知了。所以，我们要时时警醒自己，内心的那面镜子是否明净如初？是否染上了俗世的尘垢？拭拂镜面的最好办法，是学习，学习圣人之道，会让我们的心灵永远如明镜一般一尘不染。

学生提问——

您刚才强调了“心外无物”，“无心外之物”，那么，您看窗外山上的野花，它们在那里独自盛开、凋谢，周而复始，无穷无尽，可这跟我们的内心世界又有什么瓜葛呢？

王阳明解答——

你没有看见花的时候，花是寂寞的，心也是寂寞的，当你看到花的时候，正是你心中那面镜子照见美景的那一瞬。

王阳明说——

以前我老是停留在“知行合一”这个层面，现在看来，“致良知”才是最高境界。我再打个比方，如果说良知是一面镜子，那镜子上的尘埃，就是我们心中的贪欲。某天，你独自在路上行走，突然眼前一亮，地上有一个金元宝。这个时候，如果你是一个好人，你的第一反应，是拾金不昧，是尽快找到失主；如果你是一个坏人，你会张眼四顾，心中狂喜，将不义之财据为己有；如果你是一个不好不坏的人，也许就会犹豫不决，患得患失。现实生活中，纯粹的好人和纯粹的坏人都不多见，占绝大多数的是第三种，就是良知与贪欲并存的人，就像我们在座的所有人，包括我本人。所以，我用四句话来总结“致良知”，与诸君共勉：无善无恶心之体，有善有恶意之动，知善知恶是良知，为善去恶是格物。

讲座结束之后，学生们意犹未尽，将王老师围了个里三层外三层，七嘴八舌地继续提问，心中仿佛有“十万个为什么”一样。王阳明捻着下颌上的胡须，笑眯眯地一一作答，尽管讲了两个小时课，有些内急，很想去方便一下。这时，一个学生喉咙底里发出两声咳嗽，所有人一下子都噤了声，几个占据好位置的学生，也知趣地退到一旁。此人不是一般人物，他叫南大吉，是绍兴知府，相当于市长。当初南市长来拜师时，王阳明并不同意，因为都是官场里的人，彼此间又不是知根知底，甚至连熟悉也谈不上，人家可能是客套一下，以示尊重，这样的学生，还是不收的好。但这个南市长，颇有些执着，王阳明不同意，他也不多说，就坐在老师家里，捧一本老师写的书，静静地阅读，静静地思考。时间一长，反倒是王阳明沉不住气了，主动提出收他为徒。

南市长问——

我曾经多次提出，想请老师点评一下我的政绩，可不知为何老师一言不发？

王阳明答——

我已经跟回答过你了。

南市长问——

我怎么没有印象？

王阳明答——

你再好好想想。

……

南市长低头陷入沉思之中，良久，他的眉头舒展开来，目光从混沌到明亮，兴奋地大喊一声：“良知！老师您刚才说的‘致良知’，就是对我政绩最好的点评！过去我哪些地方做得不对，将来我该怎么去做，全在这三个字里面!”

王阳明微笑地点点头，之后，从人群中挤出一条缝，扬长而去，望着老师远去的背影，学生们纷纷喟叹：老师说来就来，说走就走，不拘小节，大道无形，真是潇洒啊！可他们有所不知的是，王阳明匆匆离开，是因为实在憋不住了，现在正直奔洗手间而去。

时光荏苒，日月如梭，一晃五年过去了，王阳明两鬓渐渐染上了霜雪，他在家乡过得很舒心，每天除了讲课，就是读书写作，偶尔回忆往事，恍若隔世。这些年，除了心学研究上的收获，他的人生还有一个意外的惊喜：晚年得子！

在王阳明五十四岁那年，妻子诸氏先他一步离开了人世。诸氏是一个十分贤惠的女子，嫁给王阳明之后，一直未能为他生育一儿半女。很早的时候，她就恳求王阳明纳妾，传承王家的香火，都被夫君婉言谢绝。夫君越是珍爱，诸氏越觉得愧疚，心中的郁闷像一个死结，怎么也解不开。夫君平定了江西宁王的叛乱，回到故乡与她团聚，跟朝廷请了长假，两人终于可以朝朝暮暮厮守了，这本是诸氏日夜渴盼的理想生活，然而没过多久，她却变得更加郁郁寡欢了。还是缘于那个多年的心结，夫君回来之后，亲朋好友走动更多了，都带着小孩过来，都想让自己的孩子与心学大师来一次零距离接触，沾点灵气。越地，向有耕读传家之风，余姚王家更有着深厚的文化底蕴，祖先中最有名的是王羲之，王阳明与父亲王华两代进士及第，王华更是傲立榜首，高中状元。虽然考试成绩不如父亲，但在仕途和学术研究上，王阳明已经青出于蓝而胜于蓝，他既是皇帝钦锡的伯爵，又是闻名全国的心学大师。民间甚至有这样的传说：王阳明是天上的文曲星下凡！

每当目睹夫君将别人的孩子抱在怀里，言笑晏晏的时候，诸氏的一颗心便开始流血，她觉得实在是有愧于爱人，对不起先人。长期的郁闷像白蚁蛀木头一样蛀空了她的身体，她倒下了，临终之前，身体轻得像一团羽毛。

诸氏死后第二年，王阳明便重新娶妻。不是守不住寂寞，而是为了兑现一个承诺，那是他在诸氏临终前许下的承诺，那令人心碎一刻，咽下最后一口气前，诸氏脉脉含情地凝视着相伴数十年的爱人，断断续续地说出了最后的遗言，声音实在太轻，王阳明将耳朵贴在她的嘴唇上，才勉强听清楚。她恳求他一件事，他含泪点头答应。这个恳求是：来年一定要娶个新人！

结婚当年，王阳明的第二任妻子张氏，就诞下儿子。第一次怀抱襁褓的那一瞬间，王阳明感觉到自己的心在颤抖，他仰面朝天，泪如雨下，正是黄昏时分，泪眼婆娑中，天上一片流光溢彩的晚霞，仿佛化为了一抹微笑，多么熟悉的微笑，那是诸氏在天的欣慰。

这一年，王阳明正好五十五岁。老来得子，倍加珍惜，此时，王阳明已经将官场仕途完全抛在了脑后，其实自从经历了龙场的坎坷之后，这些东西已经看得越来越淡，如今，在家乡安顿下来，事业上，从官员转型为学者，生活上，后继有人，一家三口共享受天伦之乐，想象着今后儿孙绕膝的情景，王阳明深深叹一口气，觉上天对自己实在是太照顾了。

当儿子从牙牙学语到蹒跚学步时，一个意外召唤，却搅乱了王阳明如镜面一般宁静的生活。召唤来自朝廷，皇帝亲自下的谕旨，一长串金光闪闪的头衔，让他目不暇接，心生错愕：兵部尚书、广东巡抚、提辖南方十省兵马。哇，部长加省长再加大军区司令，这简直是……更让他吃惊的是，这些还不是全部，皇帝钦赐“便宜行事”权限，这意味着可以先斩后奏，不折不扣一把尚方宝剑！

皇帝想干什么？王阳明觉得有些头晕，屈指算来，今年自己已经五十七岁，离花甲近在咫尺，就算是炙手可热的朝廷重臣，也到了该退居二线的年龄了，何况自己早已主动淡出官场，早已远离仕途的喧嚣。

其实皇帝并没有什么长远的打算，让王阳明重出江湖，只是临时应一下急，让他去当一回救火兵。这回，是广西那边着火了，火势越烧越旺，大有燎原之势。

广西的匪患由来已久，遥远的西南边陲，本来就是少数民族杂居之地，大明王朝的概念，在当地人心目中一向比较淡漠。当政的汉族官员处事公正公平一些，当地人还买点账，一旦管理上稍失公允，民族情绪一上来，就会翻脸不认人。后来朝廷想出了一个办法，说难听点是“以夷制夷”，说好听点是民族自治，知府、知县一级官员，由当地的土著头领担任，而且官职可以世袭。渐渐的，这些从部落酋长脱胎换骨而来的官员，自我感觉越来越好了，变得越来越骄横了，根本不把汉族领导放在眼里。田州知府岑猛就是一个典型例子。和广西不少世袭知府一样，他引以为傲的是拥有一支狼兵。狼兵体格矫健，作战勇猛，朝廷在平息各地匪患时，常常调用他们，让他们以暴制暴。但狼兵纪律松弛，扰起民来，甚至比土匪还厉害。江西的老百姓就吃过他们的苦头，所以王阳明当年在南赣汀漳担任边区主席，负责剿灭山贼时，坚决拒绝了朝廷派狼兵来支援的方案。宁可自己苦一点，也不能让老百姓雪上加霜。然而他离任之后，江西境内匪患重起，几任地方官都难以掌控局面，朝廷没有别的良策，只好用老办法，调派广西的狼兵去干这个脏活累活。任务一派就派在了岑猛头上，谁叫他养着一群精兵强将呢？干活当然是要有工钱的，为提振狼兵的士气，更是为了完成中央下达的任务，狼兵出征之前，广西省长慷慨承诺：胜利归来之后，政府将有重赏！狼兵如狼似虎，远征江西，很快将乌合之众的山贼打得落花流水。老百姓刚刚松了口气，却不料一片更大更厚的乌云压在了头顶，打完了山贼，狼兵觉得不过瘾，将枪头调转过来，对准了普通百姓，抢劫奸淫，无恶不作。江西当地官员跟岑猛去论理，被一顿毒打轰出门来。事后，地方官捂着被打肿的脸，找岑猛论理，吵到激烈之时，跳着脚说：还有没有王法了？岑猛的回答却是：我就是王法！这事很快被上奏朝廷，不过等到皇上派出钦差大臣前来处理时，岑猛已率狼兵踏上凯旋之路，差不多已经走到了广西境内。狼兵走得有点慢，因为他们的马背上驮满了战利品，所以只好选择步行了。这些战利品，其实真正在战场上缴获的只是一小部分，大多数是从老百姓家抢来的，不少物件上面还沾满了鲜血。战利品中还有一些活物，全是年轻貌美的女子，被绳索捆绑着，串成长长的糖葫芦，蓬头垢面，哭哭啼啼，她们大都是寻常百姓家里的女子，被狼兵们掳来，一路供其浮乐，稍有不从，就剖腹开胸，杀害后弃之路边。

狼兵们回到广西老家后，江西的官员再也不能拿他们是问，朝廷也只好睁一只眼闭一只眼。倒是广西省长，听说这一情况后，觉得可以做些文章，趁机节约些财政开支。那天，岑猛兴冲冲地跑到省政府汇报工作，汇报完了之后，见省长大人没有什么表示，以为他贵人多忘事，于是婉转提醒，当初省长大人承诺过，狼兵胜利归来后，政府是要重赏的，重赏倒也不敢当，不知能奖励点什么？大出其意料的是，省长大人横眉冷对，过了一会，猛拍桌子，大吼一声："本官不罚你已经够客气了，你竟然还有脸皮来讨赏？"接下去历数狼兵对江西老百姓犯下的滔天罪状，并将岑猛骂了个狗血喷头。

回到家里，岑猛越想想气，这次到江西去援助剿匪，顺手牵羊确实捞了点好处，但毕竟也有些战损，死伤了一些人马，消耗了不少装备，这一进一出，两下就算是扯平了，但兄弟们总不能白干一场吧？手下大大小小头目，眼巴巴等着自己论功行赏，而自己呢，原本指望着省政府拨一笔款项，这是预算之中的，出征之前省长当着自己面拍胸脯保证过的，眼下，煮熟的鸭子竟然飞走了！岑猛只好从自家的库房里拿了批多年积攒下来的货色出来发给大家。心里那个气啊，没过多久，就开始仿效被自己剿灭了的江西山贼的样子，做一些黑暗的勾当，目的只有一个：堤内损失堤外补。

很快，省长大人得知了这一情况，立即向中央报告，为了清除这颗定时炸弹，报告写得有些夸张，说是岑猛正在阴谋叛乱，建议将他抓起来，送到京城审讯。省长哪料到自己内部藏着卧底，岑猛获得这一绝密情报后，拍案而起，一不做二不休，索性真的反了！一时硝烟四起，战火弥漫，省长大人猝不及防，狼狈鼠窜，落荒而逃。一时间广西南部狼兵烧杀抢掠，汉人血流成河。

天下第一玩主朱厚照当政的时代，朝廷里乱七八糟的，根本没有心思去对付西南边陲的动乱，所以岑猛在田州一带称王称霸，无法无天。嘉靖皇帝上台后，朝廷开始真正将关注的目光投向这片区域，一个英雄人物登场了，他就是姚镆，新任的广西省省长。姚镆曾在兵部当过左侍郎，相当于国防部副部长，军事上很有一套，新官上任之后，立即重拳出击，对岑猛及其狼兵进行了猛烈的打击。其实采取的还是以暴制暴的老办法，花重金从省内别的地方调动其他狼兵过来，再加上汉军部队一起围剿，很快，岑猛撑不住了，派出使者向省长大人求饶，表示愿意归降。但姚省长决定痛打落水狗，来个杀一儆百。岑猛无处可逃，最后想到了一个地方：老丈人家里。这是迫不得已的选择，没有办法的办法。

岑夫人那边势力很强，老丈人就是部落领袖，本来倒是真的可以作为倚靠，但糟糕的是，岑猛跟老婆矛盾很深，前些年就分居两地了，原因很简单，自从得势之后，他沉迷于女色，对原配夫人十分冷落。岑猛的老婆是个刚烈之人，又是养尊处优的公主出身，决不会委曲求全，一怒之下便回了娘家。现在，老公落魄了，浪子回头了，本来公主可以原谅他一回，夫妻说不定能破镜重圆，但岑猛这家伙实在是太不识相，既然是投奔老丈人，做人总得低调一点，对老婆总得客气一些，检讨一下自己以前的过失，表一下今后的决心。但他不管不顾，依然一副大爷的样子，更要命的是，竟然还带着一群小妾，日日在营帐里寻欢作乐。哀莫大于心死，公主绝望了，绝望之后小宇宙像山洪一样爆发了，于是岑猛的死期来临了。一天，丈人请他去吃饭，岑猛虽然心中很不情愿，但迫于寄人篱下，再三推辞未果后，无精打采，拖拖沓沓地带着几个随从过去了。一路上思忖着，这宴无好宴，等会酒过三巡，一定还会提起那个老掉牙的话题：跟公主复合。一想到那个男人婆一样的老婆，一想到她那副凶巴巴的样子，岑猛心里就不寒而栗，走到半路时，脑子一热，决定掉头往回走。然而就在此时，对面的树林里闪出一群人，从装束上看，是丈人那个部落的，过去一问，果然是丈人派来迎接女婿大人的，只好硬着头皮跟了他们走。宴会很隆重，一道道山珍流水般端上来，酒至半酣，见丈人没有提那件事，老婆也没有露面，岑猛心里慢慢安定下来，开始真正动筷，舌头也开始真正享受美味了。吃着吃着，忽然觉得奇怪，怎么陪酒的那些人，包括自己的丈人，都消失不见了？而自己身边那些随从，一个个出溜到地上去了？这酒，并不特别醉人，自己这几个手下，基本上个个都是海量啊！不对，舌头有点发麻，越来越麻，整个口腔，连头皮都开始麻了，摸了一下后脑勺，竟然没有一点感觉，想摸第二下，却连手也抬不起来了。

连人带椅子后向后翻倒在地时，岑猛才恍然大悟：酒菜中有毒！最后的时刻，他手脚乱拂，浑身抽搐，拼命想支撑着拗起来，但身体一点也不听使唤，倒是脑子特别好使，意念飘起来，飞到空中，见到了自己倒在地上的身体，以及远处大地上正在发生的一幕，那一幕实在可怖，以至于他想发出声音来阻止，声音却如同蚊吟一般。那里，他的那些爱妃们全被剥得赤条条一丝不挂，像一群绵羊一般被驱赶着，最后赶进了一个大坑，坑边站着一群壮汉，他们挥汗如雨，手中的铁锹飞扬着，泥土落下去，溅起一阵阵绝望的惨叫……

2. 战争与智慧

“不战而屈人之兵”是至高境界，然而当敌人负隅顽抗，拒不投降时，用智慧缩短战争的进程，降低战争的惨烈，也是一种难能可贵的境界。

岑猛灰飞烟灭之后，田州一带的老百姓以为终于可以过上太平日子了，但事与愿违，那地方还是刀光剑影，不得安宁。这种局面，姚镆要负主要责任。这个尚武的姚省长，打仗确是一把好手，可在团结协调方面，却有着一大块短板。岑猛手下有两个大将，一个叫卢苏，另一个叫王受，岑猛被老丈毒死了，但他的军队并没有散，卢苏与王受抱成团，一边跟官军战斗，一边不断往南退去。一路上收拢了不少岑猛的旧部，实力不减反增。一度两人曾合计过，想跟官军谈判，主动接受招安。他们认为，本来嘛，自己也是官军，只不过领导犯了错误，步入了歧途，现在，领导已经挂了，他们下边这些人，政府总可以网开一面，不必清算到底了吧？他们真的派人去跟省长接洽，表露了自己的诚意，但出乎预料的是，使者被抓了起来，谈判的大门被彻底关上。卢苏和王受只好继续造反，官军步步进逼，他们步步后退，形势最严峻的时候，一度退出国门，退到了交趾，也就是今天的越南境内。虽然落花流水，但其实损失并不大，狼兵们的战略是敌进我退，敌驻我扰，敌疲我打，讲究以运动战、游击战对抗并消耗官军，在没有绝对把握的情况下，从不打正面的阵地战。加上他们熟悉地形，来去如风，所以打了好多年，队伍不减反增，势头越来越猛，星星之火再度燎原。田州又一次沦陷了，狼兵乘胜追击，向着田州隔壁的思州扑去。这回轮到姚镆想坐下来谈判了，他派出使者去会晤卢苏和王受，表示愿意招安他们，当然吃了个闭门羹。到后来，广西的局面完全失控，姚省长实在招架不住，带了几个随从往北京跑，向皇帝求救去了。

嘉靖皇帝很生气，但除了将姚镆头顶上的乌纱捋掉之外，似乎没有什么别的良策。他跟前任朱厚照不同，对军事兴趣不大，没有御驾亲征的雅兴。正在困惑之时，一位大臣推荐了一个人，这个人，名字听上去既熟悉又陌生，熟悉，是因为多年前他名扬四海，陌生，是因为最近好几年里，几乎从未有人提到过他，全国性的重大活动中，也没有他的影子，他，似乎已经被时代所遗忘。这个人，就是王阳明。

嘉靖皇帝隐约记得，王阳明是个会打仗的文人，不光剿过匪，还平过叛，那场叛乱，在近几十年来可是数一数二的。再往深里想一想，自己屁股底下这把龙椅，其实跟王阳明有着莫大的关系，当初若不是他在江西力挽狂澜，平息了宁王的叛乱，保住了哥哥朱厚照的江山，自己哪有可能接班继位？

当王阳明舍妻别子，跋山涉水，千里迢迢抵达广西时，卢苏和王受已经完全做大做强了，两个人所辖的人马加起来已有七万之众。不过这并不可怕，因为皇帝已经钦赐王阳明特权，此时，他可以调动十省的官军，粗略统计一下，他手头有三十万精兵强将。当年在江西对抗宁王时，王阳明是以区区两万乌合之众与十万如狼似虎的叛军对决，而且放弃守城，主动出击，背水一战。如今，优势完全一边倒，所以第一天王司令召集全体高级将领开会时，在场所有人都认为，领导会下达总攻的命令。然而，出乎所有人意料的是，王阳明的决策是：抚。也就是说，他要招安这些反叛的狼兵。

为什么要抚？众将面面相觑，虽然大多数人其实心底里都想过安稳日子，厌倦了打来杀去，但稳操胜券之时，主动放下武器谈和平，总觉得有些突兀。有几个心细的，多看了几眼台上坐着的领导，似乎看出了一点名堂，开始交头接耳。他们一致认为，是王司令不想打仗。原因很简单，你看，他面色潮红，呼吸急促，没说几句话就要停下来喘口气，还时不时伴以沉闷的咳嗽。这人分明是个病人！他不是想和平，而是根本打不动仗。

这种猜测并非完全离谱。王阳明确实病了，而且病得不轻。年轻的时候，他就得过肺病，当年在杭州被锦衣卫一路追杀，他就以肺病发作为幌子，假装吐血晕倒，逃过了一劫。中青年时期，因为命运多舛，东奔西走，日夜操劳，这个病不但没能治愈，反而变得越来越严重。这次接到圣旨担当“救火兵”，一进入广西境内，就浑身上下不舒坦。比起江西，广西更加潮湿闷热，王阳明甚至觉得，这里的瘴气比贵州龙场还厉害。其实黔桂两地的自然条件相差无几，只不过和当年相比，他老了，身体已大不如前。

不过，并非如众将猜测的那样，王阳明不想打仗或者害怕打仗。他的这一决断，是理性的，履新路上，他一路走一路实地调研，有时候停下来，似乎是为了休息，或者是观赏风景，实质上是在考察民情。有意无意地找些基层官员和百姓聊天，貌似为了解闷，其实是在勘察民心。所以走到南宁的时候，王阳明已经差不多琢磨出一套切实可行的大政方针来了。

王阳明发现，这些反叛的狼兵，其实并不是天生脑后长反骨，真的想跟大明王朝对着干，他们另立山头，其实也有自己的苦衷，某种程度上，甚至可以说是被逼无奈。广西这个地方，居住着主要是少数民族，尤其是西南部，地处边境，自大明王朝开国以来，为了维持地方安定，一直采取变通的方法，把市县一级的官员的位置留给当地的部落首领，还可以世袭。在广西的官场里，这些人因为土生土长，俗称“土官”，北京派过去的那些官员，俗称“流官”，流动性很强，干个三年五载就得换地方。土官和流官，一向有冲突，原因么，土官只想安安稳稳过日子，而流官呢，常常想干出一些业绩，好为自己将来的调动和升迁打好基础。在官场里，要想在很短的时间内干出业绩，获得上级的赏识，往往就得来虚的，形式主义必不可少，劳民伤财在所难免。土、流之间的主要矛盾，就是这样产生的。按理说流官大土官小，土官应该听流官的话，任劳任怨地埋头苦干，可广西官场里的上下级关系，可不像别的地方那么简单，那么好处理，土官虽小，但经营的是典型的家族企业，代代传承，根基深厚，手里又掌握着兵权；而流官呢，级别虽高，但到了广西，就像水面上漂着的浮萍，名义上可以行使指挥权，但是否真正能行之有效，得看流官愿不愿意配合。道不同不相与谋，一来二去，矛盾激化，两相互不买账，有时就渐成水火之势。王阳明的前任姚镆到任之后，觉得问题的根子出在体制上，必须斩草除根。他提出了一个创新思路：改土归流。也就是说，废除流官制度，所有级别的官员，都得层层任命，不得世袭！表面上看，这样做是废除陋习，让广西跟全国其他省份一致起来，但实际上，却是给广西政坛制造了一场大地震。那些大大小小的部落头领，虽然领地意识很强，心底里不服汉人管教，但大多数人还是有那么点国家意识的，如今被摘掉了乌纱，自己的地盘上又来了新领导，当然十分不爽，他们原本是一盘散沙，如今被“改土归流”捏成了一个拳头，当这个拳头重重地砸向姚省长时，他的窘境就可想而知了。

所以王阳明决不会重蹈覆辙。靠着优势兵力，可以征服对手，可是，又怎能让人心顺服？

听说新来的王省长派来了谈判的使者，卢苏和王受面面相觑，满头雾水。先前从各种渠道得来的消息是，官军将要大举进剿，他们正商量着什么时候开溜，要不要到越南那边去避一下风头，突然形势来了个一百八十度大转弯，两人脑海几乎同时冒出一个念头：其中有诈！

使者倒是很淡定，慢悠悠地喝着茶，聊起了一些陈年往事。其实淡定是装出来的，这个时候，他的后背全是冷汗，只不过深入虎穴之前，王省长已经反复交代他该怎么说，该怎么做，一些细节问题都考虑得十分周全，包括坐姿、说话的语调等等。听着听着，卢苏和王受感觉越来越奇怪，使者说的那些陈年往事，都围绕着土官和流官之间的纷争，而且，说着说着，就说到他们心坎上去了，因为使者把流官说得一无是处，简直把他们说成了一群笨猪。听到陶醉之时，卢苏首先猛醒，一拍桌子，大喝一声："搞什么名堂！"王受反应一向稍微迟钝一些，这时也明白过来，觉得事情实在是有点蹊跷，这人分明是代表官府的，却怎么一个劲地给官府抹黑？

见两个强盗张牙舞爪的样子，使者一颗心差点跳出喉咙口，但他继续按王省长亲自拟定的剧本演戏："别急，两位别急，来前王省长让我给两位捎句话，你们想不想听？"

"有屁快放！"卢苏一只毛茸茸的大手已经伸向肋下，握住了剑柄。

"逼上梁山。"使者强撑着不让自己的舌头发出颤音。

"嗯，你是说……王省长知道我们的难处？"王受问了一句。

"那当然，不然王省长派我来干什么？"使者随声附和，内心对王阳钦佩得五体投地，这样的结局，临行前王省长已经早已做出了预判，只是当初自己将信将疑，甚至是信少疑多。

接下去聊天的气氛就一下子变轻松了。卢劳和王受打开了话匣子，滔滔不绝地叹起了苦经。说一千，道一万，都是流官的不是，他们也想过安耽日子，谁想把脑袋别在裤腰带造反，还不是给逼出来的？他们对大明王朝是举双手拥戴的，从来没有说过皇帝半句坏话。说着说着，两人就回忆起了老领导岑猛，眼泪像断线的珍珠般往下掉，如果当初不是那个万恶的姚省长拒绝招安，老领导会平白无故地走上黄泉路吗？接下去开始控诉姚镆，恨不得将他碎尸万段。

现在的王省长可不是当年的姚省长，他是很开明的，所以主动跟你们来谈判了。最后，使者作总结性发言。卢苏和王受虽然感动，但还是心存了几许狐疑，正在此时，手下密探来报，说是王阳明已经遣散了各路剿匪的官军，目前南宁周围的驻军只剩不到一万。

哦，有这等事？看来这位新任的王省长真的是有诚意的。卢、王两人走出屋外商量了一下，决定接受招安，不过有个条件，去南宁谈判时，随带一万精兵。这样做的目的，是以防万一。如此一来，假设王省长出尔反尔，他们也不必害怕，一万狼兵对一万官军，他们有着全胜的把握。

王阳明爽快地答应了他们的要求，还主动附加了一项优惠措施：南宁的四个城门的哨兵，全部换成卢、王两人的家乡人——田州人，让老乡守城门，总不必担心城里有诈了吧？

很快双方见上了面，初次见到王省长，卢、王两人很是吃惊，眼前这个文质彬彬，慈眉善目，头发和胡子都花白了的干瘦老头，无论如何也难以跟大名鼎鼎的王阳明联系到一起，听说王阳明是个军事奇才，当初在江西以两万乌合之众对抗宁王十万精兵，取得全胜，听说他不光会指挥，还是个神箭手，百步穿杨不费吹灰之气。可左看右看，却怎么也难以置信。从侧面看，这个干瘦老头身体薄得像纸片，好像一阵风就能吹走，说着说着话，还时不时停下来喘几口气，咳嗽几声，浑身上下虚弱不堪，如果在战场上让一个狼兵逮着，估计轻轻一下就可以将他撕成两半。

一番客套之后，王阳明屏退左右，留下卢、王两人单独密谈。王阳明的意思是，招安没有问题，但毕竟你们哥俩曾经公开对抗朝廷，手上血债累累，如果双方就这么握手言欢，朝廷的威严就显现不出来了。所以，只好请你们哥俩委屈一下。

怎么个委屈法？卢、王有些警觉，脑子飞快地转动着。王阳明压低了嗓音，跟他们嘀咕了一阵，两人起初脸色严峻，到后来，脸上有了笑意，最后，拍着胸脯说，我们会配合好的，绝对没有问题！

所谓的“配合”，是王阳明要真戏假作，对卢、王两人施以刑罚：廷杖。目的只有一个：让造反者胆寒。当然，不会让两个归顺的头领真的吃苦头，在施刑之前，王阳明吩咐他们在衣服里裹上厚厚的铠甲，与此同时，对行刑者也反复叮嘱，把握分寸，要打出声势，但别打伤皮肉。

那天刑场上人山人海，板子打在屁股上，发出啪啪的巨响，伴以卢、王两人十分配合的啊哟声，围观者心惊肉跳，特别是那些曾经为非作歹的狼兵，心想自己的老大都是如此下场，那今后自己再这么干下去，恐怕小命难保。那天，卢、王带到南宁的一万狼兵，半夜悄悄卷铺盖走人有好几百。

就这么一步一步地巧妙布局，王阳明不战而屈人之兵的目的达到了。当然，要想长治久安，这是远远不够的，王阳明趁热打铁，祭出一招：让岑猛的儿子出山，担任田州市长。这一拨乱反正的大手笔，在关键时刻一锤定音，真正赢得了当地的民心。

故事的结局很完美，王阳明心情很不错，如果不是最近咳嗽越来越厉害的话，真的想喝上两杯庆祝一下。然而他的身体开始闹罢工了，根本不允许他喝酒，从家乡出发到广西履新时，临行前夫人张氏将一壶亲手酿制的杨梅酒放在了他的行囊中，余姚盛产杨梅，杨梅泡酒有祛风除湿的功效，对肺部有沉疴的人特别滋补，但这几千里路走下来，这酒壶却还依旧满满的，因为王阳明实在喝不下，稍微抿上一口，咳嗽就愈发厉害。他隐隐感觉到，自己的身体一定是出了大问题。现在，大事落定，总可以歇口气了吧？夜晚，咳嗽一阵一阵，难以停息，辗转难眠之际，妻儿的身影浮现在眼前，特别是年幼的儿子，一想起他那可爱的小脸，王阳明就差点笑出声来，唉，自己这一支总算后继有人了，再也不必愧对祖宗了！想着想着，他索性披衣起身，在书桌上摊开纸墨，开始写信，是一封辞职信，收信人是当今天子嘉靖皇帝……

然而事与愿违，王阳明不仅辞职未成，而且还被追加了一项新任务：继续领兵深入广西，到大藤峡去剿匪。大藤峡，在黔江的中下游，那个地方，原始森林更加茂密，瘴气也愈加厉害。按理说，摇摇欲坠的健康状况，决不允许他再往南走了，然而君命难违，王阳明只好强撑着病体，此时，他连骑在背马上的力气都没有了，只好像那些一贯养尊处优的官员那样，坐在轿子里，被别人抬着，一晃一晃地往前走。咳嗽，痰中带血，面色潮红，夜半盗汗……这些不祥的症状原先隔三岔五来一下，而今变成了一种常态，连他自己也变得麻木了。唯一牵挂的是幼子，相隔千里，宝贝，你还好吗？

大藤峡如今有了个新称呼：断藤峡。缘于当年的一场恶战。这里是瑶族的天下，一百多年前，这里就曾战火弥漫，出过许多草莽英雄，最有名的是侯大苟，他率领造反者攻入了南宁城，把广西省政府来了个连锅端。残忍地杀害一批官员之后，他还打开了省军区的后勤仓库，将里面堆积如山的武器装备全部搬回了老巢大藤峡。这下可好，原本手里拿着锄头镰刀的土匪们，现在也有了跟官军一样的制式装备。侯大苟的队伍像雪球一般越滚越大，当他开始走出广西，走向邻省广东、湖南、江西时，大明皇帝再也坐不住了，举全国之力进行围剿。经过数十次惨烈的战斗，叛乱被镇压下去，侯大苟被活捉后处以极刑。

为了纪念这次来之不易的胜利，当年一位文武双全的官军首长站在大藤峡上，望着尸横遍野的战场，心生灵感，即兴斌诗一首，因为没有纸笔，只是口述，相关下属的工作很不到位，没有将领导的作品刻在石碑上，所以作品很快失传，只有三个字被后人记住了：断藤峡。将军在诗中将“大藤峡”易名为“断藤峡”，寓意深长，希望将来此地匪患永远绝断。

然而和平并没有降临，大藤峡还是盘踞着许多土匪，每年，省领导的案头上，都会有一叠厚厚的卷宗，里面密密麻麻地记载着那一连发生的匪患，数字触目惊心，多少汉人被杀害，多少妇女被强奸，多少财物被劫掠……

和在思州剿匪时一样，到了大藤峡，王阳明想到的第一件事是：抚。不战而屈人之兵，这是他追求的理想境界，少流些血，多挽留些生命，放下屠刀，立地成佛，这些造反者，不管他们过去做过些什么，只要心中还存在一点良知，那么，就一定要争取让他们弃暗投明。

然而在翻阅了一些卷宗之后，王阳明情不自禁地摇头叹息。从这些人的所作所为来看，他们心中似乎见不到一丝一毫的光明。惨无人道，惨绝人寰……这些词汇都不足以形容他们的残暴：只要是汉人，不管好坏，抓住了，男的一律开膛剖肚，挖出心肝下酒；女的一律轮奸后剥皮，尸体风干了充作军粮。甚至对自己的同族也下手，只要是路过大藤峡的瑶民，如果不愿入伙，照杀不误，跟汉人同等待遇。

刚看完卷宗，就有下属来报：情况不妙，前几天派出去谈判的使者，全部被杀害了，他们的头颅就挂在大藤峡关口的大树上，一起挂在那里的，还有他们的肠子。据谈判团中唯一活着的人，被土匪放回来报信的一个马夫说，使者及其随从，全是活生生被剖开肚子，挖出肠子，然后再枭首示众。

听到这个消息后，王阳明猛地站起来，顿觉头晕目眩，眼前金星乱冒，若不是勤务兵一把扶住，他已经一头栽倒在地了。他觉得胸口堵得慌，连喘气都很艰难，心中一阵阵的自责更是如波涛般汹涌而至。真是后悔啊，悔不该派出使者去谈判，都是自己的错，在没有深入调查研究的前提下，鲁莽地做出决策，让这么多人白白送死！自己的头脑，完全被前一阶段的胜利冲昏了！

这一仗，必须打！再多的鲜血，也得流！尽管走路都得有人扶着，但王阳明还是坚持要亲自下部队慰问。夫战，勇气也，他认为，战前提振士气，凝聚人心，这是至关重要的。对于进攻大藤峡，将士们果然心里有些发怵，不过也难怪他们，这个地方地形十分险恶，一条羊肠小道曲曲弯弯一路向山顶盘去，用“一夫当关，万夫莫开”来形容最为贴切。远远望去，小道两边深深的峡谷里，草丛中散落着星星点点的白色，据说那是死人的骨骸，这些人，活着的时候都是官军，在一次次冲锋中为国捐躯，却落了个死无葬身之地。据说盘踞在山上的悍匪的不光装备了弓箭投枪、滚石檑木这些常规武器，还拥有一些稀奇古怪的玩意，专门用来对付那些不自量力来犯者，比如这条小道旁的某处洞穴，会突然冒出一股红色的“岩浆”，其实那是一股烧融的铁汁，如果流过你的脚背，瞬间会让你的脚掌化为一股轻烟。这座山上有一处铁矿，又有取之不尽的木材，所以就将矿石烧化后对付并非钢铁铸就的官兵。其他陷阱、机关更是层出不穷，所以这么多年来，除了平定侯大苟叛乱的那个年代，官军从未征服过大藤峡，倒是在峡谷里留下了累累白骨。

王阳明被随从搀扶着，在部队里走了一圈，心情变得越来越沉重，看来这块骨头真的很难啃啊！从江西到广西，剿匪平叛，恶战经历了一场又一场，多少次绝处逢生，多少次反败为胜，难道这一次，自己真的要……这么想着的时候，不知不觉走到了卢苏和王受的营地。这两位曾经的土匪头子，如今被招安的将领，正在训练部队，不过匆匆一瞥，他们手下那些“兵”，还是匪气十足，站没站姿，坐没坐相，队伍歪歪扭扭，十分不成体统。王阳明也不批评他们，反倒是鼓励了几句，这让改邪归正的土匪们很激动，卢苏和王受异口同声地表示：誓死为朝廷效劳！手下也纷纷拍起了胸脯，场面虽然乱哄哄，但气氛很不错，王阳明这一路走来，正儿八经的官军一片死气沉沉，倒是这支杂牌队伍，上上下下精神抖擞，一副同仇敌忾的样子。看到这副情景，他忽然心生一计，于是皱了一下眉头，假装在思考一个问题，见领导不发话，卢苏和王受更来劲了，目光中充满了期待。然而王阳明一开口，却让他俩仿佛当头浇了一瓢冷水，他说：我看你们还是当预备队吧，或者参与一下后勤保障工作，打头阵的事，让兄弟部队上。

卢苏是个急性子，听了王司令这番部署，当场就忍不住发飙了：领导您这是什么意思？是瞧不起我们还是不相信我们？王受也来凑热闹，气呼呼地说，咱什么地方比官军差了？卢苏狠狠剜了他一眼，纠正了他的错误说法：官军？你脑子犯浑啊！难道咱现在不是官军？下面的人更是捶胸顿足地叫嚷着请战，而且一定要打头阵。

王阳明要的就是这个效果。他假装低头沉吟，几度面露为难之色，直到周围的喧嚣声一浪高过一浪时，才抬起头来，做出了一个“艰难”的决定：封卢苏和王受为正副先锋，让他们率领众兄弟去打头阵。

不过做完决定之后，望着眼面前雀跃欢呼的这些汉子，眼前浮现出峡谷里的累累白骨，王阳明的心情倒是真的变得沉重起来，他开始有些后悔，深深地感觉到战争的残酷，但又没有办法释怀，战争，总会死人，不是他们牺牲，就会有别人牺牲，或许人数更多。但自己的所作所为，是不是太虚伪太自私，有没有违背良知？

幸好他的担忧最终没有变成现实。当意外的喜讯传来时，王阳明心中那块沉重的石头总算落地了。

卢苏和王受没有硬攻，而是选择了一个月黑风高的夜晚，从大藤峡背后一面高耸的悬崖攀爬上去，神不知鬼不觉地摸进了土匪老巢。这一仗打得很轻松，完全是一边倒，大多数土匪是在睡梦中被剁掉脑袋的。当山顶上燃起胜利的火把时，在山下待命的官军们士气大振，奋勇向前，一鼓作气涌过那道鬼门关，向着大藤峡的深处杀去。此时，任何抵抗就是意味着自取灭亡，但这些悍匪根本不愿投降，也许他们知道，自己罪孽深沉，投降也是死路一条，最后，被逼入绝境的数百残余分子，全部跳进了深深的峡谷，与峡底的累累白骨做伴去了。

3. 此心光明

此心光明，夫复何言？这是王阳明最后的遗言，也是对自己坎坷而又辉煌的一生的总结，是的，他所独创的“知行合一”、“致良知”的理念，就是大海中的航标，后人心海中的明灯。

终于到了可以回家的时候了。然而此时王阳明连被人扶着都迈不开步子了。这一阵子劳心劳力，使原本已经飘摇的烛光，彻底黯淡了下去，只剩一星时明时灭的光亮了。向北的归程是那样的遥远和艰难，他躺在担架上，身体轻得像一团棉絮，以至于抬他的那些壮汉走很长的路也不觉得累，不需要歇息换人。他还在咳嗽，但声音却越来越嘶哑，咳出来的血，从鲜红变成暗红。

一路向北，走了十几天，还没有走出广西。一天清晨，王阳明听到潺潺的流水声，特别动听。这一路走来，跨越河流无数，唯有此处，如同天籁一般。王阳明十分费力地昂起头来，问了船夫一句："这是什么地方？"得到的回答是：乌蛮滩。

乌蛮滩？王阳明若有所思，似乎到过，似乎又没有到过。问了随从，几个月前南下的时候，有没有路过此地？随从的回答十分肯定：没有！当时他们火急火燎地赶去大藤峡剿匪，为了节省时间，走的是山道，如今回去的路上，王省长重病在身，再也颠簸不起了，于是选择了水路。

"我来过这里。"王阳明喃喃自语，这让随从很意外，来时他们绝对没有路过此地，而且可以肯定的是，王省长平生是头一回到广西，以前也不会来过。转念一想，王省长重病在身，可能思维有些混乱，所以才说出这样的话来。

"停一下！"王阳明突然吩咐道。船在一处河流拐弯的平缓处停了下来，王阳明打了个手势，在随从的搀扶下，从担架上艰难地坐起身来，当岸边的山上一座小庙映入眼帘时，他的目光一瞬间变得炯炯有神，嗓音也洪亮起来，随从们面带惊异地看着王省长，怎么看怎么觉得，王省长根本不像是一个奄奄一息的病人，仿佛是为了证明这一点，王阳明推开随从的手，竟然靠着一己之力，从担架上站了起来，不光是站起来，竟然还迈开步子走到了岸上，直奔那座小庙而去。

庙门大敞着，里面没有半个人影，到处密布着大大小小的蜘蛛网，眼见香火中断已久。中堂里那尊褪尽了颜色的塑像，是一副将军装束，王阳明盯着看了一会，越看越觉得似曾相识，一时却又记不起来在哪里见过。一问随从，这庙叫伏波庙，这将军叫马援。

马援？王阳明稍一思索就想起来了，不就是东汉的戍边名将吗？对了，当年马将军就是奉了朝廷之命，到广西来平定土著的叛乱，曾经还一度率领大军杀过边境，杀到越南的纵深之处，将匪患斩草除根。手下随从向王省长报告，这庙之所以叫伏波庙，是因为当年马将军平定叛乱北返途中，路过乌蛮滩，听说此地河水湍急，水中礁石遍布，给当地的百姓生活造成很多麻烦，每年都有许多过河的人淹死在里面。于是决定做一件好事：动用军力，平整河道。这项拥政爱民工程的终极目标是：让交通便利，让百姓安全。

“以前，河道没有修好之前，船一开到这个地方，十有八九会翻覆，所以，老百姓只好徒步涉水过河。”一个随从遥遥指着他们的船舶所停的那个地方，向王省长介绍说。

“伏波将军……伏波庙……”，望着蒙尘的柱子上黯淡模糊的字迹，王阳明喃喃自语着，陷入了沉思，一个将军，一个取得过辉煌战绩的将军，后人之所以能记得，却是因为战场以外的事情。自己，这一趟走下来，本来也想借着胜利，给老百姓做点什么，现在看来，却是有心无力了。

真的来过这里，对了，不是别的时候，是在梦里，而且不止一次！王阳明的思绪翻腾着，在年久失修的伏波将军塑像前流连忘返，年轻的时候，他记忆力超群，读书过目不忘，如今年近花甲，身体每况愈下，唯有记忆力宝刀不老，很快，他存储在记忆之库中的有关伏波将军马援的资料，像一个个蒙太奇一般清晰地投影在脑海的银幕上：因为平叛有功，被朝廷封为“新息侯”，告老还乡之后，又被朝廷召唤，暮年复出，奉命出征，最终病死在军中。死后，遭朝中佞臣的诽谤中伤……想到这里，王阳明渐渐头晕目眩起来，眼花缭乱之中，产生一种幻觉，越看越觉得，在庙堂之中端端正正坐着的那个伏波将军，怎么跟自己是那样的像，那张脸，也是瘦瘦长长的，那双眼睛，也是细细的眯缝着，那颌下的虬髯，也是那样的浓黑……

一阵天旋地转，王阳明胸口一紧，喉咙一甜，吐出一大口血，一头栽倒在地。醒来之后，忍着剧烈的咳嗽，艰难地吐出两个字：回家！

家，在浙江的余姚，离这里还相隔千山万水，几个贴身随从的强忍着泪水，而一颗心却在放声号啕，朝夕相处这么久，领导的心思他们早已摸熟，他们明白，领导现在唯一的心愿，不只是回家，还有，与朝思暮想的爱子见上一面，也许是最后一面。血浓于水，在众人眼中用兵如神的领导，其实也是一个凡人，有血有肉，还有七情六欲。

终于走出了广西的十万大山，瘴气似乎淡了一些，然而这些微的气候变化，对于王阳明来说已经无济于事。广州遥遥在望，他想起了一个人：湛若水，一个老友至交。二十年弹指一挥间，终于有了再度相逢的机会。一进广州城，王阳明不顾旅途疲惫，第一件事就是去拜访湛若水，想跟他畅谈心学。二十年前，在北京的时候，两人常常抵足而眠，交心交到东方露出鱼肚白。当年在北京的时候，两人在学术上几乎是齐头并进，因此，心学，也被人誉为"王湛之学"。然而令王阳明深感遗憾的是，时不凑巧，湛若水外出旅行去了，究竟去了哪里，何时回来，连他儿子也不清楚。这让王阳明既羡慕又失落，同样淡出官场，湛若水真正拥有自由，能够全身心做自己喜欢做的事，而自己呢，唯有到天堂上去实现这一夙愿了。

继续往北，走着走着，眼前的山和水，变得越来越熟悉，越来越亲切，江西到了，江西，差不多是王阳明的第二故乡，在这里，他初为人夫，在这里，他第一次当上了父母官，在这里，他平定过匪患，在这里，他创造奇迹，以弱胜强，打败了不可一世的宁王。这里的无数条山路，留下过他的足迹，这里的一草一木，都仿佛似曾相识。

再往前走，就是福建南安了，这个地方，对于王阳明来说，也是熟悉不过的，当年从京城下派到南赣汀漳边区担任主席一职，南安就是他的辖区之一。离南安城还有十里地，远远就看到路边有一队人马在那里翘首以待，一问，果然是前来迎接的，而且在这里已经足足等了三天。这三天里，累了困了，他们就在路边的草丛里以天为被，以地为床，随便将就一下，饿了，吃点干粮，渴了，喝点山泉水，没有半句怨言，只盼着早日见到一个人，他们心仪已久的心学大师。这些人里，除了一个人见过王老师，听过他讲课，其他都是慕名而来的心学迷，这个人，也是这群人中的为首者，叫周积，是南安的推官，相当于法院院长。

虽然并不是最贴心的学生，但担架上的王阳明还是一眼就从人群中认出了周积，微笑着向他颔首致意。周积激动无比，一个箭步跑到老师面前，一把握住了老师的手，瞬间热泪盈眶，同样是这只手，这只多年前握过的手，如今却只剩下一把骨头了，硌痛了他的掌心，更让他心如刀割。怎么会是这样?！记忆中，老师的手是那样的温暖，那样的充满力量。

见面之后，从老师嘶哑的喉咙里发出的头一句话，让周积眼中盘旋的泪水如瀑布般涌流，老师说：近来学问进展如何?

周积本想回答：其实别的都不重要，我只要老师您身体健康！但他哽咽了，半天吐不出一个字来。这不是周积一个人的心声，此时，散布在全国各地成千上万的阳明弟子，当他们听说老师病危的消息时，都拥有同一个念头，如果能让老师健康长寿，甘愿付出自己的一切，甚至是生命也在所不惜。

然而上天对王阳明的召唤是那样的坚定与执着，也许他真的夜空中一颗璀璨的星宿，到了该回到原来位置的时候了。进了南安城后，王阳明病情一天比一天严重，初冬的一个清晨，他对一直服侍在侧在周积说："我去了！"

这些天，周积几乎没有睡过一个囫囵觉，一双眼睛被泪水泡肿，红得像兔子一般。

"老师，您……还有……什么话……要说，学生……听着……"周积泣不成声。

“此心光明，夫复何言!”说完这句话，王阳明闭上了眼睛，嘴角一丝微笑，仿佛一圈凝固的涟漪。

周积掩面而泣，良久，感觉指缝中漏进来一些光线，刺痛了他的眼球。挪开手掌，转头，窗外一轮旭日已然东升，新的一天又来临了。奇怪的是，这初升的旭日怎会如此耀眼，怎会有如此强烈的光芒？更奇怪的是，窗外的庭院里，一株梅花已然迎风怒放，可是，现在还未到隆冬腊月，这梅花怎么……当沁人心脾的芳香飘进来的时候，周积心中豁然开朗，一丝笑意，渐渐在唇角绽放……